Christoph Andreas Marx

Homo Novus

Für

Jannis,

spannende Lesestunden

in Leipzig wünscht

[signature]

Minden, 20.17.2019

Philosophischer Roman

Christoph Andreas Marx

Homo Novus

Verlag Karl Alber Freiburg/München

MIX
Papier aus verantwor-
tungsvollen Quellen
FSC® C083411

Originalausgabe

© VERLAG KARL ALBER
in der Verlag Herder GmbH, Freiburg / München 2019
Alle Rechte vorbehalten
www.verlag-alber.de

Satz: SatzWeise, Bad Wünnenberg
Herstellung: CPI books GmbH, Leck

Printed in Germany

ISBN (Buch) 978-3-495-49119-5
ISBN (E-Book) 978-3-495-81935-7

Am Ende hängen wir doch ab
Von Kreaturen, die wir machten.

Johann Wolfgang von Goethe,
Faust. Der Tragödie zweiter Teil

Prolog

Dann erblickte sie die Ruinen. Etwa hundert Meter entfernt, inmitten eines Parks, ragten hohe gotische Mauern gen Himmel. Sie wurden von Scheinwerfern angeleuchtet, die die Backsteinfassaden in ein goldenes Licht tauchten. Sonja spürte sofort, dass dies ein guter Ort war. Ein Teil ihrer Angst schien augenblicklich verflogen.

Je näher sie kam, desto mehr Details konnte sie erkennen. Von der ursprünglichen Kirche standen nur noch die massive Nordwand des Langhauses und der Chor. Seine hohen, filigranen gotischen Fenster waren erhalten geblieben, aber sie besaßen kein Glas mehr, zeigten hinauf in den Nachthimmel zu den Sternen, die wolkenlos schimmerten, als gehörten sie wie selbstverständlich dazu, als gäbe es eine untrennbare Verbindung zwischen ihnen und den Wänden aus Stein, denen sich Sonja langsam näherte.

Dann stand sie vor der hohen Westfront der Ruine und konnte durch ein großes, gotisches Spitzbogentor in das erleuchtete Innere der Kirche blicken.

»Da liegen Kugeln«, stellte Julia fest.

Sonja nickte nur. Überall auf dem Boden der Kirche waren sie verteilt: Hunderte von Kugeln unterschiedlicher Größe, weiße, hellbraune, dunkelbraune, graue, schwarze, überall, ohne dass sich eine Ordnung erkennen ließ. Sonja war wie gebannt.

»Wir kommen hier nicht rein«, bemerkte Richard. »Das Gatter ist zu. Und es sieht so aus, als wäre der gesamte Park von Mauern und Zäunen umgeben.«

»Wir müssen klettern«, stellte Julia fest.

Während die beiden weitergingen und südlich der Kirche eine günstige Möglichkeit für den Einstieg suchten, schaute Sonja ungläubig die Westfassade der Ruine hinauf zu dem riesigen, schlanken gotischen Fenster oberhalb des Tores. Dann folgte sie den beiden. Sie durften sich nicht verlieren.

Wenig später waren sie über den Zaun geklettert und gingen von Süden auf die Ruine zu.

»Wir sind bei euch«, hörte Sonja die Stimme von Mike in ihrem Ohrhörer, den sie unter den langen Haaren versteckt hatte. »Und wir sehen alles. Sieht recht romantisch aus. Seid bitte vorsichtig.«

»Alles gut«, antwortete Sonja ins Headset. »Aber bleib jetzt ruhig. Es geht los.«

Sie vergewisserte sich, dass Julia neben ihr war. Richard ging hinter ihnen; so hatten sie es abgesprochen.

Sonja betrat die Ruine und stand bald inmitten des Langhauses. Jetzt erst bemerkte sie, dass die zahllosen Kugeln, die sie nun umgaben, eine grobe, pelzige Oberfläche besaßen. Noch immer konnte sie keinerlei Ordnung unter ihnen erkennen. Aber die verschiedenen Größen wiederholten sich, und auch die Farben. Sonja verstand diese Installation nicht. Sie blickte weiter zu den massiven Pfeilern, auf denen die aufstrebenden Wände des Langhauses lasteten. Von ihren Sockeln aus leuchteten Strahler empor und tauchten die Wände in ein warmes Licht. Andere beleuchteten den Boden, ließen die Kugeln Schatten werfen und verstärkten so den mystischen Charakter des Raumes. Sonja war bezaubert, und alles schien ihr gelöst und frei.

Doch dann sah sie Stufen, die durch die hohen Bögen in den Hintergrund zum offenen, nördlichen Seitenschiff führten. Dort saß eine junge Frau. Auch sie beobachtete das Licht am Boden. Doch nun blickte sie auf, und es schien, als würde sie Sonja wiedererkennen. Grazil und etwas zerbrechlich saß sie da. Sie hatte schulterlange blonde Haare und trug ein schwarzes Abendkleid, das sehr eng geschnitten war und ihren schlanken Körper betonte.

Nun hatten auch die anderen sie entdeckt. Sonja gab ihnen ein Zeichen, stehen zu bleiben, und näherte sich bis auf etwa drei Meter, ganz langsam, als würde sie einem wilden Tier begegnen. Absurd empfand sie das, denn diese Frau wirkte auf sie nicht gefährlich.

»Was soll das alles?«, fragte Sonja. »Warum sind wir hier?«

Die Frau zögerte einen Moment

»Ihr sollt die Wahrheit erfahren«, sagte sie. »Lasst uns beginnen.«

Als sei dies ein Codewort, hörte Sonja Schritte. Jemand hatte offenbar hinter einer der großen Säulen gewartet und kam nun näher. Als er in den Lichtschein trat, verschlug es Sonja den Atem. Sie hielt sich die Hand vor den Mund, um einen Schrei zu unterdrücken.

Ein Mann ging auf Richard zu, und als er ihn fast erreicht hatte, streckte er ihm die Hand entgegen. Richard war bleich vor Schreck. Er starrte auf diesen Mann ihm gegenüber und verstand sofort. Und zugleich verstand er gar nichts.

I

Der Mann auf dem Foto mochte wohl Anfang 30 sein. Er wirkte auf den ersten Blick sympathisch. Sein Gesicht strahlte Selbstsicherheit und Zufriedenheit aus. Ein lebendiger Blick und das einnehmende Lächeln bewirkten, dass man die Gewöhnlichkeit seines Äußeren zunächst nicht wahrnahm. Sein dunkelbraunes Haar trug er kurz und in der Mitte gescheitelt. Das Gesicht schien fast oval zu sein, Nase und Ohren unauffällig, das Kinn kaum ausgeprägt. Ein Lächeln lenkte davon ab, dass die Lippen dieses Mannes schmal und wenig sinnlich wirkten. Die eher unscheinbare, randlose Brille ließ ihn seriös und gebildet erscheinen. Das klassische, dunkelblaue Jackett über einem weißen Hemd unterstrich diesen Eindruck noch. Und da war etwas, das dem Beobachter sofort auffallen musste: Wenige Millimeter unter dem rechten Auge befand sich ein Muttermal.

Noch immer blickte Jan entsetzt auf das Bild. Dann las er die Überschrift des Artikels. Und den Namen des Autors.

»Aber das kann doch nicht sein ...«, brachte er heraus.

»Ich war auch völlig verblüfft, als der Kollege mir heute Morgen dieses Magazin in die Hand drückte«, sagte Tatjana, die neben ihm am Schreibtisch stand.

»Was ist das für eine Zeitschrift?«

»Das ist CELL, ein biologisches Fachmagazin. So hat es Bernd zumindest gesagt.«

Erneut blickte Jan auf die Überschrift des Artikels. »CRISPR/Cas als innovativer Weg künftiger Reproduktionsforschung«, las er. »Verstehst du, was gemeint ist?«

»Nein.« Tatjana schüttelte den Kopf. »Es hat wohl etwas mit Gentechnologie zu tun.«

»Gentechnologie«, wiederholte Jan leise. Noch immer blickte er wie gebannt auf das Foto, verstand nicht und schüttelte den Kopf. »Das kann doch nicht sein. Wie ist das möglich?«

Es dauerte einen Moment, bis er wieder Worte fand.

»Dieser Mann auf dem Foto, dieser Mann ...«, Jan blickte zu Tatjana, »... das bin ich.«

Noch am Abend hatte man ihn angerufen, weil mehr als fünfzig Rechner bei ABM-Consulting ausgefallen waren. Megatech-IT-Leipzig hatte Jan und zwei weiteren Mitarbeitern kurzerhand den Auftrag erteilt, die Rechner wieder zum Laufen zu bringen. Das Problem war grundlegend gewesen. Die Mitarbeiter von ABM konnten sich nicht mehr am Server anmelden, und erst um drei Uhr in der Nacht war es Jan gelungen, den Fehler zu entdecken. Nun liefen die Computer wieder, und wenn die Angestellten am Morgen ihre Arbeit aufnahmen, würden sie nicht bemerken, wie sensibel die Anlage in Wirklichkeit war. Man hatte wie so oft an den nötigen Sicherheitsmaßnahmen gespart. In Situationen wie diesen hasste Jan seinen Job: weil man ihm einmal mehr den Schlaf geraubt hatte, weil der nächste Zusammenbruch des Systems vorhersehbar war und weil bei Megatech-IT niemand auf seinen Rat hören wollte. Was nicht sein sollte, durfte nicht sein. Und Mitarbeiter, die diese Blauäugigkeit offen ansprachen, bekamen das zu spüren. So hatte Jan es immer wieder erlebt. Und heute ärgerte ihn das alles umso mehr, weil er Besseres zu tun hatte, als die Folgen des Unvermögens seiner Vorgesetzten auszumerzen.

Da war dieser Artikel über ein gentechnisches Phänomen, den er nicht verstand. Und da war das Foto eines Mannes, der Richard Vollmer hieß und ihm selbst täuschend ähnlich sah. Mehr als ähnlich. Selbst das Muttermal unter dem rechten Auge war identisch mit dem seinen. Dieses Foto schien ihm wie ein Spiegelbild seiner selbst. Doch wenn er, der Informatiker Jan Winkler, morgens in den Spiegel blickte, sah er dort alles andere als jene Selbstsicherheit und Zufriedenheit, jenes intellektuelle Selbstbewusstsein eines offensichtlich erfolgreichen Wissenschaftlers, der es auf die ersten Seiten eines der populärsten Fachmagazine geschafft hatte. Wer war dieser Mann?

Jan lief über den Parkplatz von ABM-Consulting, stieg in den Firmenwagen, ließ den Motor an und fuhr los. Auf den Straßen Leipzigs war er nun fast allein, und die Gedanken kreisten haltlos in seinem Kopf. Wie konnte das sein? Wenn dieser Mann ihm nur ähnlich sehen würde, hätte er ihn nach fünf Minuten vergessen. Aber dieser Richard Vollmer kam daher wie eine Kopie, ein Zwilling. So etwas konnte doch nicht sein. Menschen sahen sich ähnlich, aber sie waren nicht identisch.

Dieser Gedanke ließ Jan keine Ruhe. Als die Leute von Megatech ihn zuhause angerufen hatten, war er gerade dabei gewesen, im Netz nach Richard Vollmer zu recherchieren. Und während all der Stunden im Rechenzentrum von ABM hatte er ständig an dieses Foto denken müssen. Ein Wunder, dass er letztlich doch in der Lage gewesen war, die Computer wieder ans Netz zu bringen. Die Verantwortlichen dieses Unternehmens schienen sehr naiv zu sein. Jeder halbwegs begabte Hacker war in der Lage, ihre Sicherheitssysteme zu umgehen. Doch das sollte ihn jetzt nicht länger beschäftigen. Schließlich wurde er auch nicht gefragt, wenn es darum ging, diese Sicherheitslücken effektiv zu schließen. Also: Wer war dieser Mann?

Das kann eigentlich nur ein Irrtum sein, hatte Tatjanas Kollege gesagt, dem die Ähnlichkeit aufgefallen war. Doch Jan glaubte nicht an einen Irrtum. Worin sollte der Irrtum bestehen? Darin, dass man irrtümlich ein Bild von ihm, Jan Winkler, veröffentlicht hatte? Ein völlig abwegiger Gedanke. Es gab im Netz kein solches Bild. Allein schon, weil Jan mit all seinen Daten äußerst vorsichtig umging. Das Netz kannte von ihm keine Adresse, keine Informationen zur Person, keine Zeitungsnotiz, schon gar keinen Facebook-Eintrag oder WhatsApp-Nachrichten; und erst recht kein Foto. Ich habe ein ganz ungutes Gefühl, hatte Tatjana gemeint, ohne näher sagen zu können, wie sie darauf kam. Je länger Jan dieses Foto durch den Kopf ging, desto mehr empfand er das ganz genauso.

Er hatte den Häuserblock in der Winsstraße erreicht und entdeckte tatsächlich einen freien Parkplatz. Er eilte die Treppe hinauf in den ersten Stock. In der Wohnung war es ganz still. Tatjana hatte sich längst schlafen gelegt. Jan jedoch war zu aufgewühlt. Seine Gedanken würden ziellos kreisen und ihm keine Ruhe lassen. Ohne das Licht im Flur einzuschalten, begab er sich ins Arbeitszimmer und schaltete sein Notebook an. Das Linux-System fuhr in wenigen Sekunden hoch. Jan öffnete den TOR-Browser. Und dann war er wieder in jener Welt, die er so gut kannte. Er wählte die Google-Plattform, weil hier die meisten Informationen zu erwarten waren, umging den Sicherheitscheck, diese alberne Einrichtung, wie er meinte, und gab einen Namen ein: Richard Vollmer.

Beim Recherchieren hatte er die Zeit völlig vergessen. Er war vor allem auf englischsprachige Seiten geführt worden, fand alles, was er über Richard Vollmer wissen musste, und

Fotos, die seine schlimmsten Befürchtungen bestätigten. Dieser Mann glich ihm aufs Haar.

Als er die Suche abschließen wollte, stand Tatjana plötzlich neben ihm.

»Hast du nicht geschlafen?«, fragte sie, gab ihm einen langen Kuss und stellte ihm eine Tasse Kaffee neben das Notebook.

»Oh, danke«, antwortete Jan. »Ja, es ließ mir keine Ruhe. Wie spät ist es jetzt?«

»Kurz nach sieben.« Sie blickte ihm über die Schulter. »Was hast du gefunden?«

»Oje, so spät schon. Wie auch immer. Ich weiß jetzt einiges über diesen Richard Vollmer.«

»Erzähl.«

»Er war Oberarzt an der Charité in Berlin. Aber offenbar ist er während seines Studiums immer zweigleisig gefahren. Er hat nicht nur Medizin studiert, sondern auch Betriebswirtschaft, genauer gesagt ein MBA-Studium. Master of Business Administration an der Wharton School der Universität von Pennsylvania. Diese Schule hat offenbar gute Verbindungen zur Wirtschaft. Vollmer war auch zwei Jahre Investment-Banker bei Merrill Lynch in Luxemburg. Und aktuell gründet er ein Start-up nahe San Francisco und versucht dort, sein medizinisches Wissen in ein kommerzielles Unternehmen einzubringen.«

»Was macht er da konkret?«

»Er behauptet selbst, dass die Biologie in den letzten Jahren einen Durchbruch erzielt hat. The science is breaking open, schreibt er und meint damit neue Methoden der Genmanipulation. CRISPR/Cas ist eine solche Innovation: die Gen-Schere. Die Möglichkeit, Teile der DNA beliebig auszuschneiden oder einzusetzen. Ich habe noch nicht verstanden, wie das funktioniert. Vollmer glaubt außerdem, dass die Genetiker inzwischen erkannt hätten, warum Nervenzellen absterben, und er will mit seinem Unternehmen Medikamente herstellen, mit denen man Demenz und Alzheimer bekämpfen und heilen kann. Mit seinem Konzept hat er offenbar eine Menge Investoren überzeugen können. Es ist die Rede von einer unglaublichen Summe, 300 Millionen Dollar, die ihm in kurzer Zeit zur Verfügung gestellt worden seien. Damit hat er die neuesten Geräte gekauft und die klügsten Köpfe um sich geschart. Die Tanks müssen voll sein, um durchzustarten, so sagt er in einem Interview. Und das sind sie offensichtlich. Dieses Unternehmen startet richtig durch und wird inzwischen auch an der Börse gehandelt. Für einen Gesamtwert von 500 Millionen Dollar.«

Tatjana hatte ihm aufmerksam zugehört und schaute auf den Bildschirm. »Hast du weitere Fotos gefunden?«

In Sekundenbruchteilen bauten sich auf dem Monitor Bilder auf. Es waren so viele, dass Tatjana einige Augenblicke benötigte, um sie zu erfassen.

»Das ist doch nicht zu glauben«, sagte sie und schüttelte fassungslos den Kopf. »Wie kann das sein?«

»Das frage ich mich schon seit Stunden. Wie groß ist die Wahrscheinlichkeit, dass sich zwei Menschen bis in die Details so ähnlich sind?«

»Und was hast du jetzt vor?«

»Ich werde nach Berlin fahren. Vollmer hat dort eine Wohnung. In der Marienstraße. Das ist in Mitte, nahe der Charité. Ein sehr teures Pflaster. Aber mit dem Ausgeben von Geld hat Vollmer ja ohnehin keine Probleme. Ich dagegen sehr. Kannst du mir 500 Euro leihen, für die Fahrt und die Unterkunft?«

Tatjana sah ihn verärgert an. »Du schuldest mir jetzt schon 4000 Euro. Wann willst du mir das alles zurückzahlen?«

»Das mache ich schon. Keine Angst. Aber versteh doch, ich will wissen, was es mit diesem Mann auf sich hat und warum er mir äußerlich gleicht. Wie kann das sein? Ich muss das herausbekommen.«

Sie sah ihn an und zögerte mit einer Antwort.

»Vielleicht ist es gut, wenn du erst einmal schläfst. Du hast die ganze Nacht durchgearbeitet. Lass uns später darüber nachdenken. Ich weiß nicht, ob es so klug ist, einfach dorthin zu fahren und diesem Vollmer in die Augen zu schauen.«

»Du meinst, ich sollte vorsichtig sein?«

»Du solltest zunächst einmal in Ruhe nachdenken, was du überhaupt willst«, betonte Tatjana nachdrücklich. »Und dann musst du abwägen, wie du am klügsten vorgehst.«

Jan nickte. »Ja, wahrscheinlich hast du Recht.« Er schaltete das Notebook aus, nahm sie in den Arm und küsste sie.

Am späten Nachmittag erwachte Jan mit Kopfschmerzen, und zugleich erinnerte er sich an einen Traum, der sehr kurz gewesen war, aber nachwirkte. So sehr, dass er sich unwohl fühlte. Er hatte vor einem großen Spiegel gestanden und sich selbst sprechen gehört: »Spiegel haben mich seit jeher in ihren Bann gezogen. Und heute scheint es, als hätte ich darin schon immer meine eigene Zukunft voraussehen können. Doch nun hat alles seinen Lauf genommen. Und der Spiegel mir gegenüber ist leer.«

Jetzt war er so verunsichert, dass er zunächst unter die Dusche ging und lange das Wasser laufen ließ. Später setzte er sich an den Küchentisch.

»Wo ist Tatjana?«, ging es ihm durch den Kopf, und zugleich plagte ihn das Gefühl, irgendetwas Wichtiges vergessen zu haben.

Welch ein seltsamer Traum hatte ihn da gefangen genommen und selbst zum Sprecher gemacht? Eine eigentümliche Vision. Und seltsame Worte. Worte, die ihm selbst nie einfallen würden. Es schien, als hätte ihm etwas diese Worte in den Mund gelegt; besser noch: in den Kopf projiziert. Obwohl Jan nichts von dem verstand, was ihm im Traum erschienen war, hatte er doch eine Ahnung, dass all dies nicht ohne Bezug war zu dem, was er vielleicht noch erfahren oder was ihm widerfahren würde. Und das Eigenartigste von allem war, dass er sich noch nie, wirklich niemals in seinem Leben, Gedanken über die Beschaffenheit von Spiegeln gemacht hatte.

Nun saß er am Küchentisch und entschied halbherzig, die Kaffeemaschine anzustellen. Er nahm einen Tab aus der Dose, legte ihn in den kleinen Behälter, schaltete die Maschine ein und hörte ihrem lauten Zischen und Fauchen zu. Wenig später nahm er die Tasse und setzte sich wieder an den Tisch. Im Moment hatte er keinen Hunger.

Er musste mit seiner Mutter sprechen. Und nach Berlin fahren und Richard Vollmer finden. Aber was sollte dort konkret geschehen? Es wäre wohl nicht klug, ihm einfach gegenüberzutreten und zu fragen, wie diese äußere Ähnlichkeit möglich war. Jan schüttelte innerlich den Kopf. Nein. Noch besaß er einen Vorteil. Im Gegensatz zu Richard Vollmer wusste er von diesem verblüffenden Phänomen. Der große Star am Genetikerhimmel war in diesem Falle ahnungslos. Aber er, Jan Winkler, dessen Ehrlichkeit und Talent seinem beruflichen Aufstieg eher im Wege gestanden hatten, weil diese Welt eben verlogen war und immer wieder auf Heuchler und Schaumschläger hereinfiel, war dagegen der Wissende. Ein Lächeln ging über Jans Gesicht. Nein, diesen Vorteil sollte er sich nicht so schnell nehmen lassen. Es würde besser sein, zu warten, zu beobachten, mehr zu erfahren; über Vollmer, über sich, und über Vieles, was er jetzt noch nicht einmal erahnen konnte.

Jan nahm sich vor, mit Ruhe und Umsicht zu beginnen. Er musste sich Zeit lassen. Und er durfte vor allem nicht jenen Fehler begehen, der ihm allzu oft zum Verhängnis geworden war: spontanes, unüberlegtes Handeln. Er beschloss, ab jetzt über jede seiner Entscheidungen eine Nacht zu schlafen. Von nun an brauchte er Zeit. Und er benötigte Geld, denn bei seinen Recherchen würde er eine Menge Spesen machen.

Jan schaute in die leere Tasse. Ein weiterer Kaffee wäre gut. Und so ging er noch einmal zur Maschine, und die Prozedur begann von neuem. Sein Blick fiel auf den Deko-Spiegel an der Wand. Tatjana hatte ihn vor einigen Monaten gekauft und dort aufgehängt. Jan hatte ihn nie bewusst wahrgenommen. Nun stand er direkt davor, und der Spiegel ihm gegenüber war nicht leer, so, wie der Traum es gezeigt hatte, sondern da war eine Person, ein Mensch aus Fleisch und Blut, ein Mensch, der bis gestern der Meinung gewesen war, einzigartig zu sein, und nun den Zweifeln folgen musste, die eine Fotografie ausgelöst hatte. Eine Fotografie, die ihn ratlos machte, die erschreckend real war, die ihn zeigte, obwohl sie ihn gar nicht zeigen konnte. »Ich bin es, und ich bin es nicht«, ging es ihm durch den Kopf.

Dann griff er zum Telefon.

Er musste einige Male läuten, bis geöffnet wurde. Jan drückte die Haustür auf und stand im Treppenhaus, das schon seit Jahren so aussah, als bräuchte es dringend einen neuen Anstrich. Jedes Mal, wenn er seine Mutter besuchte, hatte Jan das Gefühl, dass sich hier seit der Wende nichts mehr getan hatte. »Wann suchst du dir endlich eine andere Wohnung«, hatte er sie oft gefragt, aber sie gab nur ausweichende Antworten. Marina Winkler hätte sich mühelos eine moderne Eigentumswohnung leisten können, aber sie wollte nicht. Jan konnte das einfach nicht verstehen.

Als er den zweiten Stock erreicht hatte, stand sie in der Tür. Sie war offenbar gerade aus dem Büro gekommen, denn sie trug noch ihren Blazer und sah wie immer sehr elegant aus. So seriös, wie man im gehobenen Management-Coaching gekleidet sein musste.

»Du hier?«, fragte sie ungläubig. »Du hast dich seit vier Wochen nicht mehr blicken lassen.«

»Entschuldige«, sagte Jan, gab seiner Mutter einen Kuss und drängelte sich an ihr vorbei in den Flur. Seine Mutter hatte Geschmack, dachte er. Sie verstand es, sich modisch und elegant zu kleiden und dabei attraktiv und geradezu jugendlich zu wirken. Sie war einfach perfekt. Und mit jenem Gefühl für Stil gestaltete sie auch diese Altbauwohnung mit den hohen, weißen Wänden, deren Decken mit Stuck abgesetzt waren. Im großen Wohnzimmer standen zwei Sessel, ein Sofa, ein kleiner Tisch und die Kommode mit einer sehr teuren HiFi-Anlage. Mehr nicht. Alles wirkte hell und großzügig. Jan nahm auf dem Sofa Platz.

Sie setzte sich in den Sessel, schlug ein Bein über das andere, so dass ihre Körperhaltung sehr aufrecht und konzentriert wirkte, und lächelte ihn an. Jan kannte dieses Lächeln nur zu gut. Marina Winkler war ein Coach, ein richtig guter. Aber in Jans Augen hatte sie Probleme, Berufliches und Privates zu trennen. Immer fühlte er sich auf irgendeine Weise beobachtet und durchschaut. Wenn sie mit ihm sprach, hatte er stets den Verdacht, sie würde jene »tools« anwenden, die beim professionellen Coaching genutzt werden, um ein Gespräch anzuregen und Klienten dazu zu bewegen, selbst die Lösung für ihre Probleme zu finden.

»Wenn du so plötzlich zu mir kommst«, begann sie, »dann gibt es meistens etwas, das du brauchst. Was ist es diesmal?«

Da sie seine Absicht längst durchschaut hatte, gab Jan sich nicht die Mühe, lange um die Sache herumzureden. »Kannst du mir für das Wochenende deinen Wagen leihen?«

»Wieso hast du dir nicht längst selbst einen gekauft. Du arbeitest doch noch bei Megatech-IT? Oder hast du es dir wieder mal mit den Vorgesetzten verscherzt? Und was ist mit dieser Tatjana? Deiner Freundin, bei der du jetzt wohnst? Hat die kein Auto?«

»Ja, aber sie braucht es selbst.«

»Und ich? Glaubst du, dass ich es nicht auch selbst brauche?«

»Ich muss nach Berlin. Es ist dringend.«

Sie schaute ihn verwundert an. »Nach Berlin? Du? So viel Dynamik kenne ich gar nicht von dir. Was willst du in Berlin?«

Jan nahm das Magazin, schlug es auf und legte es vor ihr auf den Tisch.

Marina Winkler schaute auf das Foto, las den Titel des Artikels und blickte auf. »Wer ist das?«, fragte sie langsam, und starrte weiter ungläubig auf die Seite, die vor ihr lag. »Das bist doch nicht du?«

Jan schwieg einen Moment.

»Nein, das bin ich nicht«, sagte er mit einem Anflug von Verärgerung in der Stimme. »Aber ich muss nach Berlin, um herauszubekommen, wer das ist. Kannst du das verstehen?«

Sie zögerte, blickte erst ihn an, dann erneut das Foto vor ihr und nickte langsam.

»Und?«, ergänzte Jan. »Gibt es etwas, das du mir verschwiegen hast?«

Verwirrt sah sie ihm in die Augen.

»Ich verstehe nicht.«

»Habe ich einen Bruder?«

»Bist du verrückt«, antwortete Marina Winkler prompt und schüttelte den Kopf.

»Du hast mir immer gesagt«, fuhr Jan fort, »der Mann, mit dem du damals zusammen warst, hat dich sitzen lassen.«

Sie nickte. »Ja, das stimmt. Und du hast mir mehr als einmal die Schuld dafür gegeben, dass du keinen Vater hast, obwohl du gar nicht wissen kannst, wie das damals war.«

»Vielleicht kannst du mir das irgendwann endlich einmal erzählen«, antwortete er kurz. »Aber das ist eine andere Geschichte. Weißt du, ich begreife es einfach nicht. Was ist mit diesem Foto? Der Mann gleicht mir bis ins Detail. Schau dir das Muttermal an. Gibt es vielleicht doch etwas, das du mir jetzt sagen möchtest?«

Marina Winkler sah noch immer auf das Magazin.

»Gibt es da wirklich nichts?«, fragte Jan mit Nachdruck.

»Nein. Da ist nichts«, antwortete sie, noch immer ganz in Gedanken versunken.

Dann, nach einer Zeit, die Jan fast endlos vorkam, griff sie nach ihrer Handtasche. »Ich verstehe nicht, wie das möglich ist«, sagte sie, holte den Autoschlüssel hervor, gab ihn Jan und blickte ihm entschlossen in die Augen. »Finde es heraus!«

Marina Winkler hatte ihrem Sohn, bevor er ging, noch einiges eingeschärft. Es klang wie eine nüchterne Analyse und war doch mehr: »Du musst ruhig an die Sache herangehen. Nutze erst einmal das Internet. Kaum jemand kennt sich damit so gut aus wie du. Sammele alle Informationen, die du bekommen kannst. Und ordne sie. Was für eine Persönlichkeit ist das? Wie geht er mit Menschen um? Was sind seine Stärken? Was sind seine Schwächen? Verstehst du? Gerade bei einem so erfolgreichen Menschen ist es gut, seine Schwächen zu kennen. Glaub mir: Sie haben alle ihre Schwächen. Und bei erfolgreichen Menschen ist es oft ein übersteigertes Ego, Hochnäsigkeit, Arroganz, die Unfähigkeit, andere Menschen in ihrer Komplexität wahrzunehmen; die Meinung, sie selbst könnten alles, alles würde ihnen gelingen, und ihre Erfolge seien allein auf ihre eigene Genialität zurückzuführen und nicht etwa auf einen günstigen Augenblick, eine Reihe von glücklichen Wendungen oder auf Menschen, die es gut mit ihnen meinen.«

»Übertreibst du da nicht etwas«, hatte Jan eingeworfen. Doch seine Mutter ließ sich nicht beirren. »Wenn du das meinst, begibst du dich in die Gefahr, blindlings in eine Falle zu tappen. Dieser Richard Vollmer hat nicht aufgrund von Menschenfreundlichkeit derartige Erfolge. Nein, er hat sich immer wieder durchgesetzt. Und das ohne irgendwelche Skrupel. Und nun denk nach: Stell dir vor, ein solcher Mann würde erfahren, dass er einen Doppelgänger hat. Was würde dann in ihm vorgehen? Was würde er tun? Denk diese Frage zu Ende. Glaubst du ernsthaft, er würde plötzlich so etwas wie Bruderliebe empfinden?«

Während der Fahrt zurück ließen Jan diese Fragen nicht mehr los. Was würde geschehen, wenn Richard Vollmer erfuhr, dass er, der geniale Wissenschaftler und Start-up-Unternehmer, nicht einzigartig war? Dass es jemanden gab, der ihm anscheinend aufs Haar glich? Jan fuhr den Smart seiner Mutter quer durch Leipzig und konnte an nichts anderes mehr denken.

Als er Tatjanas Wohnung erreicht hatte, begab er sich unmittelbar zum Schreibtisch und setzte seine Internetrecherchen fort. Eine halbe Stunde später hatte er Neues über Richard Vollmer erfahren: Er war mit Sonja Reisinger liiert, einer Studentin der Kosmetologie. So etwas gab es offensichtlich. Seiner Facebook-Seite war zu entnehmen, dass Vollmer regelmäßig zwischen Berlin und San Francisco hin und her pendelte, also offenbar seine alten Verbindungen durchaus pflegte, aber seine Zukunft wohl eher in Kalifornien sah. Unter seinen Facebook-Freunden fanden sich ebenso viele deutsche wie amerikanische oder internationale Namen. Er nutzte die Seite vor allem, um aktuelle Vorträge und Seminare bekannt zu geben. Jan erfuhr auf diese Weise, dass Vollmer morgen in Berlin-Dahlem einen Vortrag halten würde, und ärgerte sich über diese Nachricht. Dort hätte er ihn unauffällig beobachten können. Nur war ihm das zu kurzfristig. Aber es gab noch einen weiteren Vortrag, in zwei Tagen, am gleichen Ort, mit einem ganz ähnlichen Thema. Danach waren Lesungen und Seminare an der Universität von Berkeley angekündigt. Jan musste sich also beeilen.

Die persönliche Homepage dieses Mannes zeigte wenig Aktuelles. Dort fanden sich ein Lebenslauf und die wissenschaftliche Karriere des Richard Vollmer in aller Ausführlichkeit. Jan wollte das nicht alles lesen und kopierte es sich kurzerhand in eine Textdatei. Natürlich sah man auf dieser Internetseite viele Fotos. Sie zeigten Vollmer meist im Gespräch mit Menschen und am Rednerpult bei Vorlesungen. Seltsam und fremdartig wirkten all diese Fotos auf Jan. Minutenlang saß er da und starrte nur auf die Bilder.

Dann klickte er sich weiter durch die Homepage. Alle Texte konnte man sowohl in deutscher als auch in englischer Sprache lesen. Jan speicherte sie. Er würde sie an seine Mutter weiterleiten, denn sie konnte diesen Mann sicherlich recht gut einschätzen.

Einige Minuten später hatte Jan noch weitere Fährten entdeckt. Er fand Universitätsseiten, wurde zu Fachartikeln in Zeitschriften weitergeleitet und wunderte sich nicht schlecht, als er Richard Vollmer mit Text und Bild auch auf der Internetseite eines großen deutschen Bankhauses wiederfand. Dann brach er die Suche ab. In den nächsten Tagen würde er noch sehr viel genauer recherchieren und versuchen, an persönliche Daten seines Doppelgängers heranzukommen. Aber dazu brauchte er die nötige Software, und die befand sich auf den Rechnern von Megatech-IT. Sie zu nutzen, war offiziell gar nicht erlaubt.

Jan suchte im Netz nach einer preiswerten Unterkunft in Berlin und entdeckte ein Zimmer in Friedrichshain, das er kurzerhand für sich buchte.

Dann hörte er sein Handy, sah auf den Bildschirm und las die Nachricht. Wieder ein Einsatz. Er musste noch einmal zu ABM. Die Rechner dort bereiteten erneut Probleme. Jan war zunächst verärgert; bestätigte diese Nachricht doch alle seine Prophezeiungen. Andererseits bot sich ihm dadurch die Möglichkeit, in der Zentrale von Megatech vorbeizufahren und alles an Computertechnik und Software mitzunehmen, was ihm in den nächsten Tagen hilfreich sein konnte. Ein Lächeln ging über sein Gesicht. So würde dieser verfluchte Job auch einmal etwas Gutes haben.

Schließlich begab er sich auf den YouTube-Kanal von Laura Cox, einer jungen Gitarristin aus der polnischen Provinz, die sich den Spaß machte, in Videos die Gitarrensoli der großen Helden der Rockmusik nachzuspielen. Sie tat das so gut, dass sie den großen, schwer verdienenden Vorbildern musikalisch in nichts nachstand. Und manchmal hatte Jan den Eindruck, dass sie sogar besser war als all diese Stars. Aktuell hatte es ihm ihre Version von Pink

Floyds »Comfortably Numb« angetan. Jan mochte Laura Cox, denn sie war ein bisschen so wie er. Und in gewisser Weise zeigte sie auf YouTube, dass es unzählige Menschen gab, die zu Großartigem in der Lage waren, aber einfach nicht das Glück hatten, dass jemand sie entdeckte und ihre Genialität wahrnahm.

Als er das Notebook ausschaltete, hörte er, wie die Tür zur Wohnung aufgeschlossen wurde.

Tatjana wirkte müde. Er sah ihr an, dass sie lange gearbeitet hatte. Es schien nicht gut für sie gelaufen zu sein. Sie stellte die Tasche mit dem Einkauf auf den Küchentisch und suchte Jan. Sie fand ihn im Arbeitszimmer am Computer, umarmte und küsste ihn. »Bist du weitergekommen?«, fragte sie.

»Richard Vollmer ist in Berlin. Er hält dort morgen einen Vortrag: CRISPR als innovativer Weg künftiger Reproduktionstechnologie. In zwei Tagen wird er noch einmal dort sprechen, über aktuelle Gentechnologie und ihre Bedeutung für eine zukunftsorientierte Eugenik.«

»Eugenik«, wiederholte Tatjana. »Der Mann begibt sich auf ein heikles Terrain.«

»Wie meinst du das?«

»Ich habe mit meinem Kollegen Bernd über diesen Richard Vollmer gesprochen. Er hat sich informiert und hält nicht viel von ihm. Vollmer ist nicht nur Forscher und Unternehmer, sondern wohl auch eine Art Visionär, der sehr umstrittene Thesen über die künftige Umgestaltung des menschlichen Genoms in die Welt setzt. Er möchte mit Hilfe der neuesten Methoden der Gentechnologie Embryonen schaffen, die keine Erbkrankheiten mehr aufweisen.«

»Das wäre doch gar nicht schlecht«, warf Jan ein. »Keine Kurzsichtigkeit mehr, keine Zuckerkrankheit, keinerlei Behinderungen.«

»Aber verstehst du denn nicht? Auf die gleiche Weise, wie ich Dispositionen entferne, die ich nicht haben möchte, kann ich Dispositionen fördern, die mir erstrebenswert erscheinen.«

»Du meinst das Designerbaby.«

»Richtig. Oder Klonarmeen für Diktatoren.«

»Diese Diskussion gab es schon vor vielen Jahren«, wandte Jan ein. »Und was hat sich von all diesen Befürchtungen bewahrheitet? Nichts.«

»Vielleicht sind wir erst jetzt so weit, diese Visionen umzusetzen.«

»Ich muss Richard Vollmer begegnen.«

Tatjana nickte. Doch dann schüttelte sie den Kopf. »Ich verstehe dich. Aber wie soll das werden? Was wird dann geschehen, wenn ihr euch gegenübersteht. Was wird er sagen? Was wirst du sagen? Was wird er tun? Ein erfolgreicher Wissenschaftler, der plötzlich von seinem eigenen Zwilling erfährt!«

»Diese Bedenken hat meine Mutter auch. Sie meinte, ich solle mich vorsichtig annähern. Ihn beobachten. Und erst dann entscheiden, ob eine Begegnung richtig wäre.«

»Aber er wird dich doch erkennen. Nicht nur er. Auch all jene, die ihn schon einmal gesehen haben.«

»Ich muss mich optisch verändern, anders aussehen als er.«

Tatjana schaute auf den Artikel in CELL. »Ist das ein aktuelles Foto?«

Jan fuhr das Notebook hoch und ließ die Suchmaschine arbeiten. Bald fanden sie etliche Fotografien von Richard Vollmer. Und nach kurzer Zeit stand für Tatjana fest, dass er sein Aussehen in den letzten zwei Jahren kaum verändert hatte.

»Du musst deine Haare heller färben«, stellte sie fest. »Vielleicht reicht es aber auch, eine Mütze oder einen Hut zu tragen, denn deine Haare sind länger als die von Vollmer. Eine Hornbrille wäre gut, und eine Tönung der Gläser. Einen Bart wirst du dir in der kurzen Zeit nicht mehr wachsen lassen können, aber drei Tage ohne Rasur könnten schon ausreichen, um dir ein Aussehen zu geben, das sich von dem Vollmers deutlich unterscheidet.«

»Es bleibt nicht viel Zeit. Ich kann Vollmer in zwei Tagen in Dahlem sehen und habe schon ein Zimmer gebucht.«

»So. Und wie willst du das bezahlen?«

»Wie kannst du jetzt über Geld nachdenken. Verstehst du denn nicht? Stell dir vor, du würdest plötzlich erfahren, dass es einen Doppelgänger von dir gäbe. Er sieht genauso aus wie du, bewegt sich wie du, hat vielleicht die gleiche Stimme wie du, vielleicht sogar den gleichen Charakter. Was würdest du tun?«

»Ich weiß nicht.« Tatjana zögerte. »Wahrscheinlich hast du Recht.«

»Du bekommst dein Geld zurück.«

»Und was ist mit deiner Arbeit? Hast du da mal nach Urlaub gefragt?«

Jan schwieg. Natürlich hatte er darüber nachgedacht. Aber sie würden ihm keinen Urlaub geben, weil er noch nicht lange genug dabei war.

»Du kannst dich doch nicht einfach ohne jede Nachricht davonmachen.«

Es war sinnlos gewesen, sich weiter mit Tatjana zu streiten. Sie hatte ihm vorgeworfen, verantwortungslos zu sein, alle bloß auszunutzen und sie eigentlich gar nicht mehr zu lieben. Er hatte noch einmal auf die Herausforderung hingewiesen, der er sich nun stellen musste, auf diese völlig neue, ganz unglaubliche Tatsache, dass da ein Mann in der Welt war, der ihm wie ein Zwilling glich. Und schließlich hatten sie sich dermaßen in Vorwürfen und Erklärungen verrannt, dass sie beide nicht mehr weiterwussten und Jan Kopfschmerzen bekam.

Am späten Abend hatte er sich dann trotz allem auf den Weg machen müssen und war zu ABM gefahren, nicht ohne zuvor bei Megatech mehrere Koffer mit IT-Geräten und Software abzuholen. Er arbeitete dann bis zwei Uhr nachts an den Rechnern, bis alle Fehler beseitigt waren. Vorerst zumindest. Aber er verspürte nicht den geringsten Willen, sich darüber Gedanken zu machen.

Mitten in der Nacht kam er nach Hause zurück. Er fand Tatjana im Schafzimmer. Im schwachen Lichtschein sah er, wie sie auf dem Bett lag, ganz entspannt und friedvoll. Was sie wohl gerade träumte? In diesem Augenblick hasste sich Jan dafür, dass er so unstet und sprunghaft war. Sie meinte es gut mit ihm, und er gab ihr alle Gründe dafür, an ihm zu verzweifeln.

Noch eine ganze Weile betrachtete er sie und wunderte sich, dass sie nicht aufwachte. Dann legte er sich neben sie.

Am nächsten Morgen schien alles wie vergessen. Da es Samstag war, hatte Tatjana Zeit und ging mit ihm zum Optiker. Gemeinsam entschieden sie sich für eine preiswerte Hornbrille, die Jan sonst wohl nie im Leben gekauft hätte. Dann suchten sie Tatjanas Lieblingsfriseur auf, der ein Foto von Richard Vollmer erhielt, und die Aufgabe, Jan irgendwie ganz anders zu frisieren. Tatsächlich gelang es ihm, Jan mithilfe von leichten Sidecuts und Betonung des Haupthaares ein jugendlicheres Aussehen zu verleihen. Am Ende waren alle sehr angetan. Nur die Hornbrille wollte nun nicht mehr so recht passen. So entschieden sich Tatjana und Jan, noch einmal zum Optiker zu gehen und sie gegen ein anderes Modell auszutauschen.

In die Wohnung zurückgekehrt, machten sie sich über den Kleiderschrank her. Tatjana fand wachsende Begeisterung darin, Jan neu einzukleiden. »Es ist wichtig, dass du anders wirkst«, betonte sie. »Er mag vielleicht auf den ersten Blick gleich aussehen. Aber das lässt sich ändern. Du bist Jan Winkler, der wohl beste IT-Experte in Leipzig. Du bist einmalig.«

Jan musste lachen. Ja, er war einmalig. Und vielleicht tatsächlich der Beste in diesem Job. Tatjana hatte das verstanden. Und sie liebte ihn, weil er nicht aufgab; und wegen vielem, was ihm wohl gar nicht bewusst war.

Als sie nach einer halben Stunde endlich mit seinem Aussehen zufrieden war, schaute sie ihn an und lächelte. »Du darfst nie so werden wie Richard Vollmer.«

II

Richard Vollmer blickte auf. Er hielt einen Moment inne und vergewisserte sich der vollen Aufmerksamkeit seines Publikums. Die Menschen im Hörsaal des Instituts für Biologie in Dahlem warteten gebannt auf die letzten Sätze seines Vortrags.

»Ich habe Ihnen erläutert, in welch umfassender Weise Gentechnik heute in der Lage ist, die Welt zu verändern. Wir stehen an einem neuen Wendepunkt der naturwissenschaftlichen Entwicklung, den die Öffentlichkeit noch gar nicht in vollem Umfang wahrgenommen hat, ähnlich wie zu Zeiten von Kopernikus und Galilei oder von Otto Hahn und Albert Einstein. Es sind nur wenige Eingeweihte, die wahrhaft verstehen, was uns Genetikern in den letzten Jahren gelungen ist. Und Sie, meine Damen und Herren, gehören dazu. Ich habe Ihnen skizziert, dass es nun mit Hilfe von CRISPR/Cas möglich ist, genetische Informationen auszuschneiden wie einzelne Buchstaben eines Textes, sie zu entfernen oder durch andere Informationen zu ersetzen. Diese Gen-Schere macht es uns möglich, genetisches Material nach Belieben zu gestalten. Erst jüngst ist es an der University of Portland gelungen, sie auch an Embryonalzellen einzusetzen. Künftig können wir diese also designen, und was das bedeuten kann, muss ich Ihnen nicht näher erläutern. Sie haben Fantasie genug, sich das auszumalen. An der Oregon Health and Science University ist es nun gelungen, lebensfähige Embryonalzellen aus gewöhnlichen Körperzellen entstehen zu lassen. Für alle gentherapeutischen Verfahren bedeutet dies, dass wir künftig nicht mehr auf embryonale oder pluripotente Stammzellen angewiesen sind, wenn wir regenerative Medizin betreiben, sondern Stammzellen aus jeder gewöhnlichen Körperzelle gewinnen werden. Dies stellt nicht nur einen Quantensprung in der Behandlung von Krankheiten dar, es bedeutet auch – nicht mehr und nicht weniger –, dass wir belebte Natur nach unseren Vorstellungen gestalten können.«

Richard Vollmer nahm einen Schluck Wasser.

»Das, was ich heute vorgetragen habe, mag einigen von Ihnen bereits bekannt gewesen sein. Anderen mag es zu sehr nach Zukunftsmusik klingen. Vielleicht empfinden Sie manche Gedanken als abwegig und geradezu gefährlich. Aber seien wir ehrlich: Diese Dinge sind seit einigen Jahren möglich, und jene Gen-Schere, die sich hinter der Abkürzung CRISPR/Cas verbirgt, wird längst in Laboratorien rund um den Globus angewandt. Wir können uns dieser Gegebenheit und der Tatsache, dass die Schaffung neuen Lebens aus einer einzigen Zelle unseres Körpers möglich ist, nicht mehr verschließen. Lassen Sie uns der Realität ins Auge sehen: Mit dem Augenblick ihrer Entdeckung waren diese Methoden in der Welt. Ein Gedanke, der in die Welt gelangt ist, lässt sich nicht mehr tilgen, nicht mehr vergessen machen, nicht hinter Safe-Türen verschließen. Das, was gedacht werden kann, wird getan. Seit jeher ist dies die Quintessenz wissenschaftlicher Forschung. Vergessen wir nicht: Dieser Wille zum Fortschritt hat uns alle Errungenschaften der letzten Jahrhunderte ermöglicht. Dieser Wille zur Macht über die Natur hat das Leben des Menschen bis heute auf unglaubliche Weise erleichtert und verbessert. Und er hat vielen Krankheiten ihren Schrecken genommen.«

Richard Vollmer legte das Manuskript zur Seite und sah in die Menge.

»Es gibt für mich keinen Zweifel: Wir befinden uns an einer neuen Schwelle der Wissenschaft. Sie und ich haben das außerordentliche Privileg, diese Schwelle überschreiten zu dürfen. Es ist nicht nur ein Privileg. Es ist geradezu eine heilige Pflicht, all unsere Fähigkeiten dieser Entwicklung zu widmen. Seit langem schon haben wir selbst die Aufgaben der Evolution übernommen. Diesen Weg zu gehen, heißt, diese Welt zu einem besseren Platz zu machen, ja, den Menschen zu einem glücklicheren, erfüllteren Leben zu verhelfen. Sie alle, und damit spreche ich besonders die vielen Studentinnen und Studenten unter ihnen an, Sie alle haben das außerordentliche Privileg, an dieser neuen Stufe der Evolution mitzuwirken, vielleicht sogar daran, einen homo novus, einen neuen Menschen zu schaffen. Denn auch der Mensch ist keine Konstante, sondern – wie es das Experiment des chinesischen Genetikers He Jiankui auf sehr fragwürdige Weise deutlich macht – eher, wenn Sie so wollen, work in progress der evolutionären Entwicklung. Genau dies, meine sehr geehrten Damen und Herren, soll das Thema eines Vortrags sein, den Sie morgen Abend an dieser Stelle hören werden und zu dem ich Sie herzlich einlade. – Ich danke Ihnen für Ihre freundliche Aufmerksamkeit.«

Unter tosendem Applaus wollte Richard Vollmer das Podium verlassen, doch der Dekan der Fakultät ging auf ihn zu und bat ihn höflich, noch einen Augenblick zu bleiben. Vollmer folgte der Einladung und nahm an einem eigens bereitgestellten Tisch Platz.

»Ich glaube, wir sind uns alle einig«, begann der Dekan, »dass wir heute die Gelegenheit hatten, einem außergewöhnlich visionären Vortrag beizuwohnen. Herr Professor Vollmer, es würde uns alle sehr freuen, wenn Sie uns noch für einige Fragen zur Verfügung stehen würden.«

»Gerne. Sehr gern«, antwortete Vollmer, amüsiert über die etwas unbeholfene Moderation des Dekans. Aufmerksam beobachtete er die Menschen im Plenum. Die Spannung in der Menge war spürbar, geradezu greifbar. Ein Student in der dritten Reihe meldete sich.

»Herr Professor Vollmer, der Versuch, Embryonalzellen aus gewöhnlichen Hautzellen zu gewinnen, ist bislang erst einmal gelungen, noch dazu, indem man Hautzellen von Föten benutzt hat und nicht von älteren Menschen. Meinen Sie in diesem Fall nicht doch, dass es Zukunftsmusik ist, wenn wir darüber nachdenken, unsere eigenen Hautzellen auf diese Weise zu ewigem Leben zu erwecken? Denn das ist doch wohl der Gedanke, der dahinter steckt.«

Ein Schmunzeln ging über Vollmers Gesicht. »Nein, das alles ist keine Zukunftsmusik«, sagte er. »Erinnern Sie sich nur, wie schnell wir in der Vergangenheit vorangekommen sind. Das Einschleusen genetischen Materials in das Erbgut geschieht, seit es Bakterien und Viren gibt. In den 90er Jahren haben wir uns das zunutze gemacht, zum Beispiel für die Landwirtschaft, etwa durch genetisch veränderten BT-Mais, der ein Gift gegen Schädlinge wie den Maiszünsler produziert. Die Transkription des menschlichen Genoms durch das Human Genome Project wurde 2001 abgeschlossen. Wir dürfen also optimistisch sein. Und ganz konkret zu ihrem Einwand: Ebenfalls 2001 gelang es amerikanischen Forschern, aus Eizellen von Mäusen im Sinne des therapeutischen Klonens Nerven- und Bauchspeicheldrüsenzellen zu generieren. Daher ist das, was ich gesagt habe, keine Zukunftsmusik, aber bislang aus ethischen Bedenken mit menschlichen Zellen verboten. Wenn ich heute behaupte, dass wir dieses Verfahren vervollkommnen – und glauben Sie mir, wir werden es vervollkommnen, ebenso, wie wir künstliche Befruchtung zu einem Routineverfahren perfektioniert haben –, dann denke ich an die Möglichkeit der

Heilung von Krankheiten, an Gentherapie, an die Gewinnung medizinisch hilfreicher Zellen, vielleicht sogar ganzer Organe, die von einem Körper nicht mehr abgestoßen werden, weil sie aus körpereigenen Zellen entstanden sind. Auf diese Weise wird die Möglichkeit, Körperzellen klonen zu können, zu einem unschätzbaren Segen. Dazu werden wir sehr bald in der Lage sein, da bin ich ganz sicher. Mit Hilfe der Gen-Schere gelingt es uns schon heute, Erbgut nach eigenen Vorstellungen zu kreieren. Wir sind also längst in der Zukunft angekommen. Leider wird in der öffentlichen Diskussion zu wenig auf die positiven Potentiale dieser Gentechniken eingegangen. Der Frankenstein-Mythos verkauft sich halt besser«, schloss er mit gönnerhaftem Zwinkern.

Im Saal brach Gelächter aus. Vollmer hatte die richtigen Worte gefunden, aber er wusste auch, dass er dem Studenten, der nun wieder Platz nahm, die Frage nur halb beantwortet hatte.

Die nächste Frage wurde von einer Dame mittleren Alters gestellt. Ihr war die eher ausweichende Antwort des Redners nicht entgangen. »Professor Vollmer, mein Name ist Dorothee Mehrhoff. Ich bin selbst Reproduktionsmedizinerin hier an der Charité und beobachte die Entwicklung seit langen Jahren, und das durchaus mit Bedenken. Sie wollen doch nicht bezweifeln, dass wir jenen Horrorszenarien, die in den 80er-Jahren erstmals diskutiert wurden – ich nenne nur die Begriffe Designerbaby und menschliche Klone –, dass wir diesen Szenarien mit jenen neuen Methoden, von denen Sie sprechen, näher gekommen sind. Wenn es möglich ist, aus gewöhnlichen Hautzellen lebensfähige Embryonen entstehen zu lassen, dann wird es nur noch ein kleiner Schritt sein, diese in die Gebärmutter einer Frau zu übertragen. So kann ich, wenn ich das will, mich selbst reproduzieren. Oder ich bringe einen Menschen, dessen

Merkmale ich als optimal erachte, in unbegrenzter Zahl zur Welt. Sie haben ja den Fall He Jiankui eben selbst angesprochen, der angeblich zwei Mädchen zur Welt kommen ließ, deren Erbgut er zuvor mit Hilfe der Gen-Schere verändert haben will.«

»Nun, Frau Professorin Mehrhoff, ich kann Ihre Bedenken durchaus nachvollziehen«, entgegnete Richard Vollmer, der gelernt hatte, dass man Kritikern am besten begegnete, indem man ihnen das Gefühl gab, ernst genommen zu werden. »Damals wie heute verweisen Wissenschaftler auf die Notwendigkeit eines gesellschaftlichen Dialogs. Jennifer Doudna, eine der Entwicklerinnen des CRISPR/Cas-Verfahrens, hat ein Moratorium gefordert, das vorsieht, diese Technik bis auf weiteres nicht am menschlichen Genom anzuwenden. Es war der Versuch einer großen Biologin, darauf hinzuweisen, dass wir Menschen eine Verantwortung haben und weitsichtig über die Konsequenzen unseres Tuns nachdenken müssen. Dieses Moratorium ist nur ein schwacher Versuch – gewissenlose Kollegen werden sich nicht darum kümmern, und der genannte chinesische Kollege gehört zu eben diesen –, aber es ist eine richtige Initiative, denn wir müssen gemeinsam als Menschheit entscheiden, was wir wollen und wohin die Reise gehen soll.«

»Aber die Möglichkeiten dieser Techniken sind gigantisch«, warf Dorothee Mehrhoff ein. »Und die Gefahren des Missbrauchs und der Willkür ebenso. Mit Hilfe jener Gen-Schere, wie Sie es bezeichnen, kann man Pflanzen und Lebewesen nach Belieben gestalten.«

»Missbrauch und Willkür hat es immer gegeben. Deshalb habe ich die Wirkung des Moratoriums ein wenig in Frage gestellt. Es geht aber in die richtige Richtung. Dennoch ist es leider so: Sobald eine Technik in der Welt ist, kann man sie nicht mehr wegdiskutieren. Der Prozess der Forschung ist unumkehrbar. Es ist auch nicht möglich, Wissen zurückzuhalten. Dafür ist die Welt längst zu vernetzt. Aber es ist noch immer gelungen, einen Konsens zu finden.«

Ein älterer Mann erhob sich. »Borchert. Berliner Abendpost. Herr Professor Vollmer, Sie sprachen soeben davon – ich zitiere wörtlich –, dass wir nun in der Lage seien, die belebte Natur nach unseren Vorstellungen zu gestalten. Wollen Sie damit andeuten, dass Biologen künftig wie Gott sein werden, der, wie es in der Bibel heißt, die Welt nach seinem Bilde geschaffen hat?«

»Ich bin kein Theologe«, sagte Richard Vollmer, »aber meines Wissens steht im ersten Buch Mose, dass Gott nicht die Natur nach seinem Bilde geschaffen hat, sondern den Menschen. Der Mensch soll nach dem Bilde Gottes handeln. Die Natur wird in seine Hände gelegt, um sie zu ordnen und für sie zu sorgen. Genau das tun wir auch als Biologen.«

»Aber Sie bewahren sie nicht. Sie schaffen eine neue Natur!«

»Vielleicht haben Sie in der Weise Recht, dass wir Genetiker nicht mehr nur beobachten und bewahren, sondern zunehmend selbst zu Schöpfern werden. Nun ist es aber so, dass die meisten Genetiker ohnehin etwas Schwierigkeiten mit dem alten Herrn dort oben haben. Wir glauben nicht mehr so recht an ihn.« Richard Vollmer blickte in die Menge und sah bei vielen ein zustimmendes Lächeln. Das erfüllte ihn mit großer Zufriedenheit. Nun wusste er die Sympathien auf seiner Seite.

In der letzten Reihe meldete sich eine junge Studentin. »Herr Professor Vollmer«, begann sie sichtlich nervös. »Angenommen, es gelingt uns, Menschen zu reproduzieren. Welchen Wert und welche Persönlichkeitsrechte haben diese reproduzierten Wesen dann? Und wie steht es um ihre Einzigartigkeit?«

»Nun. Zunächst einmal setzen Sie voraus, dass es ein gesellschaftliches Interesse daran gibt, menschliche Klone zu erzeugen. Einen solchen Konsens sehe ich nicht. Im Gegenteil. Es existiert in unserer Gesellschaft diesbezüglich eine große Ablehnung. Aber ich möchte Ihre Frage dennoch ernst nehmen. Natürlich sind menschliche Klone genauso Personen wie Sie und ich, mit den gleichen Persönlichkeitsrechten. Und sie besitzen eine eigene Identität. Dass diese Klone an einem Mangel an Einzigartigkeit leiden werden, glaube ich persönlich nicht, denn sie befinden sich in einer Situation, die der eineiiger Zwillinge nahekommt. Und von denen weiß man, dass sie gewöhnlich kein Problem mit ihrer Identität oder Einzigartigkeit haben.«

Die junge Studentin ergriff noch einmal das Wort. »Sie sprachen von dem Willen zur Macht über die Natur. Orientieren Sie sich dabei in Ihrem Denken an Friedrich Nietzsche?«

»Aber bitte«, unterbrach der Dekan. »Bleiben Sie mit Ihren Fragen bei der Biologie. Wir sind hier nicht im Philosophieseminar.«

»Aber warum nicht?«, warf Richard Vollmer ein. »Zukunftsvisionen der Philosophie haben mich seit jeher interessiert. Und die junge Dame hat ja ganz Recht, diese Frage zu stellen, habe ich doch am Ende meines Vortrags von einem neuen Menschen gesprochen. Also: Den Willen zur Macht bei Nietzsche habe ich immer als den Wunsch verstanden, die eigenen körperlichen und geistigen Potentiale auszuleben und sich in diesem Willen nicht begrenzen zu lassen durch etwas, das andere einem vorschreiben oder das gerade allgemein als richtig oder korrekt angesehen wird. Nietzsches neuer Mensch ist jemand, der diese Bevormundung, aber auch den tragischen, nihilistischen Charakter seines Daseins erkannt und überwunden hat. Ich kann das jetzt nicht alles im Einzelnen darstellen, aber wenn Sie Nietzsche gelesen haben, werden Sie verstehen, was ich meine. Und Sie werden ebenfalls verstehen, dass es den Naturwissenschaftlern doch um etwas anderes geht: Der neue Mensch bei Nietzsche ist das Ergebnis einer kulturellen, geistigen Weiterentwicklung. Wenn wir dagegen heute von einem neuen Menschen sprechen, denken wir an eine Erweiterung unserer biologischen und kognitiven Möglichkeiten mithilfe wissenschaftlicher und technischer Errungenschaften.«

Noch einmal erhob sich die junge Studentin. Inzwischen drehten sich einige aus dem Publikum nach ihr um. »Und was geschieht mit dem alten Menschen?«, fragte sie.

Vollmer nickte und antwortete diesmal nur kurz. »Hier hilft uns Friedrich Nietzsche dann doch weiter. Er sagt: Der Mensch ist ein Übergang.«

Die Studentin schaute ihn entgeistert an. Sie wollte etwas sagen, fand aber nicht die Worte. Vollmer spürte, dass sie, wahrscheinlich als Einzige hier im Saal, zutiefst verstanden hatte, was er meinte.

Er lächelte freundlich in die Runde.

Auf der Fahrt durch Berlin saßen Richard Vollmer und Sonja Reisinger auf dem Rücksitz.

»Du warst großartig«, sagte sie und gab ihm einen Kuss. »Wie du mit den Leuten umgegangen bist.«

»Meinst du?«

»Ja. Die haben dich nach Dingen gefragt, die über das Fachliche hinausgingen. Also, ich meine, nicht nur biologische Sachen. Es ging ja doch mehr um die Folgen. Also das, was möglicherweise kommen wird.«

»Und was meinst du dazu?«

»Ich finde das alles sehr gruselig. Willst du das wirklich?«

»Du musst keine Angst davor haben.«

Die Sonne war längst untergegangen. Sie fuhren die Friedrichstraße entlang. Auch zu später Stunde waren noch viele Menschen unterwegs, und das Licht der Geschäfte spiegelte sich auf der regennassen Fahrbahn.

»Wohin bringst du uns?«

Jonathan Waltke, Richard Vollmers bester Freund, saß am Steuer des Wagens und schaute in den Rückspiegel. »Lasst euch überraschen. Ein ganz neuer Laden. Absoluter Geheimtipp.«

»Und das direkt an der Friedrichstraße«, ergänzte Paul Frey, der Vierte im Kreis der Freunde. »Du bist zu oft in den Staaten, sonst wüsstest du, was jetzt angesagt ist. So wie früher.«

»So wie früher, das gibt es nicht mehr«, entgegnete Richard Vollmer. »Hast du meinen Vortrag nicht verstanden?«

»Oh, doch. Der Mensch als work in progress«, zitierte Paul und versuchte, seinen Freund stimmlich zu imitieren, was ihm recht gut gelang. »Der Mensch ist ein Übergang. Wow. Damit hast du diese Studentin bestimmt sehr beeindruckt. Die sah übrigens gar nicht schlecht aus. Aber nun hast du sie vergrault, mit deinen düsteren Worten.«

Alle mussten lachen. Plötzlich blieb der Wagen stehen.

»Dort auf der rechten Seite«, sagte Jonathan. »Es ist eine kleine Stahltür. Man könnte sie glatt übersehen.«

Er hatte nicht übertrieben. Einige Minuten später standen die vier vor einer Tür, an der wohl jeder Uneingeweihte, der auf der Friedrichstraße flanierte, nichtsahnend vorübergegangen wäre.

Neben dieser Stahltür befand sich ein unauffälliger Klingelknopf, den Jonathan nun betätigte. Richard Vollmer bemerkte die Kamera über ihnen. Sekunden später öffnete sich die Tür wie von Geisterhand, und die vier Freunde traten in einen langen Gang mit weißgekalkten Wänden. Fast schien es, als würden sie durch eine Fabrik oder ein Bergwerk laufen. Nach zwanzig Metern führte der Gang nach links, und eine massive Feuertür hinderte sie am Weitergehen. Jonathan zog sie auf, und Sekunden später befanden sie sich in der Küche eines Restaurants.

»Das ist ja völlig abgefahren«, stellte Sonja geradezu ehrfürchtig fest.

Sie gingen seitlich an einer Küchentheke vorbei und betraten den großen, hohen Raum eines Restaurants. Etwa zwanzig Tische standen hier, voneinander getrennt durch niedrige Raumteiler. Im hinteren Teil, etwas erhöht, gab es eine lange Bar. Überall standen Palmen, und an den hellgelb lasierten Wänden des Raumes hingen große abstrakte Gemälde.

Das Restaurant war gut besucht. Auf den ersten Blick schienen alle Plätze besetzt zu sein. Es war sehr laut, denn die Stimmen der Gäste hallten von den Wänden zurück, so dass man die dezente Hintergrundmusik kaum wahrnahm. Eine junge Frau wurde auf die vier aufmerksam und kam auf sie zu.

»Leider ist kein Tisch mehr frei«, sagte sie mit einem freundlichen Lächeln.

»Wir haben reserviert«, entgegnete Paul, »auf den Namen Reisinger.«

»Auf meinen Namen?«, wollte Sonja protestieren, doch Paul beruhigte sie.

»Es ist alles in Ordnung. Kleiner Scherz.« Er wandte sich der Bedienung zu. »Alles gut. Also, wir haben reserviert.«

Die junge Frau hatte ihr freundliches Lächeln beibehalten. Sie führte die Gruppe zu einem Tisch nahe der

Bar. Dort nahmen die vier Platz und erhielten sogleich die Speisekarte.

»Wisst ihr schon, was ihr trinken wollt?«, fragte sie.

»Champagner für alle«, stellte Jonathan feierlich fest. »Es gibt Anlass dazu.«

»Eine gute Wahl«, stellte die junge Frau fest und machte sich auf den Weg durch die Menge der Tische.

»Wer bezahlt das hier eigentlich?«, fragte Richard Vollmer, als er die Speisekarte aufgeschlagen hatte. »Und wieso schreiben die hinter die Preise keine Euro-Zeichen?«

»Nun, was die erste Frage betrifft«, antwortete Paul mit einem breiten Grinsen, »haben wir uns gedacht, dass – aus gegebenem Anlass – du das heute tust. Als frischgebackener CEO, oder wie man das in den Staaten nennt, wirst du ja jetzt im Geld schwimmen. Und wir können eine solche Rechnung wohl kaum unserer armen Sonja aufbürden.«

Sonja blickte ihn finster an, auf eine Weise, die ihm signalisierte, dass er jeden Moment mit dem Schlimmsten rechnen musste.

»Und was die zweite Frage angeht«, fuhr Paul fort, »ist diese Schreibweise in Berliner Szeneläden seit einiger Zeit üblich.«

»Schreibweise nennst du das? Hör dir das bitte mal an: Kabeljau auf Imam, gelbe Rosinen, Aubergine, Kräuter, Wildfang, Island, 180 g. Und am Rand nur die Ziffer 24. Oder: Carabineros, Salzzitronen, rote Peperoni, Koriander, Wildfang, Mittelmeer, 330 g. Gefolgt von der Ziffer 59. Womit ja wohl gemeint ist, dass dieses zweifelhafte kulinarische Ensemble 59 Euro kostet.«

»Wie gesagt. Das macht man jetzt so.«

Richard Vollmer schüttelte den Kopf. »Und ich dachte, die Leute im Silicon Valley seien verrückt. Weit gefehlt. Psychiater aller Länder, kommt nach Berlin. Und geht essen.«

Alle mussten lachen.

»Aber das mit der Rechnung geht in Ordnung?«

»Endlich weiß ich, was wahre Freunde sind«, scherzte Richard Vollmer. »Nun gut, ich ergebe mich in mein Schicksal.«

In diesem Moment kam die Bedienung mit vier Champagnergläsern. Paul ließ sich die Gelegenheit nicht nehmen. »Auf den frisch gebackenen CEO«, sagte er feierlich. »Und den neuen Menschen.«

»Auf den neuen Menschen«, stimmten die anderen unisono ein, und die Gläser schlugen zusammen.

Dann waren alle mit der Speisekarte beschäftigt, die für Richard Vollmer eine echte Herausforderung darstellte.

»Kalbskarree, sechs Stunden mariniert, Freilandhaltung, Schleswig-Holstein«, murmelte er, nicht ohne einen zynischen Kommentar: »Wer soll das nachprüfen?«

Als die Bedienung zurückkehrte, um die Bestellung aufzunehmen, hatte er sich noch immer nicht entscheiden können, und so begannen die drei anderen. Dann wählte er Färöer-Lachs mariniert, in Verbindung mit rohen Champignons, Haselnüssen, Sake. Und er tat dies nicht, ohne sich über den Herkunftshinweis auf eine Aquakultur nahe den Färöer-Inseln zu amüsieren. »Wenn ich das lese, wird es höchste Zeit mit dem neuen Menschen.«

»Aber nun mal ernsthaft«, begann Jonathan, als die Bedienung gegangen war. »Wie ernst ist es dir nun mit der Idee vom homo novus? Wir als alte Menschen haben da so unsere Einwände.«

»Nun«, begann Richard Vollmer und überlegte. »Wie soll ich beginnen? Also, vielleicht so: Ich habe jüngst einen sehr interessanten Artikel in der ZEIT gelesen. Sein Titel lautete: Hirnschrittmacher für alle.«

»Ach ja«, meldete sich Paul, »willst du damit andeuten, dass wir so etwas benötigen?«

Vollmer lachte und blickte zu Sonja, die schon seit einigen Minuten völlig auf ihr Smartphone konzentriert war.
»Nun. Schaut euch Sonja an. Fällt euch etwas auf?«

Die Angesprochene blickte auf, fühlte sich irgendwie schuldig, weil sie sich nicht am Gespräch beteiligt hatte, und fuhr sich unsicher durch das lange, blonde Haar.
»Wieso ich?«, fragte sie.

»Nicht nur du, sondern auch das Gerät, das du da in der Hand hältst. Es ermöglicht dir, mit vielen Menschen Kontakt zu halten. Und was noch wichtiger ist: Du kannst dein Wissen damit jederzeit nach Bedarf vergrößern. Das Internet wird für dich zu einem erweiterten Gedächtnis. Dinge, die du nie gelernt hast, kannst du dir mit Hilfe dieser Maschine ins Bewusstsein bringen.«

»Und was ist daran so besonders?«

»Diese kleine Maschine macht deutlich, dass die Zeit des neuen Menschen längst begonnen hat. Das Smartphone ist eine erste, sehr wirksame technische Erweiterung unseres Gehirns. Der nächste Schritt wird vielleicht die Datenbrille sein, deren eingebauter Kleinstmonitor dir das Internet direkt vors Auge bringt. Vielleicht kannst du ihn sogar mit Augen- oder Lidbewegungen steuern. Der Computer und unser Gehirn rücken immer näher zusammen. Der Gedanke des Hirnschrittmachers ist übrigens mehr als nur eine originelle Idee. Im Zusammenhang mit der Behandlung von Parkinson und Depressionen wird bereits mit derartigen Impulsgebern experimentiert. Sie wirken bei Bedarf unmittelbar auf die betroffenen Hirnregionen.«

»Du sprichst von dem nicht mehr ganz neuen Traum einer Schnittstelle zwischen Mensch und Computer«, unterbrach ihn Paul. »Aber eine solche Schnittstelle ist noch lange nicht in Sicht. Und wenn man sich bewusst macht, wie komplex unser Gehirn aufgebaut ist, scheint mir das auch nicht möglich. Unser Gehirn arbeitet völlig anders als ein Computer.«

»Eine Schnittstelle zur Auslagerung unserer Gehirninhalte in digitale Trägermedien darf man sich nicht vorstellen wie die Schnittstellen unserer Computer. Es würde anders laufen. Eine Brille mit einer kontinuierlich arbeitenden Kamera könnte dein gesamtes Leben aufzeichnen, und du könntest jederzeit darauf zurückgreifen. Und in der Traumforschung geht man heute die ersten Schritte, Trauminhalte im Labor identifizieren zu können. Irgendwann werden wir soweit sein, das Geschehen in unserem Gehirn zu lesen. Und selbst Hirnimplantate, die als eine Art Schnittstelle dienen können, sind nicht völlig undenkbar. Es wird daran geforscht. Ziel ist der kognitiv erweiterte Mensch.«

Jonathan schüttelte den Kopf. »Das klingt mir doch alles sehr nach Science Fiction. Dieser Technikoptimismus kommt wie so oft sehr unrealistisch daher.«

»Du als Historiker solltest wissen, dass Menschen schon immer für ihre nahezu unglaublichen Vorstellungen belächelt worden sind. Bis man diese Vorstellungen realisierte. Jules Verne schrieb vor hundert Jahren über eine Reise zum Mond. Anfang der 60er Jahre hat Kennedy diese Vorstellung zu einem Forschungsprojekt ungeahnter Größe gemacht. Und 1969 war es dann soweit. Solch einen Moonshot brauchen wir heute wieder. Wir Menschen müssen das Unmögliche denken und es mit großem Engagement verfolgen. Dann werden wir erfolgreich sein. Und manches deutet längst darauf, dass wir es sein werden. Denkt nur einmal darüber nach, wie sehr diese kleine Maschine, die Sonja da in der Hand hält, binnen weniger Jahre unser Leben verändert hat.«

»Allerdings«, warf Paul ein. »Mit dem Ergebnis, dass wir kaum mehr miteinander sprechen und nur noch auf diesen Dingern rumdaddeln.«

»Es liegt an jedem selbst, was er damit tut.«

»Die Benutzer der Smartphones sind leider eben immer noch die alten Menschen mit all ihren Schwächen«, erwiderte Jonathan. »Manchmal scheint es mir, als wären wir dieser Technik nicht gewachsen.«

»Aber das kann sich ändern. Genauso, wie wir unsere körperlichen Schwächen kompensieren. Vor Jahrzehnten konntest du in Science-Fiction-Romanen von Cyborgs lesen, deren Körperteile durch Prothesen ersetzt oder sogar verbessert wurden. Heute haben wir das alles längst: künstliche Hüftgelenke, Herzschrittmacher, Bein- und Fußprothesen, die uns manchmal schneller laufen lassen als unsere biologischen Originale. Oder Exoskelette, mit deren Hilfe wir schwerste Lasten tragen können.«

»Aber das hat doch alles nichts mit deinem Fachgebiet zu tun«, warf Sonja ein.

»Stimmt. In der Biologie gehen wir anders vor. Wir erneuen das menschliche Genom. Und erzeugen auf diese Weise einen neuen Menschen, der klüger, leistungsfähiger und einsichtiger sein wird als seine Vorfahren. Und das wird gelingen. Die Methoden sind da. Allerdings dürfen wir es nicht so machen wie der Kollege aus China. Zwei Kinder zur Welt kommen zu lassen, deren Genom man zuvor verändert hat, damit sie angeblich nicht an HIV erkranken können, das ist zynisch. Und noch dazu scheint ihm das nur bei einem der beiden Zwillingsmädchen gelungen zu sein. Das ist nicht nur moralisch fragwürdig. Das ist auch wissenschaftlich völlig unbedacht. Und dilettantisch. Mit solchen Genetikern ist keine Zukunft zu machen.«

»Dieser neue Mensch, wird der auch warmherziger sein?«

»Die Frage musste von dir kommen«, stellte Richard Vollmer fest und lächelte Sonja an. »Sie ist gar nicht leicht zu beantworten. Vielleicht wird es eine klügere Warmherzigkeit geben.«

Sonja schaute ihn fragend an. »Was bitte ist eine klügere Warmherzigkeit? So etwas wie Jesus, Gandhi und Albert Schweitzer zusammen?«

»Mein Gott, du kannst Fragen stellen.«

Paul erhob sein Sektglas.

»Auf die klügere Warmherzigkeit!«

»Und die umsichtigere Barmherzigkeit!«

Die Gläser schlugen erneut aneinander, und alle lachten.

In diesem Augenblick kamen zwei Servicekräfte an den Tisch und servierten das Essen. Richard Vollmer sah verwundert auf das, was vor ihm stand.

Sie hatten die Nacht in Richard Vollmers Appartement verbracht und spontan beschlossen, zum Landwehrkanal zu fahren. Sonjas kleine Studentenwohnung befand sich dort ganz in der Nähe, und es waren nur wenige Schritte zu den Cafés, die ein ausgezeichnetes Frühstück anboten.

Richard Vollmer ließ die große Eingangstür hinter ihnen zufallen und gab auf der Tastatur, die das Sicherheitsschloss steuerte, eine Ziffernfolge ein.

Sonja sah sich um. Die Marienstraße war menschenleer. Etwas entfernt parkte ein blauer Smart, und das, obwohl hier absolutes Halteverbot herrschte. Es war noch früh, aber sie spürte bereits die Sonne auf ihrer Haut. Das würde ein guter Tag, dachte sie und schaute zurück zur Tür und zur Tastatur, die den Sicherheitscode angenommen hatte.

»Sind diese ganzen Maßnahmen wirklich nötig?«, fragte sie. »Hier ist doch so gut wie nie irgendjemand auf der Straße.«

»Wenn die gesamte Wohnung vom Smartphone aus steuerbar ist, dann gehört das einfach dazu. Außerdem kann man keinen Schlüssel verlieren.«

Sonja lächelte ihn an. »Gut«, sagte sie. »Dann ist das genau die richtige Wohnung für dich.«

Sie küsste ihn, und sie gingen Hand in Hand die Straße entlang. An der Luisenstraße fanden sie Vollmers Wagen, stiegen ein und fuhren Richtung Süden.

»Ich habe richtig Hunger«, sagte Sonja, als sie über die Spreebrücke fuhren.

»Etwas Geduld«, antwortete er. »Du weißt doch, wie das in Mitte ist. Wir hätten vielleicht besser die Bahn nehmen sollen.«

Sie nickte, konnte zur Rechten für wenige Sekunden den Reichstag sehen und blickte dann geradeaus auf die Straße. Die Menschen huschten an ihr vorbei, und es kam ihr vor, als würde auf der Frontscheibe ein Film ablaufen. Einige Minuten lang gab sie sich ganz den Eindrücken hin, die von außen auf sie einströmten. So oft war sie diesen Weg mit ihm gefahren, dass sie jede Kreuzung, jede U-Bahn-Station und jedes besondere Gebäude wiedererkannte, als würde sie diesen Film zum fünften oder sechsten Mal sehen. Selbst als sie auf der Höhe des Finanzministeriums den großen Weltballon erreichten, kam ihr dieses kuriose Ding wie eine Erinnerung vor, eine Wiederholung von etwas, das sie in ferner Zeit gekannt hatte. Sie spürte Richard Vollmer neben sich, aber diese Empfindung wirkte nun fast trügerisch. Dann blickte sie wieder auf die Straße und bemerkte, dass ihr Denken und Fühlen seit Minuten von einem Tagtraum eingenommen war, der ihr erst jetzt bewusst wurde.

»Was ist mit dir?«, fragte Richard Vollmer, der ihre Abwesenheit bemerkt hatte.

»Nichts«, antwortete sie. »Ich habe vor mich hin geträumt.«

Er schaltete das Radio ein, und sie hörten aktuelle Nachrichten, bis sie das Hallesche Ufer erreicht hatten. Von hier aus waren es nur noch wenige Minuten. Sie fanden einen Parkplatz unmittelbar in der Johanniterstraße. Sonja ging kurz ins Haus und war Sekunden später schon wieder zurück.

»So. Es kann losgehen«, sagte sie und lächelte ihn an. Sonja wusste, dass der Landwehrkanal am Urbanhafen besonders schön war. Hier begann auch ihre tägliche Joggingstrecke.

»Wie lange bleibst du noch«, fragte sie, als sie den kleinen Weg unmittelbar am Wasser entlanggingen.

»Heute Abend ist der Vortrag. Ich fliege in der Nacht.«

»Und wann kommst du wieder?«

Er schwieg einen Augenblick. »Ich weiß nicht.«

»Du weißt nicht«, wiederholte sie und suchte seinen Blick. »Wie soll das denn weitergehen?«

»Was meinst du?«

»Bitte. Du weißt doch genau, was ich meine.« Sie fuhr sich mit der Hand durch das Haar. »Übermorgen bist du in San Francisco, und wir sehen uns vielleicht wochenlang nicht wieder.«

Richard Vollmer wich ihrem Blick aus und sah zum Wasser.

»Das ist doch kein Leben«, sagte Sonja.

»Ich muss die Firma aufbauen. Ohne mich geht das nicht.«

»Und was wird aus uns?«

»Du kannst mitkommen.«

»Ich habe hier mein Studium. Meine Eltern. Meine Freunde. Und vor allem meine Schwester. Das alles kann ich nicht aufgeben.«

»Aber das musst du doch nicht aufgeben.«

»Doch, das muss ich dann. Denn ich würde in San Francisco leben, in dieser Stadt, die ich nicht kenne und die mir nichts sagt. Ohne meine Schwester. Ohne Freunde. Und was würde ich dort tun? Was soll ich da anfangen?«

»Du wirst etwas finden«, sagte Richard Vollmer.

Sie blieb stehen und sah ihm in die Augen. »Du hast dich verändert, seit du da drüben lebst. Was ist dir eigentlich wichtig? Bin ich dir noch wichtig? Oder diese Vorstellung von einem neuen Menschen, der du hinterherläufst?«

»Das hat doch gar nichts miteinander zu tun.«

»Was bin ich für dich? Die schöne Blonde, mit der du ins Bett gehst?«

»Jetzt wirst du unsachlich.«

»Unsachlich? Was ist denn sachlich? Dass wir uns nicht mehr sehen? Dass du mich sitzen lässt?«

Sie war stehen geblieben und hatte seine Hand losgelassen. Richard Vollmer wusste nicht, was er sagen sollte. Sah nur, dass sie begonnen hatte, still zu weinen.

»Was soll ich denn deiner Meinung nach tun?«, fragte er.

»Gar nichts. Wenn du es nicht merkst, gar nichts. Du bist wichtig. Der große Richard Vollmer. Der neue Mensch. Der ist wichtig.« Sie wandte sich ab, so dass er ihr Gesicht nicht sehen konnte. So standen sie eine Weile, ohne etwas zu sagen. »Dann ist es so«, sagte sie schließlich, »dann ist es eben so.«

Sie drehte sich um, flüsterte etwas, das er nicht verstand, ließ ihn stehen und ging langsam zurück in die Richtung, aus der sie gekommen waren. Richard Vollmer sah ihr nach, unfähig, etwas zu tun. Stattdessen setzte er sich auf eine Bank und blickte auf das Wasser.

III

Jan Winkler sah, wie Vollmer gemeinsam mit einer jungen Frau das Haus verließ. Er war den beiden von der Marienstraße aus gefolgt. Dabei hatte er alle Mühe gehabt, Vollmers Wagen im quirligen Berliner Straßenverkehr nicht zu verlieren. Schließlich war er in die Johanniterstraße eingebogen, hatte rechtzeitig bemerkt, dass die Fahrt hier wohl zu Ende war, und etwas entfernt von den beiden einen Parkplatz gefunden. Nach kurzem Abwarten war er ihnen nachgegangen, bis zum Landwehrkanal. Der kleine Fußweg unmittelbar am Wasser machte ihm die weitere Verfolgung schwer. Niemand sonst ging hier entlang, es gab keine Bäume, keine hohen Büsche, und so würden sie ihn sofort sehen können. Also blieb er in der Nähe der Uferstraße und wartete ab, was geschah.

Aus einer Entfernung von gut hundert Metern sah er Richard Vollmer und die junge Frau, es konnte Sonja Reisinger sein, Hand in Hand den Weg entlang gehen. Dann blieben sie stehen und sprachen miteinander. Es ging wohl um ernste Dinge, denn die Frau an Vollmers Seite löste sich von ihm, und so standen sie einige Minuten zusammen, sprachen erst miteinander und schwiegen dann. Schließlich drehte sich die Frau um, ließ Vollmer stehen und ging den Weg zurück zur Uferstraße.

Jan wusste zunächst nicht, was er tun sollte, um nicht von ihr bemerkt zu werden. Als sie näher kam, sah er, dass sie Tränen in den Augen hatte und ganz in sich gekehrt war. Und so kümmerte sie sich um nichts und ging geradezu schlafwandlerisch wenige Meter entfernt an ihm vorüber, ohne ihn wahrzunehmen. Er war so konsterniert, dass er sich für einen Moment nicht bewegen konnte. Stattdessen hielt er sich am Brückengeländer fest, sah ihr nach und blickte dann zu Vollmer, der auf einer Bank Platz genommen hatte und schließlich zum Handy griff. Er beschloss, ihr zu folgen. Eine Zeit lang ging sie etwa zwanzig Meter vor ihm, ohne sich ein einziges Mal umzusehen. In der Johanniterstraße verschwand sie in einem Hauseingang. Als er ihn ebenfalls erreicht hatte, hörte er durch ein offenes Fenster im Erdgeschoss, wie eine Wohnungstür zugeschlagen wurde.

Jan Winkler ahnte, was geschehen sein musste, und von einem Moment auf den anderen empfand er Mitgefühl für Sonja Reisinger. Er stand unter ihrem Fenster und war nun Zeuge ihres Leids geworden. Und zugleich überkam ihn, wie schon einige Male in solchen Situationen, ein Gefühl der Hilflosigkeit. Diesmal war es ein begründetes Gefühl, denn er konnte hier nichts tun. Im Gegenteil. Er musste verschwinden, denn Vollmer würde zurückkehren. Langsam ging er zu seinem Smart. Als er eingestiegen war, sah er Vollmer die Straße heraufkommen. Der blieb kurz vor dem Haus stehen, in dem Sonja Reisinger ihre Wohnung hatte, ging dann aber weiter zu seinem Wagen. Jan beschloss herauszufinden, wohin Vollmer fuhr.

Als er ihm eine Weile nachgefahren war und wieder die Marshallbrücke erreicht hatte, wurde ihm klar, dass Vollmer zu seiner Wohnung fuhr. Bis zum Vortrag am Abend war noch viel Zeit. Er gab ein neues Ziel in das Navi ein und benötigte eine halbe Stunde bis zu seiner Unterkunft in Friedrichshain.

In einem Motel hatte er ein einfaches Zimmer gebucht, das ihn sehr an seine Schulzeit und die Übernachtungen in Jugendherbergen erinnerte. Immerhin gab es eine Dusche, und so ließ er sich etwas Zeit, bevor er damit begann, die Megatech-Koffer durchzusehen. Er fand einen Funkscanner, ein Notebook zur Analyse von hausinternen Sicherheits- und Steuerungssystemen und packte alles in eine kleine Reisetasche. Nun konnte es losgehen.

Eine Stunde später stand der blaue Smart wieder in der Marienstraße. Jan ließ zunächst den Funkscanner arbeiten, den er mit dem Notebook verbunden hatte. Man konnte hier so viele Router empfangen, dass es eine Weile dauerte, bis er die Geräte aus der Marienstraße 20 erkannt und daraus wiederum jenes von Richard Vollmer identifiziert hatte. Dessen System sendete mit kräftigem Signal auf 868,375 Megahertz und wurde als gesichert angezeigt. Jan startete die Dekodierungsprogramme und hatte das Passwort nach wenigen Sekunden geknackt. Nun konnte er sich auf der Benutzeroberfläche des Smart-Home-Kontrollprogramms nach Belieben umsehen. Was also würde Richard Vollmer hier alles mit seinem Handy steuern können? Zunächst das Türschloss. Jan konnte die Geheimnummer auslesen. Dann Licht, Heizung, Fenster und Rollläden, Rauchmelder, die Alarmanlage mit allen Kameras, Lichtschalter, Steckdosen, Klimaanlage, sogar einen Regen- und Wind-Sensor, Computer, HiFi-Anlage, Fernseher, diverse Küchengeräte, und es gab sogar einen SOS-Knopf. Das komplette Angebot, dachte Jan, umfassend und angeblich sicher vor jedem Hackerangriff. Ein Lächeln ging über sein Gesicht. Auf dem Display konnte er sehen, dass Vollmer seinen Computer und das Schreibtischlicht angeschaltet hatte. Leider waren die Kameras noch nicht aktiviert, aber das würde nur eine Sache von wenigen Minuten sein, wenn Jan erst einmal in der Wohnung war. Dann könnte er auch das Festnetztelefon, das soeben benutzt wurde, so einstellen, dass es möglich war mitzuhören. Schade. Zu gern hätte er gewusst, mit wem Vollmer gerade sprach. War es Sonja Reisinger? Immerhin sah alles so aus, als arbeite er noch an seinem Vortrag. Am Abend würde Jan mehr wissen. Er würde endlich jenen Mann aus unmittelbarer Nähe erleben können, der ihm wie ein eineiiger Zwilling glich. Und vielleicht würde er sogar eine Antwort finden auf die Frage, die ihm keine Ruhe ließ: Wie war diese Ähnlichkeit möglich?

Als Jan den großen Hörsaal betrat, war der bereits so gut besucht, dass er nur noch einen Platz in der letzten Reihe fand. Was ihm aber durchaus recht war, denn er wollte Vollmer aus der Distanz beobachten und nicht auffallen.

Er hatte den Nachmittag in Friedrichshain verbracht und die Zeit, die ihm bis zum Abend blieb, genutzt, um sich zu verwandeln. Eine leichte Aufgabe, denn Frisur und Drei-Tage-Bart waren bereits perfekt, es fehlten nur noch Brille, Jeans und die schwarze Jacke. Nach einem letzten, prüfenden Blick in den Spiegel seines kleinen Zimmers hatte er sich in den Innenhof des Motels begeben, die Sonne genossen und vor sich hin gedöst. Bis die Zeit gekommen war, sich nach Dahlem aufzumachen.

Nun war er hier, sah sich um und bemerkte, dass vor allem Studenten in den Hörsaal gekommen waren. Die wenigen älteren Besucher mochten Dozenten sein, aber vielleicht auch Journalisten oder interessierte Laien. Er hatte schon lange keine Vorlesung mehr besucht, hatte damit meist schlechte Erfahrungen gemacht, denn viele Lehrende besaßen keine besondere rhetorische oder pädagogische Begabung. Und da derartige Kompetenzen noch immer nicht als Einstellungsvoraussetzung für Universitätslehrer eingefordert wurden und die meisten Dozenten ohnehin lieber forschten, als zu lehren, war die klassische Vorlesung selten motivierend. Jan blieb gespannt, wie Vollmer sich in dieser Disziplin schlagen würde.

Kaum hatte er dies zu Ende gedacht, da sah er zwei Männer zum Rednerpult gehen. Einer von ihnen war Richard Vollmer. Jan hielt den Atem an.

Unglaublich. Dieser Mann bewegte sich genau so, wie er selbst es tat. Die Art, wie er ging, sich umwandte, das Glas vom Pult nahm und einen Schluck trank, prüfend ins Publikum blickte. Ein kurzes Lächeln. Ein schneller Händedruck mit einem ihm bekannten Hochschullehrer. Eine routinierte Funktionsprobe des Mikrofons. Nur ein Satz zu dem zweiten Mann auf dem Podium. Ein Griff zur Tasche, in der sich das Skript befand. Das sorgfältige Ausrichten des Papiers auf dem Pult. Die Art, wie er nach seiner Brille griff, um sicherzugehen, dass sie richtig saß. Dann der erneute Blick zum Veranstalter und ein Nicken. All diese Bewegungen schienen Jan so vertraut, dass er nur schlucken konnte. Es war verblüffend und zugleich verstörend, das zu beobachten.

»Verehrte Gäste! Ihnen allen ein herzliches Willkommen.« Mit diesen Worten gewann der Veranstalter die Aufmerksamkeit des Publikums. Inzwischen war der Hörsaal hoffnungslos überfüllt. Vielen Zuhörern blieb nichts anderes übrig, als zu stehen oder sich auf die steinernen Stufen des Saals zu setzen.

»Ich freue mich, heute einen Mann begrüßen zu dürfen, der wie kaum ein anderer die Zukunft der Biologie und vor allem der Genetik auf oftmals visionäre Weise überdenkt und vielleicht auch vorausdenkt. Professor Vollmer ist nicht nur Mediziner und war Oberarzt an der Charité. Er studierte auch Betriebswirtschaft an der renommierten Wharton School der Universität von Pennsylvania und arbeitete eine Zeit lang als Investmentbanker für das Brokerhaus Merril Lynch Luxembourg. Er lehrt aktuell in Berkeley und ist Gründer von Cambridge Biotech, einem jungen Unternehmen, das Medikamente gegen Demenz und Alzheimer entwickelt. Wer ihn gestern an diesem Ort hören konnte, wird erlebt haben, dass seine Lesungen mitreißend, motivierend und durchaus provokant sein können. Auch am heutigen Abend bin ich sicher, dass uns ein höchst spannender Vortrag erwartet, zumal bei einem Thema, das seit jeher kontrovers diskutiert wurde, nämlich das Spannungsfeld von Genetik und Euthanasie.«

Bislang hatte der Dekan zum Publikum gesprochen. Nun wandte er sich um. »Verehrter Kollege Vollmer, ich möchte Sie bitten, zu uns zu sprechen.«

Richard Vollmer erhob sich und begab sich zum Pult. Er wurde vom Publikum mit Applaus begrüßt. Jan rang immer noch mit sich. Zu verblüffend war es für ihn, zu beobachten, dass da jemand zu reden begann, der ihm nicht nur äußerlich glich, sondern ihm auch in kleinsten Details seiner Bewegungen ähnlich war.

»Herr Dekan, ich danke ganz herzlich für diese Einladung«, begann Vollmer. »Und es ist für mich besonders bewegend, dass Sie alle an diesem Abend in den großen Hörsaal gekommen sind.«

Jan hielt den Atem an. Diese Stimme. Es schien ihm, als hätte er soeben selbst gesprochen. Und plötzlich war sie wieder da, die Angst, entdeckt zu werden, denn Vollmer schaute nun in das Publikum und ließ einige Sekunden verstreichen, die Jan wie eine Ewigkeit vorkamen.

»Meine sehr geehrten Damen und Herren«, begann er mit langsamen, wohlgesetzten Worten. »In letzter Zeit musste ich mehrfach erleben, dass die neuen Möglichkeiten der Gentechnik in der Öffentlichkeit, besonders in der Presse, in die Nähe des Begriffes der Euthanasie gebracht worden sind. Dahinter steht der Gedanke, dass der Eingriff in das menschliche Genom dazu genutzt werden solle, Menschen nach Wunsch zu schaffen.

Aber ... wer über Euthanasie spricht, der begibt sich auf sensibles Terrain. Er läuft schnell Gefahr, eine nicht allzu ferne, furchtbare Vergangenheit herbeizuzitieren. Euthanasie heißt Sterbehilfe und meint die Befreiung eines ohnehin dem Tode Verfallenen von nicht mehr zu linderndem Leiden. Die Absurdität jener sogenannten Sterbehilfe, die in der Zeit des Nationalsozialismus als Euthanasie deklariert wurde, bestand darin, dass sie sich gegen Menschen richtete, denen man einen Lebenswert absprach. Psychisch Erkrankte und Menschen mit Behinderungen aber leiden in der Regel nicht, und sie sind auch vom Tod nicht mehr oder weniger bedroht als wir alle. Wer diesen Widerspruch realisiert, versteht sehr schnell den wahren Hintergrund für die damalige Euthanasiepraxis: Es ging nicht um eine Hilfe, die dem Patienten zugutekommt, sondern um die Interessen der Gesellschaft. Diese galt es zu befreien. Und nicht vom Leiden, sondern von den Leidenden selbst, die als zunehmend bedrohlicher Ballast für die Gesellschaft gesehen wurden.«

Er hielt kurz inne und sah in die Reihen. Es herrschte atemlose Stille, denn er hatte sich in seiner Rede gezielt einem Tabu genähert. Auch Jan wartete gebannt auf die nächsten Worte. Für Sekunden hatte er Angst, Vollmer könnte ihn im Publikum entdecken. Doch das geschah nicht.

»Es steht uns in lebendiger Erinnerung, wohin eine Gesellschaft gerät, die auf Mitleid und Barmherzigkeit verzichtet. Ich sage ganz deutlich: In einer solchen Gesellschaft möchte ich nicht leben. Und doch ist es absurderweise unsere Fürsorge, die uns in den letzten Jahrhunderten in ein Dilemma führte. Es ist nicht zu bestreiten, dass der grundsätzlich segensreiche Prozess der Zivilisation und des Fortschritts in der Wissenschaft zu einer immer weiter anwachsenden Verschlechterung des menschlichen Erbguts beigetragen hat. Dies ist mit einem Wegfall der natürlichen Auslese gleichzusetzen, wenn eine überaus durchsetzungsfähige Spezies sich immer erfolgreicher darum bemüht, nicht lebensfähige Mitglieder mit Fürsorge zu behandeln. Sie als Biologen werden sofort verstehen, welche Folgen das haben muss: Es kommt geradezu naturnotwendig zu einer fortschreitenden Verschlechterung des menschlichen Erbguts, weil Dispositionen weitergegeben werden, die kaum mehr existieren würden, hätte man nicht in die Gesetze der Evolution eingegriffen. Die Erfolgsgeschichte der Medizin ist zugleich die Geschichte einer genetischen Verschlechterung. Dass die großartigen Errungenschaften der letzten Jahrhunderte, vor allem in der Medizin, letztlich zu einem höchst problematischen Bevölkerungswachstum und – daraus resultierend – zu einer höchst gefährlichen klimatischen Zerstörung unseres Planeten geführt haben, kommt hinzu. Immer mehr Menschen bereiten diesem Planeten immer größere Probleme.«

Richard Vollmer trank einen Schluck Wasser.

»Aber das soll heute nicht unser Thema sein. Beschränken wir uns auf das Problem einer selbst verursachten, fehlenden Auslese und einer fortschreitenden Verschlechterung des menschlichen Erbguts. Ich glaube, und hier komme ich nun zu einer zentralen These, ich glaube, dass wir nicht nur die moralische Pflicht haben, leidenden Menschen zu helfen. Wir haben auch die moralische Pflicht, einen Prozess aufzuhalten, der die Menschheit biologisch ruinieren wird. Ich möchte dabei keineswegs falsch verstanden werden. Es geht hier nicht um das Aussortieren lebender Menschen. Das war die Vorgehensweise der Nationalsozialisten. Ich glaube, ich kann Ihnen sehr schnell deutlich machen, dass dies nichts, aber auch gar nichts mit dem zu tun hat, was ich anregen möchte. Denn wir alle haben, um es einfach zu sagen, schlechte Gene in uns. Wir alle sind das

Ergebnis eines Außer-Kraft-Setzens der natürlichen Auslese. Wie Sie sehen, trage ich eine Lesebrille und somit ein sichtbares Zeichen meiner genetischen Disposition. Ich darf dankbar sein, dass zivilisatorische Errungenschaften mir trotz all meiner genetischen Defizite ein meist sorgenfreies Leben ermöglichen. Letztlich verdanke ich mein Überleben also menschlicher Fürsorge. Und ich möchte, dass diese zutiefst menschliche Fürsorge nie verloren geht. Diese Eigenschaft macht uns zu Menschen. Und wenn ich nun vorschlage, die über Jahrhunderte angewachsenen Defizite des menschlichen Genoms quasi zu reparieren, dann geschieht auch das aus jener Fürsorge, die uns Menschen eigen ist. Sie mögen diese Absicht für rein visionär halten, für wenig praktikabel. Doch ich glaube, dass wir heute an eine neue, bedeutende Schwelle der biologischen Forschung gelangt sind. Nun ist es uns möglich, diese Vision zu verwirklichen. Über Jahrhunderte waren wir in der Lage, die Gesetze der Evolution außer Kraft zu setzen; mit jenen eben beschriebenen Folgen für unser Erbgut. Nun sind wir an der Reihe, selbst die Aufgabe der Evolution zu übernehmen, Mutationen künstlich zu erzeugen, bewusst in das Erbmaterial des Menschen einzugreifen. Und hierin liegt eine große Chance.

Lassen Sie mich Ihnen nun jene Hilfsmittel vorstellen, mit denen dies gelingen kann. Ich werde Ihnen im Folgenden eine Übersicht des aktuellen Standes der biologischen Reproduktionstechniken vermitteln und möchte dann besonders auf die neue Methode des CRISPR/Cas eingehen, die es uns ermöglicht, Genmaterial bewusst zu designen.«

Von nun an hatte Jan Schwierigkeiten, der Rede zu folgen, denn man musste Biologe sein, um zu verstehen, worum es ging. Den meisten Zuhörern schien dies möglich. Gebannt folgten sie den Worten des Redners. Vollmer sprach über die ersten Versuche des Klonens, von künstlicher Befruchtung, von Präimplantationsdiagnostik als frühes, noch zaghaftes Verfahren, Embryonen auszuwählen; dann von den aktuellen Techniken des Klonens und schließlich von jener Gen-Schere, die es von nun an ermöglichen würde, das Genom gezielt zu gestalten. Jan hörte ihm dabei zu, vernahm ungläubig und fast apathisch eine Stimme, beobachtete Gesten, Bewegungen, spürte sich selbst wie in einem Traum, einem Spiegel gegenüberstehend, der ihn vor die Wahl stellte, zu glauben oder zu zweifeln und das alles für ein böses Spiel zu halten: das Werk eines bösen Dämons, der ihm etwas vorgaukelte; die Simulation von etwas, dessen Existenz nicht vorgesehen war.

Erst nach einer vollen Stunde kam Richard Vollmer auf seine eingangs formulierte Vision zurück.

»Meine Damen und Herren, Sie sehen, dass wir heute mit einer Kombination aus Gendesign und künstlicher Befruchtung die Möglichkeiten haben, effizient und wirkmächtig in das menschliche Erbgut einzugreifen. Und deshalb bin ich überzeugt, dass eine Korrektur erblicher Abweichungen beim Menschen gelingen wird. Wir sind in der Lage, die Weitergabe von Fehlern an die nächste Generation zu unterbrechen. Und auch wir selbst, die wir diese Abweichungen noch in uns tragen, können in gewissem Maße von diesen Techniken profitieren. Eine Einschränkung nachteiliger DNS-Varianten kann künftig durch bewusstes Eingreifen in das menschliche Genom verwirklicht werden. Sie wird nicht mehr durch die natürliche Umwelt erfolgen. Auf diese Weise führen wir das verloren gegangene Prinzip der Auslese wieder ein. Und wir tun es auf humane Weise. Denn der manipulative Eingriff in das Genom gestattet es, unerwünschte Dispositionen zu beseitigen, ohne das ganze Individuum zu verwerfen. Und spätestens jetzt sollte klar sein, dass dies nichts mehr mit Euthanasie zu tun hat. Wir gehen einen neuen, einen humanen Weg.

Zum Schluss noch ein Wort an jene Zweifler, die glauben, dass ein solch umfassendes Unterfangen gar nicht realisierbar sei. Letztlich sprechen auch wirtschaftliche Überlegungen für einen solchen Schritt. Krankheiten, deren Behandlung heute Milliarden verschlingen, wird es bald nicht mehr geben. Dies wird zu einer spürbaren finanziellen Entlastung der Gesellschaft führen. Und natürlich wird man mit diesen neuen Techniken Geld verdienen können. Letztlich werden es aber alle Menschen sein, die erleben, dass dies der Weg in eine zunehmend vom Leid befreite, bessere Welt ist. Und so wird es eine große Akzeptanz und Bereitwilligkeit in der Gesellschaft geben, diese Vision zu verwirklichen. Für uns in Deutschland bedeutet dies, hier nicht zu lange beiseite zu stehen und gar den wissenschaftlichen Anschluss zu verlieren. In diesem Sinne möchte ich meine Rede mit einem Plädoyer schließen, für eine Förderung und Intensivierung molekularbiologischer Grundlagenforschung und letztlich auch für einen gesellschaftlichen Dialog darüber, wie wir uns den homo novus, den Menschen der Zukunft vorstellen. Wie die Welt aussehen soll, in der wir künftig leben wollen. – Ich danke Ihnen für Ihre freundliche Aufmerksamkeit.«

Großer Applaus erfüllte den Hörsaal. Jan schaute in die Menge und bemerkte, dass die Zuhörer geradezu ergriffen von dem waren, was sie soeben gehört hatten. Er war es auch, jedoch nicht von den fragwürdigen Zukunftsvisionen, die Vollmer in die Welt setzte, sondern von der Erfahrung, dass sein Doppelgänger einen Vortrag gehalten hatte, mit seiner Stimme, seiner Gestik und Mimik, mit seiner Körperhaltung.

Und es war ihm nicht entgangen, dass es einige im Saal gab, die sich zurückhaltend verhielten. Richard Vollmer stellte sich nun den Fragen seines Publikums. Zunächst ging es um Details der im Vortrag dargestellten gentechnischen Methoden. Jan verstand wenig von dem, was gesagt wurde. Ihm ging etwas ganz anderes durch den Kopf. So genial Vollmers Vision daherkam, so wenig durchdacht war sie doch hinsichtlich der Konsequenzen, die mit diesen neuen technischen Möglichkeiten einhergingen. Wer würde künftig bestimmen, welche Eigenschaften des Menschen wünschenswert wären? Gern hätte er sich gemeldet, aber er durfte hier nicht auffallen. Erst spät stellte ein junger Student jene Frage, die auch ihm durch den Kopf ging.

»Sehr geehrter Herr Professor Vollmer. Die Fähigkeit, unser Erbgut nach Belieben zu designen, erlaubt uns mehr als nur die Beseitigung von Krankheiten. Wobei man auch hier zunächst einmal klären müsste, was denn überhaupt als negative Disposition verstanden werden soll und was nicht. Und darüber hinaus wären wir auch in der Lage, Lebewesen nach Wunsch zu gestalten, nach ganz individuellen Interessen. Ganz zu schweigen von Wesen, die es bis heute noch gar nicht gibt.«

Richard Vollmer nickte.

»Ihre Bedenken sind berechtigt. Deshalb sprach ich von einem gesellschaftlichen Dialog, der nun einsetzen muss. Unseren Ethikkommissionen wird die Arbeit nicht ausgehen. Grundsätzlich ist aber das, was wir tun werden, nicht ungewöhnlich. Zu allen Zeiten haben Wissenschaftler gewagt, zu tun, was ihnen möglich ist. Natürlich birgt das Gefahren. Ich möchte das gar nicht abstreiten. Aber erlauben Sie mir bitte, wenn ich vor allem die Chancen sehe, die sich aus diesen Möglichkeiten ergeben.«

Der junge Student wollte noch einmal nachfragen, aber Richard Vollmer ließ ihm keine Gelegenheit, sondern erteilte einer älteren Dame das Wort. Für den Bruchteil einer Sekunde hatte Jan das Gefühl, Vollmer würde zu ihm blicken. Doch das war wohl ein Irrtum.

Als die Veranstaltung zu Ende war, achtete er darauf, den Hörsaal unauffällig in der Menge der Menschen zu verlassen. Nicht auszudenken, wenn man ihn jetzt entdecken würde. Er hatte wieder Kopfschmerzen bekommen und beschloss, am Montag endlich in Leipzig anzurufen, um nach den Ergebnissen seiner Untersuchung zu fragen.

Er war der Gruppe mit etwas Abstand gefolgt, und als sie das kleine, hell erleuchtete Café betraten, zögerte Jan. Die Gefahr, dass einer der Männer auf ihn aufmerksam würde, war hier besonders groß. Schließlich gab er sich einen Ruck und öffnete die Tür. Er musste das Risiko eingehen, wenn er mehr erfahren wollte. Die Gruppe hatte im hinteren Bereich des Cafés an einem großen, runden Tisch Platz genommen. Links davon befanden sich eine Reihe hoher Palmen und ein kleiner Stehtisch mit Barhockern, der nicht besetzt war. Jan erkannte seine Chance. Die Männer waren zu sehr ins Gespräch vertieft, als dass sie ihn bemerken würden. Im Vorbeigehen sah er, dass Richard Vollmer bereits einen großen Koffer bei sich führte, ging an der Gruppe vorbei und setzte sich auf einen der Barhocker, mit dem Rücken zu den Palmen, den Männern abgewandt, aber nahe genug, um den einen oder anderen Gesprächsfetzen aufzunehmen. Da die Hintergrundmusik im Café sehr dezent war, konnte er tatsächlich sehr gut hören, was am Nachbartisch gesprochen wurde.

Schnell hatte er aus den Gesprächen verstanden, dass es zwei Freunde und einige Studenten waren, die Vollmer begleiteten. Der antwortete offenbar gerade auf eine Frage, die man ihm gestellt hatte.

»... denn die Ethikkommissionen stehen immer wieder vor absurden Aufgaben. Wir Biologen haben meist längst gehandelt, wenn die Ethiker beginnen, sich Gedanken darüber zu machen, ob man eine bestimmte Technik anwenden sollte oder nicht. Meist können sie nur noch reagieren und dem, was geschehen ist, hinterherschauen. Aber was meinst du, Paul? Du bist doch selbst Mitglied einer solchen Kommission?«

»Du hast völlig Recht«, bestätigte der Angesprochene. »Es ist wie mit Hase und Igel. Oder waren es Katz und Maus? Also, Sie wissen schon ...«

Alle mussten lachen. Die Bedienung kam und nahm die Bestellungen auf.

»Herr Professor Vollmer«, begann einer der Studenten, »das würde doch bedeuten, dass der Dialog in der Gesellschaft, von dem Sie in Ihrem Vortrag gesprochen haben, immer zu spät kommt.«

»Da liegen Sie richtig. Betrachten Sie den jüngsten Fall aus China, die beiden Zwillingsmädchen, die ein voreiliger Genetiker angeblich immun gegen HIV gemacht hat, indem er frühzeitig in ihr Genom eingriff. Das gab einen riesigen Wirbel in den Medien. Doch schon zwei Wochen später sprach niemand mehr davon.«

»Aber warum haben Sie dann auf den gesellschaftlichen Dialog hingewiesen?«

»Man muss dafür sorgen, dass in der Öffentlichkeit keine unnötigen Feindbilder entstehen. Solange die Menschen das Gefühl haben, sie könnten die Dinge noch beeinflussen, bleiben sie friedlich.«

»Sie sind also der Meinung, dass die Gesellschaft de facto keinen Einfluss auf diese neuen Entwicklungen nehmen kann«, stellte der Student fest.

»Weitgehend stimmt das. Letztlich sind es doch immer aristokratische Zirkel oder sogar Einzelne, die bestimmen, was geschieht. Lesen Sie Machiavelli. Es war niemals anders. Und es gibt einen Imperativ, der in der Naturwissenschaft zu allen Zeiten gültig war: Was getan werden kann, wird getan. Daran hat sich bis heute nichts geändert, auch nicht in der sogenannten demokratischen Gesellschaft. Es liegt einzig an Ihnen, ob Sie zu jenen gehören wollen, die die Welt verändern, oder nicht.«

»Richard, du wärst ein lausiger Politiker«, stellte jener Mann fest, den Vollmer freundschaftlich mit dem Vornamen Paul angesprochen hatte. »Aber Jonathan, was meinst du?«

»Nun, Politik hin oder her. Richard hat wohl Recht. Wissenschaftler sind nicht deshalb berühmt geworden, weil sie ängstlich waren. Im Gegenteil: Ernst Haeckel hat einmal gesagt, die Biologie sei ein Augiasstall, den man von altem Dreck entrümpeln müsse. Und dabei solle man kräftig zupacken.«

»Hat Haeckel das wirklich gesagt?«

»Er hat das nicht nur gesagt. Er hat auch danach gehandelt. Und mit seiner Interpretation Darwins letztlich dem Rassismus und Sozialdarwinismus der Imperialisten in die Hände gespielt.«

»Unsinn. Er ist von diesen Leuten vereinnahmt worden«, hörte Jan Vollmer sagen. »Aber heute geht es um etwas anderes: Die Amerikaner haben einen Begriff dafür geprägt, der vornehmlich in wirtschaftlichen Zusammenhängen verwendet wird. Der Begriff heißt Disruption. Gemeint ist das Verdrängen eines bestehenden Geschäftsmodells durch ein neues, besseres. Heute geschieht das in atemberaubender und rasanter Weise mit Hilfe von Apps auf unserem Smartphone. Wenn es einem Unternehmen gelingt, die Menschen dazu zu bringen, sich ihr Taxi bequem über das Handy zu bestellen, werden ganze Taxiunternehmen mehr und mehr abhängig von diesem Anbieter. Genauer: Sie werden überflüssig. Die neue Geschäftsidee hat eine alte verdrängt. Wenn man Bücher bequem online bestellen kann, sterben die Buchläden. Wenn man Flüge online billiger buchen kann, verschwinden die Reisebüros.«

»Und das würdest du auch für die biologischen Errungenschaften gelten lassen ...«

»Sicher. Und auch für die Gesellschaft. Wer mit den neuen ökonomischen und technischen Entwicklungen nicht mithalten kann oder will, wird zu den Verlierern gehören. Das ist vergleichbar mit Entwicklungen im 19. Jahrhundert, als Tausende von Webern ihre Existenzgrundlage verloren, weil neue Maschinen in England ihre Arbeit besser, preiswerter und schneller erledigten. Und für den neuen Menschen heißt das: Er muss sich diesen neuen Anforderungen stellen. Denn die Spirale der Innovationen bewegt sich immer schneller.«

»Ist das nicht beängstigend?«, fragte einer der Studenten.

»Wenn Sie Angst vor Neuem haben, sind Sie hier falsch«, erwiderte Vollmer ruhig, aber bestimmt.

Jan, der dem Gespräch weiter lauschte, war noch immer darüber verwundert, wie sehr Vollmers Stimme seiner eigenen glich. Für Augenblicke schien es ihm so, als würde er selbst sprechen. Nur dass er nie solche Worte finden könnte. Und nicht jenes Selbstbewusstsein besaß und nicht jene intellektuelle Arroganz, wie sie sein Doppelgänger auch in diesem Gespräch an den Tag legte. Als die Bedienung zu ihm kam, bestellte er ein Glas Wein und hörte weiter zu. Die Studenten stellten fachliche Fragen. Jan hatte das Gefühl, Vollmer antwortete ihnen eher gelangweilt. Einmal wies er sie darauf hin, dass er nun bald zum Flughafen aufbrechen müsse.

Nach einer Stunde befand sich Vollmer nur noch mit seinen beiden Freunden am Tisch.

»Wann kommst du wieder zurück?«, fragte einer von ihnen. Jan erkannte die Stimme Jonathans.

»In einer Woche. Dann bin ich wieder hier. Sehen wir uns?«

»Klar doch. Übrigens, warum war Sonja heute nicht dabei?«

»Wir hatten Streit.«

»Etwas Ernstes?«

»Sie will nicht mit nach San Francisco. Sie will partout in Berlin bleiben. Manchmal glaube ich, dass sie einfach nicht fähig ist, über ihren kleinen, engen, kindlichen Horizont hinauszublicken.«

Die drei Männer schwiegen einen Moment.

»Vielleicht bist du ihr ja zu unheimlich geworden ...«, sagte Jonathan.

»Wie meinst du das?«

»Nun, ich glaube, du bist in den letzten Wochen radikaler und kompromissloser geworden. Seit du in San Francisco warst. Die Art, wie du mit den Dingen umgehst. Zum Beispiel, wie du auf den Studenten reagiert hast: Wenn Sie Angst vor dem Neuen haben, sind Sie hier falsch. – So etwas hättest du dir früher nie geleistet.«

»Das ist nun aber ein starkes Stück«, empörte sich Vollmer. »Willst du mir jetzt vorschreiben, wie ich mit meinen Studenten umzugehen habe?«

Jonathan schüttelte den Kopf. »Versteh mich nicht falsch. Aber es ging in dem Gespräch um Disruption. Und um Optimierung. Wenn ich sehe, wie viele Menschen bereits begonnen haben, mit Hilfe von Biotrackern und ähnlichen Geräten ihren Körper, ihr Denken und überhaupt ihr ganzes Leben zu optimieren, wird mir schwindelig. Diese Ahnungslosen vertrauen einem Algorithmus, der ihnen angeblich sicher sagen kann, wie sie das Beste aus sich herausholen. Welch ein Blödsinn.«

»Und was hat das mit dem zu tun, was ich gesagt habe?«
»Du weißt, wozu Disruption und Optimierung führen können. Angenommen, es gelingt uns, mit Hilfe von Gentherapie Menschen von vielen Krankheiten zu heilen. Und es gelingt uns, die Mechanismen des Alterns zu verstehen und zu beeinflussen. Angenommen, wir werden mit Hilfe von Prothesen körperlich leistungsfähiger sein. Und wir können durch Implantate oder äußere Sensoren die Fähigkeiten unseres Geistes verbessern. Wer, frage ich dich, wird dann davon profitieren?«

»Grundsätzlich alle Menschen.«

»Das stimmt nicht. Und das weißt du. Denn was wäre dann das Schicksal jener Menschen, die den künftig vielleicht noch kommenden Optimierungswahn nicht mitmachen wollen oder können. Willst du deinen Studenten ein solch elitäres Weltbild einimpfen? Du weißt doch selbst, was die Folgen wären, wenn einige aufgrund ihres Reichtums die Möglichkeit bekämen, sich körperlich oder geistig zu optimieren, also länger gesund zu bleiben, länger zu leben, schnellere und bessere Sinneswahrnehmungen und einen flexibleren Geist zu besitzen. Die Konsequenz wäre, dass dann all die anderen im Gegensatz zu diesen Übermenschen nicht mehr mithalten könnten. Sie würden finanziell einfach nicht in der Lage sein, sich diese Aufrüstung zu leisten, weil diese neuen Techniken nämlich zunächst richtig teuer sein werden. Etwas plakativ gesagt: Es wird eine kleine Gruppe von Optimierten geben – du nennst sie die neuen Menschen – und eine Mehrheit von Menschen, die das künftige Proletariat darstellen. Und wenn es so sein wird, dass ein Großteil der Arbeit künftig von Algorithmen erledigt wird, gibt es für diese Menschen kaum noch Arbeit. Sie werden arm sein, nutzlos für eine Gesellschaft, und man wird sie dann eigentlich auch nicht mehr so recht benötigen.«

Richard Vollmer schien verblüfft zu sein. »Wo bin ich denn hier gelandet?«, fragte er, »Paul, siehst du das auch so?«

»Vielleicht hat Jonathan das jetzt etwas drastisch formuliert«, antwortete Paul. »Aber bei all den Visionen über den Menschen der Zukunft darf doch nicht der Humanismus auf der Strecke bleiben. Was wollen wir denn? Wollen wir die Freiheit und die Selbstbestimmungsmöglichkeiten des menschlichen Individuums fördern oder den Menschen zum Sklaven seiner Algorithmen machen?«

»Ihr habt einfach nichts verstanden.« Vollmer schüttelte den Kopf. »Humanismus. Demokratie. All das hatte seine Zeit. Aber die Welt ist längst dabei, eine andere zu werden. Man wird diese Ideale nicht mehr brauchen. Im Gegenteil. Sie werden dem Glück des Menschen im Wege stehen.«

»Humanität und Demokratie stehen dem Glück im Wege?«, fragte Paul zweifelnd. »Bist du noch bei Trost? Und wenn du so denkst: Was ist dann mit Empathie? Mit Solidarität? Und mit der Liebe zum Nächsten? Stehen die dem Glück des Menschen etwa auch im Wege?«

Richard Vollmer winkte die Bedienung herbei. »Wenn ihr dermaßen ignorant und borniert seid, kann ich euch nicht helfen. Seht ihr denn nicht, wohin die Welt sich bewegt? Ihr hättet damals mit Sicherheit auch zu jenen gehört, die Galilei aufhalten wollten. Und Darwin. Und Haeckel.«

Jan wagte, sich etwas umzudrehen, und sah, dass Vollmer zehn Euro auf den Tisch legte.

»Ihr begreift es einfach nicht«, stellte er fest, erhob sich und begab sich zur Tür, ohne sich noch einmal umzudrehen.

Die beiden Männer schauten ihm ungläubig nach.

»Das kann doch nicht wahr sein«, stellte Paul fest und schüttelte ungläubig den Kopf.

Jonathan sah noch immer zur Tür. »Der Erfolg in Kalifornien scheint ihm nicht zu bekommen. Er hat sich völlig in diese Ideen verrannt.«

»Und wir beide gehören wohl von nun an nicht mehr zu den neuen Menschen«, stellte Paul zynisch fest.

Sie leerten ihre Gläser ohne ein weiteres Wort. Wenig später verließen sie das Café.

Jan blieb zurück. Und verlor sich in Gedanken. Auch er hatte beobachtet, wie Vollmer durch die große Tür verschwunden war. Und nun schien es ihm, als wäre er selbst es gewesen, der dies getan hatte. Um die Welt zu erobern. Aber die Wirklichkeit sah anders aus. Sein Glas war noch immer halbvoll. Und er fühlte sich wie ein Verlierer, noch dazu wie einer, der mit ansehen musste, dass sich sein Doppelgänger geradezu schlafwandlerisch von Erfolg zu Erfolg bewegte.

Und ein Gedanke stieg in ihm auf, nahm ihn ganz gefangen und wollte ihn nicht mehr loslassen. War so verlockend, versprach so viel Spannendes, so viel Geheimnisvolles, dass es ihm unmöglich schien, bis morgen zu warten.

Er stand vor dem Hauseingang in der Marienstraße und betrachtete den Nummernblock, der die Tür öffnen würde. Für einen Moment zögerte er. Sollte er diesen Schritt wirklich wagen? Dann gab er die sechsstellige Zahlenfolge ein, und mit einem kurzen Summen öffnete sich das Schloss. Er betrat den Hausflur, sah die Treppe, ging die Stufen hinauf in den ersten Stock und fand die Eingangstür zu Richard Vollmers Wohnung. Noch einmal gab er die Ziffern in eine Tastatur ein, die unmittelbar am Türrahmen angebracht war. Noch einmal hörte er das leise Geräusch eines Schlosses, das sich öffnete. Noch einmal stand er für einen Augenblick wie betäubt da, so als wolle er nicht wahrhaben, was soeben geschah. Dann trat er ein.

In dem kleinen Flur machte er Licht, fand den Schaltkasten und vergewisserte sich, dass die Alarmanlage tatsächlich ausgeschaltet war. Unmittelbar daneben befand sich ein großer, wandhoher Spiegel, in dem er sich nun selbst betrachtete. Er sah sich. Und zugleich hatte er das Gefühl, nicht mehr der zu sein, den er dort sah. Er nahm die Brille ab, zog die schwarze Jacke aus, hängte sie sorgfältig an die Garderobe und atmete durch. Die Fußbodenfliesen waren so weiß und so sauber, dass er unwillkürlich seine Schuhe auszog und in ein Regal stellte, in dem sich bereits andere befanden, sehr gute Markenschuhe, wie er sah, ordentlich aneinander gereiht. Die würden ihm passen, kam es ihm in den Sinn.

Links ging es in eine kleine Küche. Richard Vollmer hatte bei der Ausstattung nicht an Geld gespart. Die Oberflächen der Wand- und Bodenschränke wirkten teuer. Alles in diesem Raum war funktional angeordnet und ließ viel Platz für einen kleinen Designertisch und zwei Stühle. Diese Küche wirkte sehr aufgeräumt. Auf der Granitarbeitsplatte standen lediglich ein guter Kaffeeautomat und die neueste Variante einer exklusiven Küchenmaschine. Richard Vollmer schien gelegentlich selbst zu kochen.

Jan öffnete den Kühlschrank, in dem sich Lebensmittel für gut eine Woche befanden, auch zwei Flaschen Wein, Orangensaft und drei Packungen H-Milch. Schließlich entdeckte er eine Flasche Champagner, nahm sie spontan heraus und öffnete sie. In einem der Hochschränke fand er ein Glas, goss sich ein und nahm einen Schluck. Es war ihm irgendwie mulmig zumute gewesen, als er die Wohnung betreten hatte, aber nun änderte sich das. Er verließ die Küche und ging gegenüber in das Wohnzimmer. Obwohl der Raum sehr groß war, fand sich hier nur wenig. Ein großes Ledersofa, ein alter heller Bauernschrank, den man offenbar abgebeizt hatte, ein Flachbildfernseher und zwei große Lautsprecherboxen. Jan ging zum Hi-Fi-Rack und entdeckte dort einen teuren Plattenspieler, einen SACD-Spieler und einen hochwertigen Vollverstärker. Links davon befanden sich ein CD-Regal und eine offene Kommode, in der Langspielplatten eingeordnet waren. Ein erster Blick machte klar, dass Richard Vollmer vor allem Klassik und Jazz hörte und dazu neigte, wenige, aber sehr gute Aufnahmen und Interpretationen zu kaufen. Der Mann kannte sich aus. Jan wollte eine CD auflegen, doch dann entschied er sich anders und ging hinüber zum Arbeitszimmer. Im Gegensatz zum Rest der Wohnung erwartete ihn hier ein völliges Chaos. Alle Regale waren gefüllt mit Aktenordnern, viele lagen auf dem Boden, waren teilweise geöffnet, einzelne Papiere lagen herum, und der Schreibtisch quoll über mit Büchern, Zeitschriften, Briefen und kleinen Karteikästen. Mitten darin eine Tastatur und ein Bildschirm.

Er startete den Rechner und nahm verwundert zur Kenntnis, dass Richard Vollmer es versäumt hatte, ein Passwort einzurichten. Nicht, dass ihn dies aufgehalten hätte, aber leichtsinnig war es schon, so unbedacht mit seinen Daten umzugehen. Ein erster Blick auf die Bildschirmoberfläche zeigte, dass alle wichtigen Internetzugänge fein säuberlich als Icons angelegt waren: E-Mails, Browser, persönliche Daten, aber auch besonders sensible Dienste wie das Online-Banking mit Security-App, alles mit einem Mausklick sofort zugänglich. Natürlich würde er Passwörter benötigen, um all diese individuellen Zugänge nutzen zu können, aber mit den Programmen von Megatech-IT würde es eine Leichtigkeit sein, überall hineinzukommen. Jan nahm mit großer Zufriedenheit zur Kenntnis, dass er hier auf alles zugreifen konnte, was für Richard Vollmer lebenswichtig war. Und spontan kam ihm der Gedanke, als

Erstes seine eigene prekäre Finanzlage zu verbessern. Aber dazu hatte er in den nächsten Tagen noch genügend Zeit.

Er ging zu den Regalen und fand einige Fotoalben. Er begann darin zu blättern. Ein Ordner zeigte Vollmer mit Sonja Reisinger in einem sonnigen Urlaubsland. Die beiden machten einen sehr glücklichen Eindruck. Diese Sonja Reisinger war eine schöne Frau, ging es ihm durch den Kopf, und einige Minuten verbrachte er damit, ihre Bilder zu betrachten. Ein nächster Ordner bewahrte Fotos, die Vollmer auf diversen Kongressen und bei Vorträgen zeigten. Jan konnte nichts damit anfangen, stellte ihn beiseite und griff spontan nach einem Album, das etwas älter aussah. Er fand Fotos aus Vollmers Kindheit und Jugend. Es war verblüffend, sie zu betrachten. Vollmer sah früher genauso aus wie er selbst. Sogar die Kleidung war sehr ähnlich, bis hin zu den Farben, die Vollmer meist trug. Auf einem Bild erkannte Jan, dass der junge Vollmer genau das gleiche Fahrrad fuhr, das auch er selbst besessen hatte. Diese Parallele kam ihm geradezu unheimlich vor. Überhaupt schien die Fotoreise in die Welt seines Doppelgängers eine Reise in die eigene Vergangenheit zu sein. Nach einigen Minuten wurde ihm bewusst, dass es eine besonders gravierende Gemeinsamkeit gab. Immer wieder sah man auf diesen Fotos Vollmers Mutter, aber nie einen Mann. Sollte auch er ohne Vater aufgewachsen sein? Und wie ließen sich diese Gemeinsamkeiten erklären? Sonderbar.

Jan blickte auf. Er würde diese Fotos in den nächsten Tagen noch sehr viel genauer studieren müssen. Und sicherlich fanden sich in den Akten Dokumente über Vollmers Leben. Er ahnte, dass es ein Geheimnis gab, etwas, das auch ihn betraf, etwas, das er entdecken könnte. Hier würde er Indizien finden, die ihm vielleicht eine Antwort auf seine Fragen geben konnten.

Er legte das Fotoalbum beiseite, verließ den Raum und öffnete die Tür zum Schlafzimmer. Hier erwarteten ihn ein großes Designerdoppelbett und eine verspiegelte Schrankwand. Wieder erblickte er sich selbst, und dieser Anblick erschien ihm geradezu unwirklich. In einem Spiegel sah man eigentlich nur eine Reflexion. Der Spiegel hatte kein Eigenleben. Und dennoch konnte er etwas mit einem Menschen tun. Er warf ein Bild zurück. Das bist du, konnte er uns sagen. Aber was, wenn man sich in diesem Bild kaum mehr wiedererkannte? Und was, wenn dieser Mann gegenüber plötzlich aus dem Spiegel heraustreten würde?

Da war er, Jan Winkler, jemand, der trotz all seiner Fähigkeiten und seiner Anstrengungen immer Pech gehabt hatte, der nicht verstand, warum ihm nie jene Fortüne vergönnt war, die Richard Vollmer immer wieder erlebt hatte. Was war Schicksal? Und was war Glück? Warum lebten die einen auf der dunklen Seite des Lebens, die anderen auf der hellen? Warum war es ihm trotz aller noch so großen Bemühungen nicht möglich, diese Ungerechtigkeit zu durchbrechen?

Jan öffnete den Kleiderschrank und sah sich um. Natürlich würde ihm das alles passen. Er entkleidete sich, nahm sich ein weißes Hemd, zog es über, fand einen teuren, schwarzen Anzug, band eine Krawatte und betrachtete sich einige Augenblicke später im Spiegel.

Es fehlten noch die passenden schwarzen Schuhe. Die würde er im Flur finden. Der Spiegel zeigte ihm einen gutaussehenden, wohlgekleideten Mann, bereit, vielleicht einen Empfang zu besuchen, vielleicht in Begleitung einer schönen Frau, einer Frau wie Sonja Reisinger. Jan nahm das Champagnerglas in die Hand und prostete sich zu. Es war so einfach, den äußeren Schein zu verwandeln.

Vielleicht konnte man alles wandeln. Als der ewige Verlierer in den Spiegel hineinspringen und als Liebling des

Schicksals wieder herauskommen. Sicher konnte man alles ändern. Vollmer hatte es selbst gesagt. Was getan werden konnte, würde getan werden. Man musste nur den Mut aufbringen und einen neuen Menschen schaffen. Einen Menschen, der in eine neue körperliche und geistige Dimension aufbrechen würde.

Überrascht von sich selbst stand Jan vor dem Spiegel und betrachtete sich. Er würde das Schicksal besiegen. Neue Gedanken stiegen in ihm auf, nahmen ihn ganz gefangen und wollten ihn nicht mehr loslassen. Alles schien ihm nun so verlockend, versprach so viel Spannendes, so viel Geheimnisvolles, so viel Schönes, dass es ihm unmöglich war, etwas anderes zu denken. Er würde das Schicksal besiegen. Und all das begann jetzt. In diesem Augenblick.

IV

Am Flugplatz hatte niemand auf ihn gewartet. Das war ihm sehr recht gewesen. Und als er im Taxi auf dem Weg zu seiner Wohnung das Handy einschaltete und seine Nachrichten durchsah, stellte er beruhigt fest, dass niemand aus Berlin Kontakt zu ihm aufgenommen hatte. Weder Paul Frey, noch Jonathan Waltke, keiner der vielen anderen Freunde, und auch Sonja Reisinger nicht. Seit ihrem Streit hatte er nichts mehr von ihr gehört. Richard Vollmer war sich nicht sicher, ob er richtig gehandelt hatte. Es kam selten vor, dass er in seinen Entscheidungen unsicher war. Und nun stimmte ihn sein Gefühl seltsam melancholisch. Er lehnte sich zurück und schaute aus dem Fenster des Wagens. Für einen Moment hatte er die Orientierung verloren. Es war bereits dunkel geworden, und auf der Fahrbahn reflektierte der Regen das Licht der Fahrzeuge, der Straßenbeleuchtung und der Schaufenster. Eine Nachricht erschien auf seinem Smartphone. Der Dekan wollte ihn sprechen, wenn möglich gleich morgen. Richard Vollmer lächelte innerlich. Das kam ihm sehr entgegen. Er würde ihm mitteilen, dass er sich von nun an intensiver seinem Start-up widmen müsse. Das hatte eine deutliche Reduzierung seiner Lehrtätigkeit in Berlin zur Folge. Eine Veränderung, die Professor Langer nicht erfreuen würde. Aber als ein Mann, der stets Verbindungen zur Wirtschaft gepflegt hatte, würde der Dekan ihn verstehen und letztlich dankbar sein, dass er der Fakultät überhaupt noch zur Verfügung stand.

Das Taxi hatte die Marienstraße erreicht. Vollmer zahlte, stieg aus, rollte seinen Koffer hinter sich her bis zum Hauseingang, gab den Nummerncode ein und hörte die gewohnten Geräusche des Schlosses. Dann trat er ein, ging die Treppe hinauf, wiederholte die Eingabeprozedur am Nummernblock seiner Wohnung, und die Tür sprang auf. Das Licht im Flur hatte sich bereits angeschaltet. Er trat ein, und von einem Augenblick zum nächsten fühlte er sich daheim, ließ den Koffer im Flur stehen, zog die Schuhe aus, hängte das Jackett an die Garderobe und ging nach und nach in alle Räume, um sich zu vergewissern, dass alles so war, wie er es vor einer Woche verlassen hatte. Natürlich war alles so. Warum sollte es nicht so sein? Im Arbeitszimmer prüfte er den Anrufbeantworter, aber außer Professor Langer hatte ihm niemand eine Nachricht hinterlassen. Dann ließ er das Notebook hochfahren, prüfte kurz seine Homepage und die Facebook-Seite, stellte fest, dass alles auf dem neuesten Stand war, schaute noch einmal nach seinen E-Mails, und fand die täglichen Nachrichten von Astro Weller, Chip Atkins und Tina Taylor, den leitenden Mitarbeitern seines Start-ups in San Francisco. Tina teilte ihm mit, dass der Börsenwert des Unternehmens inzwischen von den Experten bei 500 Millionen Dollar gesehen wurde. Und sie hatte ein Foto von sich mitgeschickt. Es zeigte sie in ihrem Schlafzimmer inmitten zerwühlter Decken. Vollmer lächelte. Tina, Tina. Auf was hatte er sich da bloß eingelassen.

Er ließ den Rechner herunterfahren, ging ins Wohnzimmer und schaltete die HiFi-Anlage ein. In diesem Moment klingelte es. Er begab sich zur Tür, aktivierte die Außenkamera und sah einen jungen Mann vor der Haustür stehen. »Ja?«, sagte er kurz über die Wechselsprechanlage.

»Herr Vollmer?«

»Ja.«

»Ihre Pizza.«

Verwundert betrachtete Vollmer den jungen Mann vor der Tür, der offenbar etwas in der Hand hielt. »Ich habe keine Pizza bestellt.«

»Das kann nicht sein. Die Hausnummer stimmt. Eine Tonno Cipolla. Die haben Sie doch bestellt?«

Vollmer schüttelte den Kopf. »Meine Lieblingspizza«, stellte er fest. »Aber die habe ich nicht bestellt.«

»Das kann doch nicht sein. Und was soll ich jetzt machen?«

Vollmer dachte kurz nach. Immerhin, er hatte seit zwölf Stunden nichts gegessen. »Ach, bringen Sie sie hoch«, sagte er schließlich und ließ den Mann ins Haus.

Augenblicke später gab der ihm die Pizza und kassierte zehn Euro. »Das ist seltsam«, sagte er. »Haben Sie die wirklich nicht bestellt?«

Vollmer schüttelte den Kopf. »Wissen Sie, wer angerufen hat?«

»Nein«, erwiderte der junge Mann. »Die Bestellung kam wohl über die App.«

»Seltsam.« Vollmer blickte auf die flache Schachtel.

Der Pizzabote nickte und eilte die Treppe hinunter. Dann war es wieder still.

Richard Vollmer nahm den Karton mit in die Küche und öffnete den Deckel. Darunter verbarg sich eine Pizza Tonno, die sehr lecker aussah. Dann bemerkte er die seitlich an den Rand gelegte Karte. Erst dachte er an eine Visitenkarte. Aber als er sie in die Hand nahm, wurde ihm klar, dass es sich um eine Spielkarte handelte. Keine gewöhnliche Spielkarte. Vollmer schaute sie verwundert an. Die war aus dem Tarot, ging es ihm durch den Sinn. Er zog sein Handy, tippte den Begriff in eine Suchmaschine und ließ sich Bilder zeigen. Binnen Sekunden hatte er seine Karte gefunden. Die Abbildung zeigte ein Skelett auf einem weißen Pferd. Vor ihm knieten verschiedene Menschen. Auf dem Boden lagen

Körperteile. Vollmer klickte auf das Bild, las die Erklärung und musste schlucken. Das war keine gewöhnliche Karte. Und ihre Bedeutung war eindeutig. Sie symbolisierte den Tod.

Die Karte ließ ihm keine Ruhe. Er hatte versucht, nicht daran zu denken, hatte Musik gehört, etwas gelesen. Schließlich ging er in die Küche, fand die Telefonnummer auf dem Pizzakarton und gab sie in sein Handy ein. Er hatte Glück. Der Chef der Pizzeria war noch im Haus und Augenblicke später selbst am Telefon.

»Das kommt eigentlich nicht vor«, sagte der, als Vollmer ihm von der ungewöhnlichen Pizza berichtet hatte. »Wir haben fast nur Stammkunden. Die rufen an oder bestellen über die App. Wir prüfen kurz Name und Adresse im Computer, aber meist sind es alte Bekannte.«

»Und wie ist es möglich, dass ich eine Pizza bekomme, die ich nicht bestellt habe?«

»Das kann passieren. Ist aber selten. Wir prüfen ja nur, ob die Adresse des Bestellers stimmt.«

»Und diese App, für die muss man doch sicher eine E-Mail-Adresse angeben.«

»Stimmt.«

»Können Sie das prüfen?«

»Einen Moment.«

Vollmer hörte geschäftige Stimmen, Telefone klingelten, und im Hintergrund lief ein Berliner Lokalsender. Es dauerte einige Minuten. Richard Vollmer befürchtete, der Mann am Telefon hätte ihn vergessen, aber dann hörte er wieder seine Stimme.

»Ich habe was für Sie gefunden. Die E-Mail-Adresse: Richard.Vollmer@web.de.«

»Diese Adresse gibt es nicht.«

»Scheinbar doch. Unser Computer bestätigt einen Richard Vollmer in der Marienstraße. Und Sie sagen, das waren nicht Sie, der die Pizza bestellt hat?«

»Richtig.«

»Okay, wir nehmen Sie aus dem System. Tut mir leid. Ich hoffe, unsere Pizza hat Ihnen trotzdem geschmeckt.«

»Hat sie. Aber im Karton war noch eine Karte.«

»Was? Wir legen keine Karten in den Karton. Auch keine Werbung.«

»Wie kann es sein, dass dort eine Karte hineingekommen ist, sagen wir, so groß wie eine Visitenkarte?«

Der Mann am anderen Ende der Leitung überlegte.

»Dann müsste der Fahrer die dort hineingetan haben. Aber ich sehe hier, dass mein Sohn Lucio die Pizza ausgeliefert hat. Der macht so was nicht.«

»Aber wie kann es dann sein?«

Noch einmal blieb es zwei Sekunden still.

»Die Fahrer müssen oft ins Haus, um die Pizza abzuliefern. Dann schließen sie den Wagen nicht ab, auch wenn noch weitere Pizzen im Kofferraum sind. Es ist noch nie etwas gestohlen worden. Ich kann mir nur vorstellen, dass sich jemand einen Scherz erlaubt hat. Das ist natürlich nicht schön. Auch für uns nicht. Bitte entschuldigen Sie.«

»Sicher«, sagte Vollmer nachdenklich. »Danke, und einen guten Abend.«

Wenig später saß er wieder im Sessel gegenüber den Lautsprecherboxen und hatte die Tarotkarte in der Hand. Die Sache ließ ihn nicht los. Er konnte nicht anders als nachdenken. Wer immer es gewesen war, hatte sich viel Mühe gegeben, um ihm diese Pizza zukommen zu lassen. Er hatte eine E-Mail-Adresse generiert, die App des Pizza-Dienstes genutzt, und offenbar musste er dem Auslieferer gefolgt sein, um die Tarotkarte heimlich in dem Pizzakarton zu verstecken. Das verlangte ein gewisses Maß krimineller Energie. Wer kam für solch einen schlechten Scherz in Frage? Paul? Jonathan? Jemand, der seine Ansichten nicht teilte und ihm zeigen wollte, wie man den Menschen der Zukunft an der Nase herumführen konnte? Jemand aus dem Institut? Jemand, der seine Vorträge besucht hatte? Oder sollte gar Sonja dahinter stecken? Das konnte er sich allerdings nicht vorstellen.

Zu seiner Verwunderung wurde sich Richard Vollmer bewusst, was diese Tarotkarte schon jetzt in ihm bewirkte: Solange er nicht wusste, wer ihm dieses böse Geschenk gemacht hatte, war grundsätzlich jeder verdächtig. Und er würde von nun an jeden, der ihm begegnete, mit anderen Augen sehen. Mit den Augen des Verdachts. Obwohl all diese Menschen unschuldig waren. Bis auf einen.

Dann wurde ihm klar, dass er diese Pizza nie hätte essen dürfen. Zur Karte des Todes hätte eine vergiftete Pizza vorzüglich gepasst. Nun, so weit war derjenige nicht gegangen, aber er hatte genug Schaden angerichtet. Es war eine andere Sorte Gift, die jetzt in ihm wirkte. Und auch die Tatsache, dass er das wusste, würde ihm nicht weiterhelfen.

Erst jetzt hatte er die Macht der Karte wirklich verstanden.

Am nächsten Morgen frühstückte er sehr lange. Er hatte schlecht geschlafen. Genau genommen hatte er gar nicht richtig geschlafen, war immer wieder wach geworden, hatte gelauscht, ob da irgendein Geräusch zu hören war, doch es war nichts, und er hatte versucht, wieder einzuschlafen, bis tatsächlich die Müdigkeit gesiegt hatte, aber nur für eine Stunde oder zwei.

Nach dem Frühstück duschte er lange, zog sich an und machte sich auf den Weg. Im Hausflur öffnete er den Briefkasten, mit einer schlimmen Vorahnung. Aber da war nichts. Nur die übliche Werbung und eine Abrechnung des Stromanbieters.

Er trat auf die Straße hinaus und schaute sich um. Zu dieser Zeit schien die Marienstraße wie ausgestorben. Er ging die wenigen Meter zur Wilhelmstraße, nahm den Bus zum Brandenburger Tor und dann die S-Bahn.

Eine knappe Stunde später hatte er das Institut erreicht. Inzwischen waren die Wolken aufgebrochen, und die ersten Sonnenstrahlen tauchten den Campus in ein angenehmes, warmes Licht. Das Büro des Dekans befand sich im obersten Stockwerk des Verwaltungsgebäudes. Richard Vollmer nahm bewusst die Treppe, um das letzte Gefühl von Müdigkeit abzustreifen. Als er an Langers Bürotür klopfte, hörte er ein lautes »Herein«. Der Dekan saß an seinem Schreibtisch, und als er erkannte, wer den Raum betrat, erhob er sich mit einem erfreuten Lächeln und gab Vollmer beherzt die Hand.

»Schön, Sie zu sehen«, begrüßte er ihn und bat, Platz zu nehmen. »Wie war der Flug?«

»Nun. Ich gewöhne mich von Mal zu Mal mehr daran.« Er bemerkte auf dem Schreibtisch einen Aktenordner, der aufgeschlagen war. »Lassen Sie mich raten«, fuhr er fort. »Es geht um das kommende Semester.«

»Richtig«, bestätigte der Dekan. »Die Planungen haben längst begonnen, und ich muss wissen, inwieweit ich auf Sie zählen kann.«

Vollmer nickte. »Ich nehme an, Sie ahnen es schon. Ich werde kürzer treten müssen.«

»Wegen Ihres Start-ups?«

»Ja. Die Sache gewinnt an Kontur und nimmt mächtig Fahrt auf.«

Langer blickte gedankenvoll auf den Aktenordner. »Ich habe mir so etwas schon gedacht«, fuhr er fort. »Aber Sie reißen eine große Lücke in unser Lehrangebot. Jetzt, wo Sie sich einen Namen gemacht haben, wollen natürlich viele bei Ihnen studieren. Und natürlich fällt das auch auf das Renommee unserer Fakultät zurück.«

»Ja, das verstehe ich nur zu gut. Auch Ihre Sorge. Nur bleibt mir keine Wahl. Das Start-up verlangt all meine Aufmerksamkeit. Es gibt einen wesentlichen Unterschied zwischen der Arbeit an der Universität und der in freier Wirtschaft. Nicht genug, dass unsere Forschung äußerst anspruchsvoll ist. Nein, ich muss mich auch regelmäßig gegenüber meinen Investoren verantworten. Es reicht nicht mehr zu sagen, wir können erfolgreich sein. Nein: Wir müssen erfolgreich sein.«

Der Dekan nickte. »Ich verstehe. Also: Wie viel Zeit bleibt Ihnen für uns?«

»Ein Blockseminar. Ein Wochenende im Monat.«

»Das ist gut.« Langer lehnte sich zurück. »Das ist genug, um weiterhin das Interesse junger Studenten zu erhalten.«

»Haben Sie Schlimmeres befürchtet?«

»Ehrlich gesagt: Ja. Ich freue mich, dass es weitergeht. Wissen Sie schon, was Ihr Thema sein wird?«

»Vielleicht jene Grundlagen, die momentan auch die Arbeit des Start-ups bestimmen.«

Der Dekan lächelte. »Das ist sehr schön. Dann bleiben wir in Berlin am Puls der Zeit.« Er überlegte kurz, um dann eine weitere Frage zu stellen. »Bitte verzeihen Sie. Noch eine Sache, die mich selbst interessiert.« Er hielt inne, suchte nach den passenden Worten. »Es gibt da Gerüchte. Über Ihr Start-up ...«

»Gerüchte?«

»Ja. Dass dort an noch ganz anderen Dingen geforscht wird, als die Öffentlichkeit weiß.«

»Um Gottes Willen.« Vollmer lachte. »Ja, ich kenne diese Gerüchte. Und ich darf Ihnen versichern, dass nichts von all dem wahr ist. Meinen Sie nicht, dass es Arbeit genug ist, neue Medikamente gegen Alzheimer und alle denkbaren Demenzkrankheiten zu entwickeln? Das ist eine Riesenaufgabe. Ein Moonshot, wie die Menschen in San Francisco sagen.«

In diesem Moment klingelte Vollmers Handy. Er holte es hervor und las die kurze Nachricht.

Dem Dekan entging nicht, wie das Gesicht seines Gegenübers bleich wurde. »Was ist?«, fragte er.

»Eine wichtige Nachricht. Ich muss sofort Kontakt mit San Francisco aufnehmen. Eine außerordentliche Investorensitzung wurde einberufen.« Er stand auf. »Bitte entschuldigen Sie mich. Aber wir haben ja soweit alles besprochen. Die genauen Zeiten der Veranstaltungen schicke ich Ihnen in den nächsten Tagen. Auch einen Text für das Vorlesungsverzeichnis.«

»Sehr schön«, sagte der Dekan, erhob sich ebenfalls und reichte Vollmer die Hand. »Lassen Sie mir das alles möglichst bald zukommen. Und viel Glück bei den Verhandlungen.«

Vollmer nickte und ließ das Handy in der Tasche verschwinden.

Wenig später saß er wieder in der S-Bahn und blickte fassungslos auf das Display. Die E-Mail war nicht aus San Francisco gekommen. Er hatte eine Nachricht vom größten Literatur- und Musikhaus der Stadt erhalten, dass die Musik-CD, die er bestellt hatte, nun zur Abholung bereit lag.

Richard Vollmer kaufte oft dort ein. Aber er hatte nichts bestellt. Und eine böse Ahnung stieg in ihm auf. Er musste das sofort klären.

Geistesabwesend schaute er aus dem Fenster und ließ die Eindrücke an sich vorüberfliegen, so als würde er durch alles hindurchschauen. Das Gespräch mit Langer hatte ihn von seinen dunklen Gedanken abgelenkt. Aber nun war sie wieder da. Die Unsicherheit. Die Ohnmacht. Und die Befürchtung, dass es jemand auf ihn abgesehen hatte. Jemand, der genau wusste, dass er gern Musik hörte. Es musste jemand sein, der ihn sehr gut kannte. Und das machte die Dinge nur noch schlimmer.

Einige Zeit später verließ er die S-Bahn und ging langsam die Friedrichstraße entlang, sah aufmerksam um sich, geleitet von dem Gefühl, dass ihn jetzt jemand beobachtete. Aber er konnte nichts Verdächtiges bemerken.

Dann kam er an der unauffälligen Stahltür jenes Restaurants vorbei, in dem er vor einer Woche mit den Freunden gefeiert hatte. Sie kannten ihn am besten. Sie wussten natürlich um seine Vorlieben, auch um die Begeisterung für klassische Musik und Jazz. Paul, Jonathan und Sonja. Er versuchte, jetzt nicht an sie zu denken. Stattdessen erinnerte er sich daran, dass er das Gift nicht wirken lassen durfte. Er musste die Dinge aufklären, notfalls sogar zur Polizei gehen. Aber er sollte nicht die Nerven verlieren.

Als er den Eingang des Kaufhauses erreicht hatte, bemerkte Richard Vollmer Security-Männer, die ihn auf professionelle Weise wahrnahmen und passieren ließen. Auch sie hatten ein wenig von diesem Gift im Kopf. Das war geradezu ihr Beruf. Er betrat den Eingangsbereich und dann die Treppe, die in den Keller führte. Hier unten befand sich die riesige Musikabteilung des Hauses. Einer der »Info-Points« war besetzt. Richard Vollmer hasste Anglizismen, vor allem, wenn sie nirgendwo in der Welt so verwendet wurden wie hier. Aber darum ging es jetzt nicht. Er sprach den Mann an, der dort über einen Bildschirm gebeugt war und sofort aufschaute.

»Ich habe die Nachricht bekommen, dass eine Bestellung für mich eingegangen sein soll. Für Richard Vollmer.«

Der Mann nickte und tippte auf der Tastatur seines Computers. »Ja, da hab ich Sie. Stimmt. Carlo Gesualdo. Responsorien. Das Hilliard Ensemble. Ja, die ist für Sie gekommen.«

Vollmer wartete einen Augenblick, bis der Angestellte wieder aufblickte. »Diese CD habe ich nicht bestellt.«

Erneut blickte der Mann zum Bildschirm. »Seltsam«, sagte er ruhig. »Bestellt vor drei Tagen. Über die neue App. Dr. Richard Vollmer. Das sind Sie doch?«

»Richtig, aber ich habe diese Aufnahme tatsächlich nicht bestellt. Sie steht seit Jahren in meinem CD-Regal.«

Der Angestellte schüttelte ratlos den Kopf.

»Wie kommt man an eine solche App?«, fragte Vollmer. »Und welche Zugangsdaten muss man eingeben?«

»Soweit ich weiß, braucht man die E-Mail-Adresse.«

»Dann kann jeder, der meine E-Mail-Adresse kennt, für mich CDs bestellen.«

Der Mann wurde unsicher. »Ehrlich gesagt: Ich weiß es nicht so genau.« Er dachte nach. »Ich könnte versuchen, die IT-Abteilung zu erreichen.«

Vollmer schüttelte den Kopf.

»Nicht nötig. Vergessen Sie es. Aber veranlassen Sie bitte, dass dieser Zugang gelöscht wird.«

»Ja, natürlich.«

»Und sagen Sie Ihren sogenannten Experten, dass man sich mit Hilfe ihrer App schlechte Scherze erlauben kann.«

Richard Vollmer wartete nicht mehr auf eine Antwort. Er ließ den Mann am Terminal stehen. Es war ihm klar, dass er hier nichts ausrichten konnte, denn der ominöse Auftraggeber dieser Bestellung würde sich nicht zurückverfolgen lassen.

Und das war kein Zufall. Wer immer es getan hatte, kannte sich gut aus. Er hinterließ keine Spuren. Und sicher hatte er auch diese Provokation umsichtig geplant.

Bevor Vollmer seine düsteren Gedanken weiterführen konnte, wurde er auf eine Frau aufmerksam, die vor ihm die Treppe hinauf ging. Es war kaum möglich, sie nicht zu bemerken, denn sie hatte lange, blau gefärbte Haare. Die Art, wie diese Frau sich bewegte, kam ihm seltsam bekannt vor. Und dann schien er zu verstehen. Und was er verstand, verwirrte ihn sehr.

»Sonja?«, sagte er nur und sah, wie sich die Frau vor ihm langsam umdrehte.

Tatsächlich. Es war Sonja. Und doch war sie es nicht. Ihre Gesichtszüge waren der Sonjas fast gleich, aber irgendetwas war anders.

Sie war stehen geblieben, schaute ihn an und lächelte amüsiert. »Ich bin nicht Sonja«, sagte sie. »Ich bin Julia.«

»Du bist Sonjas Zwillingsschwester«, stellte er verblüfft fest. »Sie hat von dir erzählt.«

Julia nickte. »Und du hast mit ihr Schluss gemacht.«

»Sie ist einfach gegangen«, erwiderte er.

Und dann standen sie sich einen Moment gegenüber, und keiner von beiden wusste, was er sagen sollte.

»Was machst du hier, Richard Vollmer?«, fragte sie schließlich.

»Ich habe Musik gesucht«, antwortete er etwas unbeholfen, noch immer verblüfft von so viel Ähnlichkeit.

Wieder standen sie einen Augenblick da.

»Hast du Lust auf einen Café?«, fragte sie schließlich mit jenem Lächeln, das er auch von Sonja kannte.

Unentschlossen blickte er sie an. Dann nickte er stumm.

Auf dem Weg in den dritten Stock des Kaufhauses erlebte Richard Vollmer, wie sehr Julia mit ihren langen, blauen Haaren die Blicke auf sich zog. Und auch er selbst wurde Ziel dieser Blicke, denn der Gegensatz zwischen ihrer paradiesvogelhaften Ausstrahlung und seinem dagegen eher bieder wirkenden Äußeren schien die Menschen aufmerksam zu machen. Richard Vollmer fühlte sich unwohl dabei, und so war er sehr erleichtert gewesen, als sie mit etwas Glück im Café einen freien Platz gefunden hatten.

Julia hatte an der Theke die Bestellung aufgegeben. Nun kam auch sie an den Tisch, setzte sich ihm gegenüber und schaute ihn an.

»Warum hast du dich von Sonja getrennt?«, fragte sie.

Richard Vollmer, der nicht mit solch forscher Spontanität gerechnet hatte, zögerte einen Moment. »Sie wollte nicht mit nach San Francisco«, sagte er dann. »Darüber sind wir in Streit geraten, und sie ging davon.«

Julia nickte. »Ich würde auch nicht einfach so nach San Francisco ziehen und alles zurücklassen; besonders nicht die Menschen, die ich liebe.«

»Aber du wirkst anders als Sonja. Allein die Farbe deines Haars …«

Sie lächelte. »Das ändert nichts daran, dass Sonja und ich ein Körper sind. Sie ist ich und ich bin sie. Wir sind aus einer einzelnen, befruchteten Eizelle entstanden. Unser Erbgut ist völlig identisch. Und was viel wichtiger ist: Wir sind nie allein und werden es nie sein.«

»Ihr seid eineiige Zwillinge?«

»Ja. Deshalb sind wir uns so nahe. Und wer weiß. Vielleicht kommt Sonja gerade in diesem Moment auf den Gedanken, ihre Haare blau zu färben.«

Nun war es Richard Vollmer, der ein Schmunzeln nicht unterdrücken konnte. »Die Tatsache, dass ihr eineiig seid, bedeutet nicht, dass es nicht auch Unterschiede zwischen euch gibt.«

»Wir streiten uns manchmal. Aber nicht wirklich ernsthaft.«

»Du weißt vielleicht, dass ich in San Francisco ein Startup gegründet habe, das sich zum Ziel gesetzt hat, Demenzkrankheiten zu heilen.«

»Ja.«

»Wir orientieren uns dabei stark an den Ergebnissen der Zwillingforschung.«

»Zwillingsforschung? Wieso Zwillingsforschung?«

»Eben weil man bei Zwillingen sehr gut untersuchen kann, inwieweit unser Schicksal durch die Gene bestimmt ist.«

»Die Antwort kann ich dir auch ohne Forschung geben: Es ist so.«

Die Bedienung brachte den Kaffee. Vollmer beobachtete, wie Julia die Tasse nahm und abstellte. Die Art, wie sie dabei ihre Hand, ihren Arm, ja den ganzen Körper bewegte, schien völlig identisch mit den Bewegungen ihrer Schwester zu sein. Es war verblüffend, das zu erleben. Und dennoch musste Vollmer Julia widersprechen.

»Was du glaubst, stimmt nur bedingt. Auf der einen Seite wissen wir heute, dass viele Krankheiten von einer genetischen Disposition abhängen. Das gilt zum Beispiel für Migräne, Herz-Kreislauf-Erkrankungen, Bluthochdruck, Akne, Diabetes, Autismus, Depressionen, Alzheimer, Aneurysma, manche Krebsformen und vieles mehr. Auch Musikalität, Intelligenz, der Hang zu Zufriedenheit, Religiosität und selbst Kriminalität scheinen auf eine Veranlagung zurückzugehen.«

»Das alles wundert mich nicht«, sagte Julia und nippte vorsichtig an der noch heißen Tasse. »Und das meine ich aus ganzer Überzeugung. Ich habe das ja all die Jahre erlebt.«

»Aber es gibt auch auffällige Unterschiede«, stellte Vollmer fest. »Eineiige Zwillinge sind zum Beispiel nicht unbedingt gleich groß.«

»Und wie kann man das erklären?«

»Bereits im Mutterleib können beide Zwillinge unterschiedlichen äußeren Einflüssen unterliegen. Sie können etwa unterschiedlich gut ernährt werden, je nach Beschaffenheit der Nabelschnur. Es gibt unterschiedliche chemische Einflüsse. Und die haben Folgen.«

»Das sind bestimmt nur Einzelfälle«, entgegnete Julia.

»Wie erklärst du dir dann, dass viele eineiige Zwillinge, wie gesagt, nicht gleich groß sind, dass sie nicht gleich alt werden? Manchmal stirbt der eine deutlich früher als der andere. Manchmal erkrankt der eine schwer, der andere gar nicht.«

»Du meinst also, dass Umwelteinflüsse mit im Spiel sind.«

»Gerade bei der Langlebigkeit von Zwillingen gibt es recht gute Untersuchungen, die zeigen, dass Umwelteinflüsse, aber auch so etwas wie Stress von großer Bedeutung sind. Die erzeugen sogenannte epigenetische Veränderungen.«

»Wow. Epigenetische Veränderungen«, Julia lachte und rührte mit dem Löffel in ihrer Tasse. »Und was heißt das auf Deutsch?«

»Die Sache ist sehr komplex. Gene, die vorhanden sind, können aktiviert werden oder nicht aktiviert werden. Und manchmal führen äußere Einflüsse dazu, dass dies geschieht oder nicht geschieht. Wenn du also eine Disposition zu einer bestimmten Krebsform hast, muss diese Krankheit nicht zwangsläufig ausbrechen. Und genauso gibt es in deinem Körper Gene, die dich vor einer Krankheit schützen könnten, es aber nicht tun, wenn sie nicht aktiviert sind.«

»Dann könnte man also vielleicht manche Krankheiten heilen, indem man solche Schutzgene aktiviert?«

»Richtig«, bestätigte Vollmer. »Und genau daran forscht unter anderem mein Start-up. Wir wollen Alzheimer besiegen. Wir wollen Demenz besiegen. Und wir glauben, dass Genetik dazu in der Lage ist. In den letzten Jahren wurden bereits fünf epigenetische Medikamente zugelassen. Und es werden mehr.«

Julia sah ihn an, und plötzlich musste sie lachen.

»Entschuldige«, sagte sie und fuhr sich mit der Hand durch ihr langes Haar, genau so, wie Sonja es tat.

»Ich musste gerade daran denken, dass Sonja und ich oft darüber nachgedacht haben, ob eineiige Zwillinge nicht das perfekte Verbrechen durchführen könnten. Wir sind darauf gekommen, weil uns in der Schule alle verwechselt haben. Und niemand kam dahinter, wenn die eine für die andere Aufgaben gemacht hatte; unsere Schrift ist absolut identisch. Und nun stell dir vor, eine von uns macht einen Überfall oder einen Einbruch, und die Polizei findet Spuren. Sie würden nicht sagen können, welche von uns die Tat begangen hat, und müssten uns beide freilassen.«

Sie sah ihn erwartungsvoll an.

»Also, angenommen«, nahm Vollmer den Gedanken auf, »du hättest am Tatort etwas verloren, einen Handschuh oder ein Tuch, dann wäre daran wahrscheinlich genetisches Material zu finden. Die Polizei würde es finden, bestimmen und hätte euch beide in Verdacht, könnte aber tatsächlich nicht genau sagen, wer von euch die Tat begangen hat.«

»Super.« Julia freute sich und klatschte in die Hände.

»Wenn die Polizei aber deine Fingerabdrücke finden würde, wäre der Fall klar. Auch eineiige Zwillinge haben unterschiedliche Fingerabdrücke.«

»Wieso das?«

»Sie bilden sich in den ersten sieben Monaten im Mutterleib und unterliegen dort unterschiedlichen Einflüssen.«

»Das ist nun wirklich etwas Neues. Das hätte ich nicht gedacht. Und wie ist es bei Kameraüberwachung?«

»Biometrische Scanner achten auf Augenpartien, Lippen und Nase. Da gibt es bei eineiigen Zwillingen durchaus Unterschiede. Ein einfacher 2-D-Scanner wird euch für gleich halten. Ein 3-D-Scanner neuerer Bauart würde die Unterschiede erkennen.«

»Und wie ist es mit Irisscannern?«

»Die Regenbogenhaut ist bei euch unterschiedlich. Keine Chance.«

»Und wenn ich Sonjas Unterschrift fälschen will?«

Jetzt musste Richard Vollmer lachen. »Das würde dir gelingen. Experten achten bei der Untersuchung von Unterschriften nicht nur auf die Schrift, sondern auch auf Dynamik, Rhythmus und Geschwindigkeit des Schreibenden. Und dabei sind eineiige Zwillinge wiederum gleich. Zumindest können die Experten keinen Unterschied feststellen.«

»Wow. Ich danke dir für diese wichtige Information.« Sie rührte vergnügt in ihrem Milchcafé.

Vollmer sah sie an. Noch immer war er voll Verwunderung über so viel Ähnlichkeit. Und wäre da nicht das blaue Haar gewesen, hätte er nicht sicher sagen können, wer vor ihm saß. Dann kann ihm der seltsame Gedanke, dass er vielleicht doch Sonja vor sich hatte; mit blau gefärbten Haaren.

Julia hatte bemerkt, dass er in Gedanken versunken war. »Woran denkst du gerade?«, sprach sie ihn an.

»Daran, dass du vielleicht doch Sonja bist.« Vollmer war gespannt, wie sie auf seine provokante Vermutung reagieren würde.

Zu seiner Überraschung nahm sie ihr Handy, tippte etwas ein und schob es ihm über den Tisch. »Sonja ist in Leipzig. Du kannst sie anrufen. Vielleicht freut sie sich sogar. Ich bin mir aber nicht sicher.«

Vollmer schaute auf das Display und sah dort ein Foto von Sonja, mit langen, blonden Haaren. Ihre Telefonnummer wurde angezeigt. »Ich weiß nicht«, sagte er zögerlich. »Vielleicht ist das jetzt keine gute Idee.«

»Du verstehst sie noch immer nicht.« Nun blickte Julia ihm fest in die Augen. »Ihr Wissenschaftler untersucht, messt und vergleicht. Immer geht es euch um das Allgemeine, nie um den Einzelnen. Natürlich kommt man zu allgemeinen Aussagen, wenn man große Gruppen über eine lange Zeit untersucht. Aber da ist der einzelne, einzigartige Mensch. Mit seinen ganz eigenen Erfahrungen. Mit seinem ganz eigenen Schicksal. Keine Untersuchung der Welt wird dem gerecht. Richard Vollmer, du bist Wissenschaftler. Du bist so sehr Wissenschaftler, dass ich fast glaube, dass du den Einzelnen gar nicht siehst. Und vor allem siehst du nicht seine Seele. Du würdest wohl auch sagen, dass es so etwas gar nicht gibt. Stattdessen untersucht ihr Körperliches, Genetisches, bestenfalls das Verhalten, aber auch da interessieren euch nur die Trends. Was ist mit dem Fühlen und Denken des Einzelnen? Was bewegt ihn? Was bestimmt sein Leben? Wie fühlt er sich inmitten seiner Welt? Was ist sein Schicksal?«

Julia nahm ihre Tasse. Ihr war bewusst geworden, dass sie sich in Rage geredet hatte. Nun schwieg sie.

Vollmer hatte Mühe, all diese Gedanken zu verbinden, aber er versuchte es. »Natürlich hast du Recht: Wir Wissenschaftler sehen das Allgemeine. Wir suchen nach Gesetzmäßigkeiten. Aber wir vergessen die Seele nicht. Gerade bei eineiigen Zwillingen haben wir viel verstanden. Etwa, dass ihnen im Vergleich zu anderen erst sehr spät bewusst wird, dass sie sich selbst sehen, wenn sie in einen Spiegel schauen; dass da im Spiegelbild nicht ihr Zwilling erscheint. Dass sie erst später in der Lage sind, sich als eigenständige Person, als ein Ich zu verstehen. Dass sie in besonderer Weise aneinander gebunden sind. Dass sie sich erst in der Pubertät wirklich voneinander lösen, im Alter aber wieder zueinander finden.«

»Und? Sagt das irgendetwas über mich?«, entgegnete Julia und schüttelte den Kopf. »Vielleicht ist es bei mir und Sonja ganz anders. Kannst du dir vorstellen, dass wir noch in der Pubertät eins waren? Dass wir heute noch immer in ganz besonderer Weise eins sind? Dass Sonja und ich ein Körper sind? Eine Seele. Dass sie ich ist und ich sie?«

Richard Vollmer sah sie an und wusste nichts zu sagen.

»Kannst du dir vorstellen, dass Sonja deshalb nicht mit dir nach San Francisco geht, weil sie es nicht kann? Weil ich nicht mit ihr gehen werde?« Ihre Stimme war ruhiger geworden. Sie schaute nicht mehr zu Vollmer, sondern gedankenversunken auf ihre Tasse.

»Wenn wir nicht zusammen sein können, verschwindet die ganze Welt«, sagte Julia. »Sonja und ich, wir haben uns für immer. Das ist ein großes Geschenk. Aber manchmal ist es auch schwer. Wenn Sonja leidet, leide auch ich.« Sie sah ihn an. »Und dann kann es sein, dass ich mir die Haare blau färbe.«

Sie nahm seine Hand, für einen Augenblick, löste sich und stand auf. »Mach es gut, Richard Vollmer«, sagte sie leise, drehte sich um und ging.

Vollmer blieb zurück. Gedankenleer schaute er ihr nach, bis sie endgültig hinter all den Büchern und Trennwänden verschwunden war.

Er blieb noch eine Weile am Tisch sitzen, wurde sich bewusst, dass ihn das, was Julia gesagt hatte, noch immer bewegte, bemerkte aber auch, dass da eine seltsame apathische Distanz in ihm war, die ihn daran hinderte, zum Handy zu greifen und Sonja einfach anzurufen. Eine unbestimmte Unsicherheit hielt ihn davon ab, sich wieder nähern zu wollen, denn es würde anstrengend sein und Gefühle ins Bewusstsein bringen, mit denen er schlecht umgehen konnte. Er ahnte nichts Gutes für ein solches Wiedersehen. Vor allem glaubte er nicht an eine Zukunft. Es musste so bleiben. Und wahrscheinlich würde die Zeit das alles vergessen machen, und es würde nur noch eine Episode sein, eine ferne Erfahrung, an die man sich mit Verwunderung erinnerte.

Als die Bedienung kam, zahlte Vollmer und machte sich auf den Weg. Er musste gegen Abend am Flughafen sein. Es blieb nicht mehr viel Zeit. Und so ließ er sich nicht dazu verlocken, noch einmal in die CD-Abteilung zu gehen. Auch die quirlige Geschäftigkeit auf der Friedrichstraße lenkte ihn nicht von seinem Ziel ab. Er lief durch den Bahnhof, überquerte die Spree über die Unterführung der S-Bahn-Brücke und hatte Minuten später die Marienstraße erreicht.

Als er den Briefkasten öffnete, überfiel ihn erneut für einen Augenblick ein Gefühl der Unruhe. Doch er fand nur eine Werbezeitschrift, und die Furcht fiel wieder von ihm ab, genauso schnell, wie sie gekommen war. Als er den Sicherheitscode eingab, beruhigte es ihn, dass es offensichtlich Grenzen gab, die ihn vor üblen Scherzen schützen würden.

Dann betrat er den Flur seiner Wohnung, wo er bereits seinen Koffer bereitgestellt hatte. Er schob ihn beiseite, hängte sein Jackett an der Garderobe auf und wollte in die Küche gehen, als ein kurzer Blick ins Wohnzimmer ihn innehalten ließ. Genau genommen war es nicht einmal ein Blick gewesen, eher ein unbewusstes Wahrnehmen aus dem Augenwinkel. Aber dieser flüchtige Eindruck hatte ausgereicht, um ihn zusammenzucken zu lassen.

Da war etwas nicht wie immer. Er wandte sich um, sah zur HiFi-Anlage, zum Sofa, dann zum Tisch. Und da war es. Richard Vollmer ging langsam darauf zu. Und was er sah, ließ ihn erstarren.

Auf dem Tisch lag eine Tarotkarte. Vollmer nahm sie in die Hand, betrachtete sie ungläubig, griff nach seinem Handy, wollte recherchieren, um welches Blatt es sich handelte. Aber dann sah er ein, dass dies nicht nötig war. Fast war es egal. Es gab nur eine ernsthafte Frage: Wie um alles in der Welt war diese Karte hier hereingekommen? In eine Wohnung, die mit allerneuster Technik abgesichert war? Augenblicklich wurde Richard Vollmer klar, was diese Karte bedeutete: Wer auch immer sie hier deponiert hatte, bewies, dass es für ihn keine Hindernisse gab, dass er vor nichts Halt machte. Dass er jederzeit überall eindringen konnte.

Vollmer war nicht mehr in der Lage nachzudenken, überhaupt einen klaren Gedanken zu fassen. Er starrte auf die Karte in seiner Hand: Die Abbildung zeigte einen Mann an einem Fuß kopfüber aufgehängt über einem Abgrund. Der Galgen war aus zwei Baumstämmen und einem Querbalken gebildet, das freie Bein verschränkt. Es bildete mit dem anderen eine umgekehrte Vier.

»Der Gehängte«, las er später in einem Lexikon. »Der Verräter. Judas. Der schändliche Mensch.«

V

Als er Leipzig erreicht hatte, zogen dunkle Wolken auf, und es begann zu regnen. Fast konnte man meinen, dies sei eine Vorausdeutung dessen, was ihn nun erwartete. Doch er hatte in den letzten Tagen viele Male bewiesen, dass man dem Schicksal trotzen konnte. Und so nahm er es als das, was es war: Regen. Ein klimatisches Phänomen wie jedes andere. Vielleicht würde man es irgendwann einmal ebenso beeinflussen können wie ein Internetkonto, Gensequenzen oder den menschlichen Geist. Es war möglich, das Leben selbst in die Hand zu nehmen, es zu verändern, die Welt aus den Angeln zu heben, wenn man wollte. Alles war eine Frage der Fertigkeiten, der Technik, der wissenschaftlichen Erkenntnisse. Richard Vollmer hatte das sehr treffend dargestellt: Der neue Mensch würde kommen. Sein Wissen würde ihn an die Grenzen dessen bringen, was er selbst schon immer war. Was, wenn Menschen künftig zumeist aus Prothesen bestehen würden, die ihre Funktion besser erledigten als der oft so mangelhafte Körper? Was, wenn es gelingen würde, Gehirntätigkeiten künstlich zu optimieren, auszuweiten, ja das Bewusstsein auszulagern, auf andere Körper oder digitale Datenträger, die den Geist unsterblich machten? Eine Revolution stand bevor, deren Konsequenzen man sich nur annähernd ausmalen konnte. Aber sie war unvermeidlich. Und er würde sie erleben. Mit den Verbindungen und dem Reichtum seines Doppelgängers. Er, Jan Winkler, würde beweisen, was Disruption wirklich bedeutete. Er hatte die Gabe, dies zu tun, und er spürte eine Kraft in sich, wie er sie bislang nie an sich wahrgenommen hatte. Das allein bestätigte ihm: Er befand sich auf dem richtigen Weg.

Der Regen war stärker geworden, als er in die Winsstraße einbog und vor dem Mietshaus parkte. Er nahm die beiden großen Reisetaschen aus dem Kofferraum, lief die wenigen Meter zum Eingang, versuchte, nicht zu nass zu werden, und schloss auf. Fast war er es nicht mehr gewohnt, einen Schlüssel in die Hand zu nehmen, um eine Tür zu öffnen. Als er die Treppe hinaufging, dabei die Stufen, das Geländer, die Wände, die Fensterläden betrachtete, spürte er geradezu, wie alt und morbide hier alles war. Und nachdem er auch die Tür zu Tatjanas Wohnung geöffnet hatte, betrat er Räume, die schon vor siebzig Jahren so oder so ähnlich ausgesehen haben mochten. Nur dass Tatjana die Gabe hatte, auch daraus etwas Ansprechendes und Freundliches zu gestalten. Und doch ging ihm ein Wort durch den Kopf, das ihm auch dann einfiel, wenn er die Wohnung seiner Mutter betrat: rückständig. Ein wenig schämte er sich für diesen Gedanken, denn weder Tatjana noch seine Mutter waren rückständig. Aber die Häuser, in denen sie wohnten, waren es. Hier lebte man nicht, wenn man sich etwas anderes leisten konnte. Hier spürte man Stillstand und Verfall. Und genau das wollte er nun endgültig überwinden. Er musste mit Tatjana reden, musste sie überzeugen, dass es Besseres gab; eine Welt, die allein deshalb besser war, weil sie zu Neuem und Großem inspirierte. Und er verstand seine Mutter nicht, die die Welt des Neuen und Besseren kannte und lebte, aber das Verfallene und Alternde zu ihrer Höhle erklärt hatte.

Jan blieb vor dem hohen Spiegel stehen. Er sah dort einen Mann in einem legeren, sehr teuren Anzug mit Krawatte, der teure Markenschuhe trug. Auch die Automatikuhr an seinem rechten Handgelenk würde auffallen.

Zufrieden betrachtete er sich und überlegte zugleich, wie Tatjana auf sein neues Äußeres reagieren würde.

Er stellte die Koffer im Wohnzimmer ab und griff zum Telefon. Seine Mutter war nicht da, aber er hinterließ ihr eine kurze, unverfängliche Nachricht. Er würde heute zu ihr fahren und sie darum bitten, ihren Wagen noch eine Weile nutzen zu dürfen. Den eigentlichen Anlass seines Besuchs verschwieg er, denn er kannte seine Mutter gut und wusste, dass es besser war, sie unvorbereitet mit solch gravierenden Dingen zu konfrontieren. Sonst würde sie Zeit haben, sich irgendeine Geschichte zurechtzulegen. Darin war sie sehr gut.

Er ging in die Küche, nahm einen Kaffee-Tab aus der Dose und schaltete die Maschine an. Wenig später nahm er einen ersten Schluck, der seinen ganzen Körper aufweckte und auch den Geist zu erhellen schien, setzte sich an das Fenster, überschlug die Beine und schaute nach draußen. Es regnete noch immer.

Wie so oft musste er einige Male läuten, bis geöffnet wurde. Jan drückte die Haustür auf und betrat das Treppenhaus, das schon seit Jahren so aussah, als bräuchte es dringend einen neuen Anstrich. Disruption, ging es ihm durch den Kopf, als er die Stufen hinaufging. Hier wäre sie dringend nötig.

Marina Winkler stand in der Tür. Jan hatte sie seriös und elegant gekleidet erwartet, aber sie trug eine einfache graue Baumwollhose, ein ebensolches Sweatshirt, violettfarbene Laufschuhe und hatte sich ihr Haar zu einem Pferdeschwanz gebunden. Offenbar war sie gerade vom Joggen zurückgekommen.

»Du hier?«, fragte sie sichtlich überrascht. »Ich habe seit fast zwei Wochen nichts von dir gehört. Konntest du dich nicht anmelden?«

»Ich habe vor zwei Stunden angerufen, aber du warst nicht da.« Er gab seiner Mutter einen Kuss.

Sie sah ihn irritiert an, betrachtete ungläubig seinen Anzug, die Krawatte, dann die Uhr an seinem Arm. »Komm herein«, sagte sie leise und ging in den Flur. »Ich muss nur kurz duschen.«

»Dafür ist keine Zeit«, stellte er fest.

Sie blickte auf. »Was ist geschehen?«

»Komm, wir gehen ins Wohnzimmer«, antwortete er nur und zog die Wohnungstür zu.

Eher unwillig folgte sie ihm und setzte sich schließlich auf das Sofa.

»Ich bin völlig verschwitzt. Hat das nicht ein paar Minuten Zeit? Du willst doch wahrscheinlich nur über meinen Wagen sprechen. Warum die Eile?«

Jan setzte sich ihr gegenüber in den Sessel und schüttelte den Kopf. »Nein, darum geht es jetzt nicht.« Er schwieg einen Moment.

»Was ist nun?«, fragte sie, schlug die Beine übereinander und wirkte von einem Augenblick zum nächsten sehr konzentriert. »Wie kommt es, dass du so gekleidet bist? Und warum diese Eile? Ich würde jetzt wirklich gerne erst ins Bad gehen.«

»Es geht um jenen Mann, von dem ich dir erzählt habe«, begann er.

Sie schaute ihn an und versuchte, in seinen Augen zu lesen.

»Du kommst aus Berlin? Ich hoffe, du warst klug genug und hast dich diesem Vollmer vorsichtig genähert.«

»Das habe ich.«

»Konntest du mit ihm sprechen?«

»Nein. Es war nicht nötig. Ich habe einen seiner Vorträge besucht, habe ihn in seinem Alltag beobachtet, und irgendwann entschieden, ihn nicht anzusprechen.«

Marina Winkler nickte. Ihr Körper entspannte sich etwas, als erwarte sie nun nichts Schlimmes mehr. »Das war gut. Und was hast du über ihn erfahren?«

»Er ist ein genialer Wissenschaftler. Ein Visionär.«

»Ein Visionär? Von was träumt er?«

»Von einem neuen Menschen. Einem Mensch, der sich mit Hilfe des Einsatzes genetischer Innovationen, Cyborg-Technik und künstlicher Intelligenz optimieren wird.«

Sie schüttelte den Kopf und lächelte kurz. »Das findest du genial?«

»Ich könnte dir noch mehr davon erzählen. Dann würdest du verstehen. Aber ich muss etwas ganz anderes wissen.«

»Leute wie diesen Vollmer hat es zu allen Zeiten gegeben«, entgegnete Marina Winkler. »Visionäre, die die Welt verbessern wollten. Meist brachten sie Elend, Konflikte und Krieg in die Welt. Denn die wesentlichen Dinge unseres Lebens werden nicht durch politische oder philosophische Ideen bestimmt, auch nicht durch Fortschritt und nicht durch Technik. Technik kann uns das Leben erleichtern, aber sie kann uns nicht zu glücklichen Menschen machen. Und sie kann nicht verhindern, dass wir sterben werden. Ich werde sterben. Du wirst sterben. Glaub doch nicht daran, dass man deine Persönlichkeit auf eine Festplatte retten könnte. Ich habe nach diesem Richard Vollmer recherchiert. Das ist einer jener Männer, denen ich nicht gern begegnen möchte. Einer von jenen, die sich für Gurus halten und in Wirklichkeit nichts verstanden haben.«

Sie sah ihn auf jene provokante Weise an, die er nicht an ihr mochte. »Was hast du noch erfahren über diesen Mann?«

»Ich habe einen Menschen gesehen, der mir körperlich völlig gleicht. Er sieht aus wie ich, bewegt sich wie ich und hat meine Stimme. Kannst du dir vorstellen, wie es ist, sich selbst zu begegnen?«

»Aber es gibt mehr als nur Äußerlichkeiten. Er wird wohl kaum die gleichen Charakterzüge haben wie du.«

»Ich wäre mir da nicht sicher. Aber es gibt einen ganz wesentlichen Unterschied. Richard Vollmer hat sein Leben lang Erfolg gehabt. Das Schicksal hat es stets gut mit ihm gemeint.«

Marina Winkler nickte, blieb ungewohnt stumm, so, als würde sie verstehen. Dann betrachtete sie seinen Anzug. »Du bist gekleidet wie ein Gewinner«, sagte sie. »Oder wie jemand, der hofft, zu den Gewinnern zu gehören. Woher hast du das Geld dafür? Willst du so sein wie Vollmer? Ich wäre froh, du würdest der sein, der du bist.«

Er blickte sie an. »So? Wer bin ich denn? Weißt du, was als Erstes in mir vorging, als ich Vollmer sah? Da war eine Frage. Eine unerhörte Frage: Wie kann das sein? Wie ist es möglich, dass mir jemand anderes äußerlich völlig gleicht? Ich kann mir das nicht erklären. Und wenn überhaupt jemand in dieser Welt in der Lage ist, diese Frage zu beantworten, dann bist du es.«

Sie war zusammengezuckt, als seine Stimme lauter geworden war, saß auf dem Sofa mit überkreuzten Beinen und schwieg.

Auch Jan schwieg. Er wartete. Empfand ein Recht, darauf zu warten. Und zu hören. Endlich zu hören, was ihm immer vorenthalten worden war. Von seiner Mutter vorenthalten worden war. Jener wunderbaren Frau, die immer Stärke bewiesen hatte, die ihr Leben selbst in die Hand nahm, immer erfolgreich gewesen war. Nun ging es um ein Stück Vergangenheit, das nicht in diesen Eindruck passen wollte.

Marina Winkler richtete sich auf, langsam, vorsichtig und doch kraftvoll und bestimmt, so wie Jan es immer an ihr bewundert hatte.

Sie nickte.

»Also gut«, sagte sie leise, zögerte einen Augenblick und begann.

»Ich habe dir immer gesagt, dass dein Vater mich nach deiner Geburt verlassen hat und ich nicht wüsste, wohin er gegangen ist. Das ist richtig, aber nur ein Teil der Wahrheit. Damals habe ich beschlossen, dir einmal alles zu erzählen, wenn du älter bist. Aber irgendwie hat sich nie die Gelegenheit ergeben. Vielleicht hatte ich auch einfach Angst. Wenn du mich heute fragst, könnte ich dir nicht einmal genau sagen, wovor ich Angst hatte. Vielleicht ist es so, weil ich bis heute mit all dem nicht wirklich abgeschlossen habe.

Es war 1987, als ich deinen Vater traf. Auf einer Silvesterparty. Das klingt sehr kitschig, ich weiß. Aber es war tatsächlich so. In dieser Nacht bin ich völlig abgestürzt und am nächsten Morgen in einem fremden Bett aufgewacht. Seinem Bett. Ich erinnere mich noch genau an unser erstes Frühstück. Es war sehr schön, und ich wagte nicht zu hoffen, dass daraus mehr werden könnte.

Dann sahen wir uns jeden Tag. Was soll ich dir über Liebe erzählen? Das ist mir zu schwer.«

Sie zögerte einen kurzen Augenblick, bevor sie weitersprach.

»Wir blieben zusammen, unternahmen viel, fuhren gemeinsam in den Urlaub. Er lebte damals in Berlin, und ich zog bei ihm ein. Dein Vater war Astrophysiker, forschte an der Technischen Universität und war auf dem Sprung, eine große wissenschaftliche Karriere zu machen. Ich verstand nicht viel von dem, was er da tat, und dennoch war ich sehr beeindruckt. Irgendwie brachte mich das dazu, selbst ein Studium aufzunehmen. Ich entschied mich für Psychologie.«

Sie blickte zum Fenster und lachte. »Ausgerechnet Psychologie«, sagte sie. »Die Menschen haben ein ganz falsches Bild davon, und mir ging es zunächst genauso.«

Wieder verlor sie sich für einige Sekunden in Gedanken. »Etwa zwei Jahre lebten wir so in den Tag hinein, fast schwerelos, voller Liebe und Vertrauen in die Zukunft. Heute denke ich manchmal, dass es die schönste Zeit meines Lebens war. Und dann kam dieser Gedanke: Dass es schön wäre, wenn wir ein Kind hätten. Diese Vorstellung war so unmittelbar und selbstverständlich da, dass sich an unserem schwerelosen Leben nichts zu ändern schien. Erst als sich nach und nach zeigte, dass ich nicht schwanger wurde, änderte sich das, ganz langsam und unmerklich. Ich ging zum Arzt, und der erklärte mir nach einigen Untersuchungen, dass ich gar nicht schwanger werden konnte. Das sei aber kein Grund zur Sorge, denn es gäbe inzwischen Möglichkeiten, mir zu helfen.

Wir wandten uns an eine Klinik in Heidelberg, die auf künstliche Befruchtung spezialisiert war. Damals wurde dieses Verfahren in der Gesellschaft sehr kritisch gesehen. Es sei unethisch. Der Mensch mache sich selbst zum gottgleichen Schöpfer. Es sei gegen die Natur, gegen die Prinzipien der Evolution. Diese Einwände haben uns damals wenig beeindruckt. Wir empfanden es nicht als unredlich, etwas im Reagenzglas tun zu lassen, das auf natürlichem Wege nicht gelingen wollte. Wir empfanden es auch nicht als unnatürlich, denn an einer Eizelle und einer Samenzelle ist nichts Unnatürliches. Beide unter günstigeren Umständen zusammenzuführen, schien uns nicht verwerflich. Heute würde ich das vielleicht anders sehen.

Ich musste damals mehrfach nach Heidelberg reisen, zu Untersuchungen und Hormonbehandlungen. Das alles war sehr strapaziös.

In dieser Zeit hat sich zwischen deinem Vater und mir etwas gewandelt. Es fällt schwer, diese schleichende Veränderung in Worte zu fassen: Unser Leben verlor seine Leichtigkeit. Es verlief nun in den Bahnen einer Monate andauernden Behandlung. Ich glaube, es war dein Vater, der zuerst bemerkte, dass sich etwas Grundlegendes änderte. Und er ahnte wohl auch, dass unser Leben nach der Geburt des Kindes ein anderes sein würde. Vielleicht braucht es ja eine gewisse Art des Vertrauens, der Unwissenheit, vielleicht gar der Naivität, diesen Wandel anzunehmen und zu wollen. Doch ich bemerkte, dass dein Vater all dies nicht entwickeln konnte und täglich mehr jenes Leben zurückwünschte, das wir zuvor geführt hatten. Heute bin ich mir nicht sicher, ob ich ihm deshalb einen Vorwurf machen kann. Wir Menschen täuschen uns oft, sind gutgläubig, vertrauen darauf, dass es schon gut werden wird. Würden wir nicht so denken und empfinden, könnten wir uns auf nichts Neues einlassen. Aber es gibt auch die Enttäuschung. Den Moment der Klarheit, wenn man erkennen und sich selbst eingestehen muss, dass das Neue nicht das ist, was man sich erträumt hat. Es gibt dann jene Menschen, die sich auf einen Kompromiss einlassen, ein Arrangement, das ihnen oftmals ein großes Maß an Verleugnung und Unehrlichkeit gegenüber sich selbst abverlangt. Und andere, die sich trotz allem in das neue Abenteuer stürzen, in der Hoffnung, dass sich doch alles wandeln wird. Dein Vater hatte diese Hoffnung nicht. Aber er tat etwas, das ich ihm nicht verzeihen kann: Zwei Monate nach deiner Geburt verließ er mich. Ließ mich allein. Verschwand spurlos.

Es kam dann eine Zeit, in der ich aufhörte, nach ihm zu suchen, in der mir bewusst wurde, dass ich ihn nie mehr sehen wollte. Ein neues Leben hatte begonnen. Und trotz des Schmerzes und der Enttäuschung, der Unsicherheit und Armut spürte ich bald, dass es nicht schlecht war. Das Leben hatte nicht aufgehört. Es hatte sich grundlegend gewandelt. Nichts war mehr wie zuvor. Und doch bemerkte ich, wie es mir nach und nach gelang, meine Welt neu auszufüllen und in meinem Leben eine andere Art von Schönheit zu entdecken.«

Sie schaute ihn an. »Verstehst du, was ich meine?«

Jan beugte sich zu ihr, nahm ihre Hand und sah, dass sie den Tränen nahe war.

»Ich würde jetzt gern duschen«, sagte sie leise. »Es dauert nicht lange.«

Es waren kaum zehn Minuten verstrichen, da kam sie im Bademantel zurück, das nasse Haar unter einem Handtuch verborgen. Sie setzte sich wieder auf das Sofa und sah ihn an, fast so, als wolle sie seine Gedanken lesen.

»Wie denkst du jetzt darüber«, fragte sie.

»Es ist gut, dass du mir alles gesagt hast.« Jan hatte Kaffee gemacht und stellte eine Tasse vor ihr auf den Tisch.

Sie nahm ihn, nickte dankbar und trank einen ersten Schluck.

»Wenn du möchtest, kann ich dir vieles noch sehr viel genauer erzählen. Ich bin etwas durcheinander.«

»Hast du meinen Vater tatsächlich nie wiedergesehen?«

»Einige Jahre nach seinem Verschwinden erfuhr ich, dass er nach Schottland gezogen war. Er hatte dort eine Professur angenommen. Später recherchierte ich im Internet, dass er in Glasgow lebte. Und das tut er wohl heute noch.«

»Du wolltest keinen Kontakt zu ihm aufnehmen?«

»Nein.« Sie schüttelte den Kopf und lachte bitter. »Nie wieder. Ich will ihn nicht mehr sehen.«

»Ich verstehe«, sagte er und schwieg einen Augenblick. Dann wurde ihm bewusst, weshalb er eigentlich gekommen war. »Aber, wenn damals die künstliche Befruchtung so verlaufen ist, wie du sagst, dann kann es nicht möglich sein, dass es einen Menschen gibt, der mir äußerlich absolut gleicht, so wie es bei eineiigen Zwillingen der Fall ist.«

Marina Winkler richtete sich auf und griff nach ihrer Tasse. »Ich hatte vor einigen Tagen die Gelegenheit, mit einem Arzt zu sprechen. Natürlich habe ich ihm nicht erzählt, dass ich ein sehr persönliches Interesse an dem Thema habe. Wir sprachen ganz allgemein über die neuen Errungenschaften der Gentechnik. Ich fragte ihn dann auch nach den Techniken, mit deren Hilfe man Klone entstehen lassen kann, weil mir diese Vorstellung besonders zu denken gäbe. Das, was er sagte, war sehr aufschlussreich. Die Möglichkeiten dieser neuen Biotechniken sind beängstigend. Mir wurde auch klar, dass die Wissenschaft heute erheblich weiter ist als vor dreißig Jahren. Damals, so meinte dieser Arzt, sei es eigentlich nur möglich gewesen, befruchtete Eizellen zu duplizieren, also künstlich eineiige Zwillinge zu erzeugen.« Sie suchte seinen Blick. »Verstehst du, was das bedeutet?«

Jan nickte. »Könnte es sein, dass dieser Reproduktionsmediziner dir damals fremde Eizellen implantiert hat?«

»Schau in den Spiegel«, entgegnete sie. »Ich sehe schon eine Ähnlichkeit zwischen dir und mir.«

»Und die zu meinem Vater.«

»Die kann ich nicht erkennen.« Sie wollte noch etwas ergänzen, tat es dann aber doch nicht.

»Also«, fuhr er fort, »hat er die befruchtete Eizelle dupliziert und auch einer anderen Frau implantiert.«

»Gut möglich. Mehr war technisch nicht machbar. Die Präimplantationsdiagnostik war damals nicht mehr als ein Vorabcheck verschiedener Zellen, stand noch an ihrem Anfang und war im praktischen Einsatz sehr aufwendig.«

»Aber das würde bedeuten...« Jan verstummte, als er die Tragweite seiner Überlegungen verstand.

»Das bedeutet«, nahm sie den Gedanken auf, »dass ich, wenn es damals tatsächlich so geschehen ist, genetisch die Mutter von Richard Vollmer wäre.«

Eine ganze Weile lang hatten sie geschwiegen. Zu schwerwiegend wog der Verdacht, zu gravierend waren die möglichen Konsequenzen. Es war Jan Winkler, der den Gedanken schließlich fortführte. »Es gäbe noch andere Möglichkeiten«, sagte er.

Sie blickte auf, sah ihn an und nickte. »Darüber habe ich auch nachgedacht. Es wäre möglich, dass ich von diesem Genetiker eine fremde Eizelle erhalten habe. Oder sogar ...« Sie zögerte einen Moment. »Oder sogar eine Eizelle, die mit seinem eigenen Sperma befruchtet worden ist. Das wäre beinahe so, als hätte ich mit ihm geschlafen.«

Marina Winkler senkte den Blick, nahm die Hand an die Stirn und schüttelte den Kopf. Dann sagte sie nichts mehr. Schließlich stand sie auf, ging zur Kommode und fand dort eine kleine Karte. »Hier hast du alles, was du brauchst.«

Jan nahm sie, las den Namen des Genetikers und den eines Instituts in Heidelberg.

»Diese Visitenkarte ist dreißig Jahre alt. Ich habe gestern recherchiert. Das Institut gibt es nicht mehr. Peter Baumann, der Genetiker, hat Karriere gemacht. Erst forschte er in London, dann in Barcelona. Heute lebt er in Berlin. Auf der Rückseite findest du seine aktuelle Adresse.«

Jan drehte die Karte um. Und zuckte zusammen. »Was ist?«

»Baumann wohnt in Berlin-Mitte, in der Marienstraße.«

»Was bedeutet das?«

»Das bedeutet, dass sich seine Wohnung nur wenige Häuser von Richard Vollmer entfernt befindet.«

Beide schauten sich an.

»Das ist doch kein Zufall«, stellte Marina Winkler fest.

»Schwer zu glauben. Das muss etwas bedeuten.«

»Der Schöpfer beobachtet sein Kind«, sagte sie, und ließ ihren Assoziationen freien Lauf. »Er möchte wissen, was aus seinen Geschöpfen geworden ist. Warum? Aus Sentimentalität? Wohl kaum. Aber was ist es dann? Und warum beobachtet er nicht dich? Oder tut er das doch, und du hast es noch nicht bemerkt?«

Nun betrachtete sie ihn von oben bis unten. »Warum hast du diesen guten Anzug an? Und trägst eine Seiko für tausend Euro? Wo hast du die her?«

Jan starrte noch immer auf die Karte. Auch ihm schossen nun die Gedanken durch den Kopf. Angenommen, Baumann würde Vollmer tatsächlich beobachten: Dann wäre es möglich, dass ihm auch die Geschehnisse der letzten Tage nicht entgangen waren. Jan versuchte, sich jetzt und hier die möglichen Konsequenzen auszumalen. Plötzlich waren da die schlimmsten Befürchtungen.

»Woher hast du das alles?«

»Die Kleidung? Aus der Wohnung von Richard Vollmer«, antwortete er geistesabwesend.

Sie schaute ihn entgeistert an. »Was? Wie geht das?«

»Seine Wohnung hat die modernste Sicherheitstechnik. Ich konnte mich aber reinhacken. Es war nicht schwer. So war es mir möglich, seine Vergangenheit aus erster Hand zu studieren. Ich habe alte Bilder gefunden. Dokumente. Und dabei machte ich auch die sonderbare Erfahrung, dass mir Richard Vollmers Kleidung perfekt passt. Es ...«

»Bist du wahnsinnig«, unterbrach sie ihn. »Du brichst in eine fremde Wohnung ein?«

»Das war ganz leicht.«

»Darum geht es nicht. Weißt du, wie lange du dafür ins Gefängnis wanderst?«

Jan war zu verwirrt, um noch etwas zu antworten.

»Und dann stell dir vor, dieser Baumann ...«, sie brachte den Satz nicht zu Ende.

»... hat mich gesehen? Gaube ich nicht. Ich hätte es bemerkt«, sagte er und schaute unsicher auf die kleine Karte in seiner Hand.

Auf der Rückfahrt ließ ihn der Gedanke nicht los, dass Peter Baumann ihn schon lange beobachtet haben konnte. Dann hätte er nicht nur das Nummernschild des Smart als Indiz, sondern er wüsste auch, dass ein von ihm erschaffener Klon gegen seinen Zwilling vorging. Wie würde Baumann darauf reagieren. Wäre er entsetzt? Oder würde er diese Auseinandersetzung mit Interesse beobachten?

Wenn er ein solches Interesse hatte, würde er seine Geschöpfe schon seit längerem beobachtet haben. Damals, vor dreißig Jahren, war der Kontakt nach einem halben Jahr abgebrochen. Es gab nichts mehr zu tun. Ein gesundes Kind war zur Welt gekommen. Doch das bedeutete nicht, dass Baumann seine Geschöpfe unbeobachtet gelassen hatte. Es gab zwei Möglichkeiten, dies herauszufinden: Er musste noch einmal eine Internetrecherche durchführen; dabei würde er mehr finden, als es seiner Mutter gelungen war. Und er musste in Baumanns Wohnung eindringen; da fast alle Gebäude in der Marienstraße mit digitaler Sicherheitstechnik ausgestattet waren, konnte ihm das sogar aus der Ferne gelingen. Selbst wenn Baumann auf ihn aufmerksam geworden sein sollte: Er, Jan Winkler, hatte die subtileren Waffen. Es würde ihm gelingen, seinen Gegner zu schwächen, ehe der es überhaupt bemerkte. Er würde diesem Genetiker genauso wie Richard Vollmer immer einen Schritt voraus sein. Und doch musste er vorsichtig bleiben. Seine Mutter hatte Recht, wenn sie ihn dafür kritisierte, dass er Kleidungsstücke und Wertgegenstände mitnahm. Das empfand er nun im Nachhinein als eine geradezu alberne, selbstgefällige, noch dazu unnötig gefährdende Tat, für die er sich fast schämte. So etwas durfte nicht mehr geschehen.

Er hatte seiner Mutter nicht alles erzählt. Sie hätte es wohl nicht verstanden und ihn ein weiteres Mal für unbedacht erklärt. Aber das, was er tat, war nicht verrückt. Zumindest nicht verrückter als das, was man Schicksal nannte. Das Schicksal: Er hatte es erfolgreich in die Hand genommen.

Auf halber Fahrt hielt er an, kleidete sich um, was in dem engen Wagen nicht einfach war, und trug einige Minuten später wieder jene Kleidung, die Tatjana an ihm kannte. Er wollte nicht noch einmal hören, was er längst akzeptiert und eingesehen hatte.

Während der letzten Minuten auf dem Weg zur Winsstraße dachte er wieder und wieder über den Verdacht nach, den seine Mutter aufgeworfen hatte. War sie die genetische Mutter Richard Vollmers? Oder hatte Peter Baumann nicht nur Schöpfer gespielt, sondern sein eigenes Genom weitergegeben? Sollten sich all diese Befürchtungen gar als haltlos erweisen? Vielleicht ließ sich das recherchieren. Ein Gentest würde auf jeden Fall Klarheit schaffen. Seine Mutter wollte das tun und hatte ihn aufgefordert, ebenfalls den Arzt zu besuchen.

»Ich bin trotz allem deine Mutter, egal, was kommt«, hatte sie ihm zum Abschied gesagt, und er hatte sie umarmt, denn nichts würde sich ändern an dem, was sie füreinander empfanden.

In der Winsstraße sah er Tatjanas Wagen, parkte dahinter und verstaute die Tüte mit den Kleidungsstücken im Kofferraum.

Als er wenig später die Wohnungstür öffnete, kam ihm Tatjana im Flur entgegen, umarmte ihn und gab ihm einen langen Kuss.

»Endlich«, sagte sie. »Ich habe dich wirklich vermisst. Weißt du, wie lange das war?«

Mit einem vorsichtigen Lächeln schaute er sie an. »Es ist viel geschehen, dort in Berlin.«

»Komm mit.« Sie zog ihn hinter sich her in die Küche. »Ich habe gerade Kaffee gemacht.«

Er setzte sich an den Tisch, und wenige Sekunden später hatte er eine Tasse in der Hand. Tatjana saß ihm gegenüber und sah ihn erwartungsvoll an.

»Und? Was ist in Berlin geschehen? Deine Anrufe waren immer viel zu kurz. Ich habe wenig verstanden.«

So begann er noch einmal zu erzählen. Von den ersten Beobachtungen und Beschattungen, über Vollmers Trennung von Sonja Reisinger, dessen Vortrag in Dahlem und vom letzten Streit zwischen ihm und seinen Freunden.

»Was war das für ein Gefühl, sich selbst zu begegnen?«, fragte Tatjana schließlich, nachdem er gut eine Stunde erzählt hatte, ohne den Einbruch in Vollmers Wohnung auch nur mit einem Wort zu erwähnen.

»Es ist beängstigend und faszinierend zugleich. Stell dir vor, da sieht jemand aus wie du, er bewegt sich wie du, er spricht wie du. Zunächst war ich einfach nur verblüfft über das, was ich da erlebte. Dann aber auch beeindruckt, mit welcher Überzeugungskraft dieser Mann seine Vorstellungen vertritt. Er hat die Gabe, die Menschen zu fesseln, aber er schreckt auch nicht davor zurück, selbst beste Freunde vor den Kopf zu stoßen.«

»Und seine Freundin.«

»Auch die. Sonja Reisinger tut mir leid.«

»Hast du mit Vollmer gesprochen?«

»Nein. Etwas hielt mich zurück. Vielleicht Vollmers Selbstherrlichkeit. Es fand sich auch nicht die richtige Gelegenheit.«

»Ist dir seine Persönlichkeit zu groß?«

»Zu groß?«, er schaute sie an. »Was meinst du damit?«

Sie schüttelte den Kopf und lächelte ihn an. »Versteh mich nicht falsch. Es gibt Menschen, die tragen ein solches Ego vor sich her, dass es schwer fällt, sie anzusprechen.«

»Ja, vielleicht ist es so. Aber es gibt durchaus auch Gründe dafür, dass ich ihm nicht näher kommen wollte. Schließlich weiß ich noch immer nicht, wie sich erklären lässt, dass er und ich offenbar körperlich identisch sind. Ich war gerade bei meiner Mutter, und das Gespräch mit ihr hat diese Vorbehalte noch mehr bestätigt.«

»Inwiefern?«

Jan begann erneut zu erzählen: von den Umständen seiner Geburt, der künstlichen Befruchtung und von den Vermutungen, die nun naheliegend waren und die es zu prüfen galt.

»So etwas hätte ich nie für möglich gehalten«, meinte sie schließlich. »Wie wirst du nun vorgehen?«

»Ich werde recherchieren. Im Netz wird sich über Peter Baumann etwas finden. Und wir werden einen Gentest machen. Meine Mutter hat es schon getan. Ich werde heute noch zum Arzt gehen.«

Tatjana nickte und schaute gedankenversunken zum Fenster.

»Wie geht es dir jetzt? Wie fühlst du dich?«

Er schwieg. Für einen Moment dachte er daran, sie in seine Pläne einzuweihen. Aber dann entschied er sich dagegen. Sie würde so reagieren wie seine Mutter. Auch sie würde ihn für unüberlegt halten. Er konnte sie erst einweihen, wenn alles geschehen war, wenn offensichtlich geworden war, dass er alles richtig gemacht hatte. So schüttelte er nur den Kopf.

Sie nahm seine Hand und suchte seinen Blick.

Die Praxis von Dr. Vogt befand sich unmittelbar am Augustusplatz. Jan wollte sich die lange Parkplatzsuche ersparen und entschied sich, mit der Tram zu fahren. Dann waren es nur noch wenige hundert Meter bis zu dem großen Ärztehaus.

Als er am Empfang mitgeteilt hatte, worum es ihm ging, schickte man ihn zunächst mit einem Rezept zur Apotheke, da die Praxis das Material für einen Gentest nicht gelagert hatte. Eine halbe Stunde später war er zurückgekehrt und musste sich ins Wartezimmer setzen.

Während sich die anderen Patienten mit einer Illustrierten oder mit ihrem Handy beschäftigten, schloss er die Augen und dachte nach. Richard Vollmer würde zurückkehren. Er hatte ihm einen Empfang bereitet, der ihn für einige Zeit mächtig aus der Bahn werfen würde. Ein Lächeln ging über sein Gesicht.

Dann erinnerte er sich, warum er in diesem Wartezimmer saß. Er musste Gewissheit erlangen. Was war damals vor etwa dreißig Jahren geschehen? Was hatte Peter Baumann damals getan und welche Absicht verfolgte er? Jan ging alle denkbaren Konstellationen noch einmal durch. Eine schnelle Netzrecherche hatte ihm verraten, dass Baumann damals zu jenen Genetikern gehörte, die sich für freie

Forschung aussprachen. Erst wenn deutlich wäre, welche Möglichkeiten neue gentechnische Verfahren böten, sollte man über ethische Fragen nachdenken. Ein frühes Verbot würde dazu führen, dass man all die medizinischen Fortschritte, die sich aus der neuen Biotechnik ergaben, nur allmählich entdeckte und dass hilfreiche therapeutische Verfahren kranken Menschen zu lange vorenthalten blieben.

Derartige Argumentationen waren Jan inzwischen gut bekannt. In den letzten dreißig Jahren schienen sie sich nicht geändert zu haben. Auch nicht die in den Medien oft geäußerte Furcht vor einem unkontrollierten Missbrauch dieser Techniken, was auch immer man unter dem Begriff Missbrauch verstand. Glaubte man den Spuren im Internet, so war Baumann für seine Experimentierfreudigkeit bekannt. Vieles von dem, was dort zu lesen war, erinnerte an die Argumente Richard Vollmers. Inzwischen war die Zeit vorangeschritten, die Techniken waren subtiler geworden, die Möglichkeiten gewachsen und die Konsequenzen des technisch Machbaren gravierender. Doch all das half ihm nicht, seine brennenden Fragen zu beantworten. Und so war es ihm ganz recht, als die Sprechstundenhilfe seine Gedanken unterbrach, ihn in einen Behandlungsraum führte und Blut abnahm. Noch einmal musste er einige Minuten warten, dann kam Dr. Vogt durch die Tür.

»Guten Tag, Herr Winkler«, begrüßte ihn der Arzt. »Wie ich sehe, ist die Blutprobe für den Gentest schon fertig. Wir werden sie heute noch einschicken.«

Er setzte sich an den Tisch und schrieb einige Worte, die er der Probe beifügte.

»Wann werden wir die Ergebnisse haben?«

»Bei Ihrer Mutter hat es zwei Tage gedauert. Vielleicht braucht das Labor diesmal etwas mehr Zeit, denn die beiden Proben sollen ja verglichen werden.«

»Rufen Sie mich an?«

»Ja«, antwortete der Arzt und schaute ihn an. »Ich habe da noch etwas anderes. Das muss Sie aber nicht verunsichern. Wir haben ja das letzte Mal vor einem Vierteljahr bei Ihnen Blut abgenommen. Dabei wurde eine gewisse Abnormität der weißen Blutkörperchen sowie ein leicht erhöhter Eiweiß-Spiegel festgestellt.«

Jan blickte erstaunt auf. »Abnormität? Was bedeutet das?«

»Zunächst einmal muss das gar nichts bedeuten«, beruhigte der Arzt. »Die Zahl der Leukozyten war erhöht. Ich habe Ihnen deshalb gerade eben zusätzlich etwas Blut abnehmen lassen, um das noch einmal zu überprüfen. Nur, um sicher zu gehen. Das muss gar nichts heißen. Hatten Sie in letzter Zeit irgendetwas Auffälliges? Vielleicht ein Ziehen in den Knochen?«

»Sobald ich Sport mache, habe ich immer irgendwie ein Ziehen in den Knochen.«

Dr. Vogt musste lachen. »Na, sehen Sie. Wahrscheinlich sind Sie kerngesund.« Er schaute auf die Patientenkarte. »Dreißig Jahre alt. Ein junger Mann. Und die Werte haben erst einmal nichts zu bedeuten. Gibt es irgendwelche anderen Beschwerden?«

»Ich habe in letzter Zeit häufig Kopfschmerzen.«

Der Arzt nickte. »Um alles noch so Unwahrscheinliche auszuschließen, habe ich Ihnen einen MRT-Termin im Radiologischen Versorgungszentrum besorgt. Dort erwartet man Sie in einer Stunde. Ist Ihnen das möglich?«

Jan nickte. »Was geschieht dort?«

»Man wird Ihnen in den Kopf schauen und beim Denken zusehen«, antwortete Dr. Vogt und lächelte. »Danach kommen Sie bitte noch einmal zu mir.«

Der Arzt erhob sich und gab ihm die Hand. »Bis gleich also.«

»Bis gleich«, bestätigte Jan.

Wenig später befand er sich wieder auf dem Weg zur Tram. Plötzlich ertönte ein bekanntes Signal seines Handys. Ein Blick auf das Display zeigte ihm, dass Richard Vollmer soeben in Berlin gelandet war. Jan lächelte.

VI

Als der Pilot den Sinkflug einleitete, klappte Richard Vollmer das Notebook zu und schaltete sein Handy aus. Er legte den Gurt an, lehnte sich zufrieden zurück und dachte an all das, was ihm in den letzten zwei Wochen gelungen war. Er hatte es geschafft, einige der besten Köpfe des Genom-Engineering in die Firma zu holen. Viele von ihnen hatten binnen weniger Tage ihren alten Arbeitgeber verlassen und waren zu Cambridge Biotech gekommen, überzeugt von der großen Idee, die er, Richard Vollmer, ihnen präsentierte. Natürlich hatten die alten Verbindungen zur Charité und zur Wharton School geholfen; auch die zu Merrill Lynch, denn schließlich ging es darum, viel Geld zu bewegen. In diesen zwei Wochen hatte Tina Taylor einen Gerätepark eingekauft, der seinesgleichen suchte. Einige der brandneuen Anlagen zum Genom-Editing waren noch nicht einmal offiziell auf dem Markt. Sie kosteten Millionen. Aber gerade diese enormen Investitionen sprachen sich herum, und die positive Resonanz bei einflussreichen Fachleuten sorgte zusätzlich dafür, dass hochkompetente Gentechniker bei ihm anfragten. Viele von ihnen waren nun dabei. Fasziniert von einer Idee, die jenes Flair besaß, das man im Silicon Valley so liebte. Sie alle spürten, dass sie Teil eines Moonshot werden konnten, dass die Goldgräberzeit für Biologen gekommen war. Und hier bei Cambridge Biotech wurden soeben die Tanks der Rakete gefüllt. Sollte es ihnen gelingen, ein Verfahren zu entwickeln, das Demenz und Alzheimer aufhalten konnte, arbeiteten sie alle vielleicht für einen künftigen Nobelpreisträger. Und auch dieser Gedanke trieb die neuen Mitarbeiter an. In den Freitagnachmittag-Konferenzen zeichnete sich längst jener ungetrübte Optimismus ab, der nötig war, um etwas wirklich Großes zu vollbringen. Und er, Richard Vollmer, stand im Mittelpunkt. Ihm war es gelungen, die Investoren von der Notwendigkeit weiterer Investitionen zu überzeugen. Die Aktie des Unternehmens war in zwei Wochen um vierzig Prozent gestiegen. Auch an der Börse ahnte man inzwischen, welches Gewinnpotential hier heranwuchs.

Er sah aus dem Fenster des Flugzeugs und meinte, erste Lichter zu erkennen. Knapp eine Woche würde er sich nun gönnen, um seinen Verpflichtungen in Berlin nachzukommen. Mehr Zeit hatte er nicht. Ohnehin kam ihm dieser Ausflug fast wie Urlaub vor, denn das, was er hier zu tun hatte, forderte ihn wenig und wurde ihm zunehmend unwichtig, bald vielleicht sogar hinderlich angesichts der Herausforderungen, die in San Francisco auf ihn warteten. Nur noch wenig hielt ihn in Berlin. Da war die Lehre, die seinem internationalen Renommee gut tat. Da waren alte Gewohnheiten und Annehmlichkeiten. Aber der Kontakt zu Paul Frey und Jonathan Waltke war abgebrochen. Und auch Sonja hatte nicht auf seine Mails geantwortet. Wie sollte er auf sie zugehen? Wahrscheinlich würde sie das gar nicht wollen. Er spürte, dass die schönen Erinnerungen verblassten. Je mehr er nachdachte, desto mehr musste er einsehen, dass ihn nicht mehr viel mit Berlin verband. Und er hoffte im Stillen, dass sich die unangenehmen Erfahrungen nicht wiederholten. Noch besaß Vollmer jene Tarotkarte, die ihm ein Unbekannter auf den Tisch seines Wohnzimmers gelegt hatte. Der Gehängte, so hatte ihm Gerald Blake, einer seiner neuen Mitarbeiter erklärt, sei ein Symbol für den Verräter, der vor nichts Halt machte und keine Ideale kannte, der sich ganz dem Materiellen verschrieben hatte, vielleicht vergleichbar mit Judas. Aber man konnte das

Blatt auch als Symbol der Einweihung sehen. Der Gehenkte betrachtete die Welt aus einem anderen Blickwinkel; er sah alles auf ganz neue Weise.

Richard Vollmer hatte lange darüber nachgedacht. Immerhin war sein Verfolger in der Lage gewesen, durch Türen zu gehen, und verstand es, auf perfide Art Angst zu verbreiten. Offenbar tat er das jedoch nicht in San Francisco. Nur in Berlin. Durch das Fenster sah er die ersten Lichter der Stadt. Er lehnte sich noch tiefer in den Sessel und versuchte, an nichts zu denken, bis die Maschine aufsetzte und der Gegenschub aus den Triebwerken einsetzte. Sekunden später bewegte sich das Flugzeug gemächlich über die Rollbahn. Es dauerte lange, bis es seine Parkposition erreicht hatte. Richard Vollmer bemerkte all dies ohne Ungeduld, und er war auch einer der letzten, der seinen Sitz verließ. Wenig später bemerkte er durch die Fenster der Gangway, dass soeben die Sonne aufgegangen war. Ein versöhnliches Bild. Er nahm es als gutes Omen.

So blieb er ebenso geduldig, als er lange auf seinen Koffer warten musste, und es beunruhigte ihn auch nicht, als man ihn länger als sonst an der Passkontrolle aufhielt und seinen Reisepass scheinbar besonders gründlich prüfte. Erst als zwei Beamte links und rechts neben ihm standen, wusste er, dass etwas nicht stimmte.

»Bitte kommen Sie mit«, sagte einer der beiden Männer.

»Was ist?«, fragte Vollmer überrascht.

»Bitte folgen Sie uns einfach«, erhielt er zur Antwort.

Er schaute sich um, betrachtete dann ungläubig die beiden Zollbeamten und fühlte sich für einen kurzen Moment an einen alten Agentenfilm erinnert. Doch dies war kein Film, und er verstand nicht. Statt den beiden zu folgen, wollte er zum Ausgang gehen, doch er wurde daran gehindert, zunächst vorsichtig, dann recht barsch, bis er schließlich auf einem Stuhl in einem kleinen Büro saß, umgeben von hohen Milchglasscheiben.

Einer der Männer setzte sich ihm gegenüber an den Tisch und versuchte, ihn zu beruhigen.

»Wahrscheinlich ist das alles ein Irrtum, aber wir müssen das trotzdem prüfen.«

»Was ist denn eigentlich los?«

»Sie sind Richard Vollmer? Dr. Richard Vollmer?«

»So ist es.«

»Ihr Reisepass ist ungültig. Also, er ist nicht abgelaufen. Aber das System zeigt an, dass dieser Ausweis nie ausgegeben wurde. Er dürfte gar nicht existieren.«

»So ein Blödsinn«, stellte Vollmer entnervt fest. »Ich bin in diesem Jahr gut zwanzig Mal von Berlin nach San Francisco und wieder zurück geflogen. Immer mit diesem Reisepass. Und es hat nie Schwierigkeiten gegeben. Der Pass ist neu. Ich habe ihn vor etwa einem Jahr beim Einwohnermeldeamt in Berlin-Mitte beantragt und natürlich auch erhalten. Er ist ausgestattet mit biometrischen Daten. Es sollte also ein Leichtes sein, meine Identität festzustellen.«

Der Zollbeamte schaute ihn hilflos an. »Das mag alles sein. Aber der Ausweis ist gar nicht im System. Verstehen Sie? Es ist uns nicht möglich, ihn zu prüfen. So etwas ist bisher selten vorgekommen. Und wenn Sie sagen, dass Sie mit diesem Papier bereits mehrfach gereist sind, macht uns das etwas ratlos. Aber egal. Wir müssen das prüfen. Die Ämter sind erst ab acht Uhr geöffnet. Ich möchte Sie bitten, sich etwas zu gedulden.«

»Und wenn ich Ihnen meinen Führerschein zeige. Oder eine Kreditkarte?«

»Hilft uns nicht.«

Richard Vollmer schüttelte den Kopf. »Das kann doch alles nicht wahr sein.« Er griff nach seinem Handy und wollte es anschalten.

»Das dürfen Sie nicht«, stellte der Mann ihm gegenüber fest.

»Wie bitte?«

»Solange Sie unter Verdacht stehen, dürfen Sie mit niemandem Kontakt aufnehmen.«

Vollmer sah ihn fassungslos an. »Wieso? Man darf doch auch seinen Anwalt anrufen.«

»Erst, wenn sich der Verdacht tatsächlich erhärtet hat.«

Wieder schüttelte Richard Vollmer den Kopf. »Ich glaube es nicht.«

»Kann ich gut verstehen. Wahrscheinlich klärt sich aber alles schnell auf. Ein Computerfehler. Ich lasse Sie jetzt allein und gehe zum Terminal. Da versucht man bereits, die Sache zu klären. Sie bleiben bitte in diesem Raum. Möchten Sie einen Kaffee?«

Vollmer winkte ab. Als der Mann den Raum verlassen hatte, bemerkte er zwei Mitarbeiter des Sicherheitsdienstes vor der Tür. Er beschloss, nicht die Nerven zu verlieren und einfach zu warten. Schließlich hatte er nichts verbrochen. Der Gedanke an einen Computerfehler gefiel ihm allerdings gar nicht. Er kannte sich gut genug damit aus, um zu wissen, dass solche Fehler meist durch menschliches Fehlverhalten entstanden.

Er wartete. Einige Minuten. Dann dachte er daran, das Handy zu benutzen. Ließ es aber doch. Wen sollte er um diese Uhrzeit anrufen? Das Schlimmste an dieser Situation war, dass er sich in einem Zustand der Ohnmacht befand, dem nur durch Flucht beizukommen war. Aber diese Option wäre unverhältnismäßig und würde die Dinge nur eskalieren lassen. So behielt er die Ruhe, weil ihm sehr bewusst war, dass er im Augenblick nichts tun konnte.

Es dauerte noch einige Minuten, bis der Grenzbeamte zurückgekehrt war und ihm seinen Reisepass zurückgab.

»Herr Dr. Vollmer, es tut mir außerordentlich leid. Die Sache war ein Versehen. Ich habe das gleich vermutet. Das Meldeamt konnte uns die Gültigkeit dieses Dokuments bestätigen.«

»Und wie ist dieses Versehen, wie Sie es nennen, möglich?«

Der Beamte lächelte. »Im Meldeamt hat man nach Ihrem Antrag gesucht. Diese Formulare werden noch nicht eingescannt, sondern ganz konventionell in Aktenordnern verwahrt. So konnte man die Sache klären. Ihr Reisepass wird auch in wenigen Minuten wieder im System sein.«

»Und wieso war er da nicht mehr drin, in diesem System?«, fragte Vollmer mit sarkastischem Unterton.

Der Mann ihm gegenüber schaute etwas gequält. »Ehrlich gesagt ... wissen wir das nicht.«

Richard Vollmer hatte sich dafür entschieden, nicht auf die S-Bahn zu warten, sondern ein Taxi zu nehmen. Er konnte es im Augenblick schwer ertragen, sich in Menschenmengen zu bewegen. Stattdessen saß er nun in einem geräumigen, komfortablen, wohltuend ruhigen Fahrzeug, schaute aus dem Seitenfenster und versuchte, die Fahrt durch Berlin zu genießen. Doch so recht wollte ihm das nicht gelingen, denn noch immer musste er über diesen seltsamen Vorfall am Flughafen nachdenken. Für eine halbe Stunde hatte er sich in Haft befunden. Anders hätte man seine Situation wohl kaum bezeichnen können. Zwar war man ausgesprochen höflich und zuvorkommend mit ihm umgegangen, aber wäre dieser Fehler im System nicht aufgeklärt worden, hätte man ihn nicht gehen lassen. Eine halbe Stunde lang war er ein Gefangener gewesen. Richard Vollmer konnte es noch immer nicht fassen. Ein Systemfehler? Der Grenzbeamte hielt das offensichtlich für so etwas wie einen Zufall mit unangenehmen Folgen, irgendetwas diffus Schicksalhaftes. Etwas, das eben dumm gelaufen war und manchmal so geschah. Aber Vollmer glaubte nicht an Zufälle und auch nicht an Schicksal.

Er war lange in Gedanken versunken, und erst als das Taxi den Spreebogen erreichte, nahm er seine Umwelt wieder bewusst wahr. Dann fiel ihm ein, dass er hier in Berlin noch keinen Geldautomaten aufgesucht hatte.

»Kann ich die Fahrt mit Karte bezahlen?« fragte er den Taxifahrer.

Der betrachtete ihn schräg von der Seite. »Dies ist ein Taxi. Keine Bank«, stellte er nüchtern fest.

»Kann ich in Dollar bezahlen?«

Der Mann am Steuer schüttelte den Kopf. »Sie waren wohl lange nicht in Deutschland.«

Erst wusste Richard Vollmer nicht, wie er die unangenehme Situation lösen sollte, doch dann fiel ihm ein, dass sich noch einige hundert Euro in seinem Schreibtisch in der Marienstraße befanden. Als er das dem Taxifahrer mitteilte, nickte der nur.

Wenig später hatten sie das Ziel erreicht. Vollmer ließ den Koffer zunächst im Wagen, bat den Fahrer, einen Moment zu warten, und stieg aus. Am Ziffernblock neben der Haustür gab er den Code ein, lief Sekunden später die Stufen des Treppenhauses hinauf und wiederholte die Zahleneingabe am Schloss seiner Wohnung. Er wartete. Aber es geschah nichts. Noch einmal gab er die Zahlenkombination ein. Doch die Leuchtdiode neben dem Ziffernblock blieb rot. Ein Display zeigte an, dass der Zugang verweigert wurde.

Einen Augenblick lang stand Richard Vollmer völlig irritiert vor der Tür seiner Wohnung, unfähig, einen klaren Gedanken zu fassen oder irgendetwas zu tun. Dann gab er die Ziffernfolge noch einmal ein. Er war sich ganz sicher, alles richtig gemacht zu haben, denn mit dem gleichen Code war er auch in den Hausflur gelangt. Doch nichts geschah. Stattdessen sah er erneut die Fehlermeldung auf dem Display. Zwei Mal noch wiederholte er die Eingabe, dann musste er einsehen, dass etwas nicht stimmte. Er lief die Treppe hinunter, zog die Haustür hinter sich zu, gab noch einmal die bekannte Ziffernfolge ein und stellte fest, dass er den richtigen Code im Gedächtnis hatte. Die Haustür öffnete sich. Er bat den Taxifahrer, noch etwas zu warten, lief erneut hinauf zu seiner Wohnungstür und versuchte noch einmal, sie zu öffnen. Nach drei weiteren Versuchen sah er ein, dass es ihm nicht gelingen würde. Er zog das Handy aus der Tasche und schaltete es ein. Dort im Notizbuch befand sich die Nummer des Sicherheitsunternehmens. Das Display flackerte kurz auf, doch dann schaltete sich das Gerät ab. Richard Vollmer versuchte es erneut, doch sein Handy reagierte nicht mehr. Entgeistert starrte er zur Wohnungstür, dann auf sein Handy.

Als er wieder auf die Straße trat, wartete der Taxifahrer noch immer. Nur mit viel Überredungskunst gelang es, ihn zu überzeugen, zur nächsten Bankfiliale zu fahren.

Einige Minuten später stieg Vollmer erneut aus, betrat den Terminalraum der Bank und fand einen freien Geldautomaten. Er wählte einen hohen Eurobetrag und gab dann seine vierstellige Geheimnummer ein. Für einige Sekunden geschah nichts. Dann meldete der Bildschirm, dass ein falsches Passwort eingegeben worden sei. Vollmer schaute verzweifelt auf den Ziffernblock. Sicher hatte er in der Eile etwas falsch gemacht. Er konzentrierte sich und gab die vier Zahlen erneut ein. Wieder geschah zunächst nichts.

Und wieder kam eine Fehlermeldung. Diesmal verbunden mit dem Hinweis, dass die Karte nach zwei weiteren Versuchen eingezogen werden würde. Richard Vollmer gewährte sich noch einen Versuch.

Als der Code ein weiteres Mal nicht akzeptiert wurde, brach er den Vorgang ab. Die Karte wurde wieder ausgeworfen. Er nahm sie, schaute sie an und ging zur automatischen Tür. Dann stand er im Freien. Der Taxifahrer wartete auf ihn.

Ein großer Monitor neben dem Eingang zur Bank zeigte an, dass es zehn Uhr geworden war. An einem Freitag im Juli. Die Temperatur betrug bereits zwanzig Grad. Und es würde heute nicht regnen.

In der Johanniterstraße hatte er nicht nur Sonja, sondern auch Julia angetroffen. Es war nicht einfach, die beiden davon zu überzeugen, sein Taxi zu bezahlen. Und als Julia erfahren hatte, wie viel der Fahrer verlangte, fluchte sie nur. Vollmer konnte sie dadurch beruhigen, dass er ihr hundert Dollar in die Hand drückte.

»Was willst du eigentlich hier?«, fragte sie. »Glaubst du wirklich, du kannst hier einfach so hereinschneien, als wenn nichts wäre?«

Er stellte seinen Koffer in den Flur und blickte zu Sonja, die sich an den Küchentisch gesetzt hatte. Sie war zunächst überrascht gewesen, dann verärgert; und nun wusste sie nicht so recht, was sie von Richard Vollmers plötzlichem Erscheinen halten sollte. Es war ihr aber auch nicht entgangen, dass er völlig verwirrt war. Und diesen Zustand hatte sie noch nie an ihm erlebt.

»Setz dich«, sagte sie. »Was ist eigentlich los?«

Sie schob ihm einen Becher Tee über den Tisch, suchte seinen Blick und bemerkte, wie unsicher und fast geistesabwesend er daraus trank.

»Es ist mysteriös«, sagte er und berichtete den beiden Schwestern detailliert, was er in den letzten beiden Stunden erlebt hatte. Schließlich nahm er einen weiteren Schluck aus der Tasse und bemerkte, dass Sonja ein kleines Stück Papier in der Hand hielt. Eine Spielkarte. Er schaute zu Julia, dann zu ihrer Schwester.

»Woher habt ihr die?«

»Sonja hat sie vor zwei Tagen gefunden«, antwortete Julia und nahm ihr die Karte aus der Hand. »Sie lag plötzlich mitten auf dem Küchentisch. Jemand muss in die Wohnung eingedrungen sein, um sie dort abzulegen. Kannst du dir vorstellen, was einem in einer solchen Situation alles durch den Kopf geht?«

Richard Vollmer nickte. Und dann erzählte er ausführlich von jenen seltsamen Vorgängen, die er vor seiner Abreise nach San Francisco erlebt hatte.

Schließlich bemerkte er, dass die beiden Schwestern sich ansahen, als würden sie wortlos Gedanken austauschen.

»Dieser Mann geht durch Wände«, stellte Julia fest. »Er weiß offenbar sehr genau, wie man Menschen Angst einjagt.«

Sie strich sich eine blaue Strähne aus dem Gesicht. Vollmer bemerkte, dass sie dies mit der gleichen Handbewegung tat, die er viele Male bei Sonja beobachten konnte.

»Welche Karten hat er dir geschickt?«

»Den Tod. Und den Gehängten.«

»Oh je«, entfuhr es Sonja. »Weißt du, was das bedeutet?«

Vollmer schüttelte den Kopf. »Nicht im Detail. Den Tod muss man wohl nicht interpretieren. Der Gehängte steht für einen Verräter.«

»Da machst du dir die Dinge aber sehr leicht. Es ist viel schlimmer.«

Sie sah zu Julia, und die gab ihm jene Karte zu sehen, die Sonja vor zwei Tagen gefunden hatte.

»Das Rad des Schicksals«, erläuterte sie. »Du siehst eine Karte voller Symbole. In ihrem Zentrum befindet sich das Rad des Lebens. Darüber thront die Sphinx. Sie symbolisiert die Rätselhaftigkeit des Daseins. Links am Rad windet sich eine Schlange. Das ist Seth, der Gott des Verderbens. Rechts siehst du einen Dämon. Er steht für die Unberechenbarkeit und Grausamkeit des Lebens. In den vier Ecken der Karte findest du die vier Apostel, die im Buch des Lebens das Menschenschicksal niederschreiben. Im Rad selbst den Schriftzug ›TAROT‹ und alchemistische Symbole für die vier Elemente.«

Vollmer hatte die Karte betrachtet und alles wiedergefunden, was Julia beschrieben hatte.

»Welche Bedeutung hat das?«

»Es geht um die kosmische Gesetzmäßigkeit von Ursache und Wirkung. Gut und Böse befinden sich in permanentem Wandel. Das Rad der Zeit steht für unser Schicksal, dem wir aber keinesfalls hilflos ausgeliefert sind. Wir sind nicht dazu verdammt, zu scheitern. Aber wir müssen selbst das Beste aus unserer Situation machen. Nichts bleibt, wie es ist. Alles fließt, wie Heraklit sagen würde. Wir dürfen immer hoffen, dass sich unser Leben zum Guten wendet, wenn wir selbst etwas dazu beitragen.«

»Woher weißt du das alles?«

»Ich kenne niemanden, der das Tarot so gut beherrscht wie meine Schwester«, erklärte Sonja. »Sie ist eine große Magierin. Aber das wirst du nicht verstehen.«

Richard Vollmer schüttelte den Kopf.

»Davon verstehe ich nichts, und davon halte ich wohl auch nichts.«

»Aber du möchtest trotzdem wissen, was die Karte bedeutet.«

»Ja. Denn derjenige, der sie hier deponiert hat, will etwas Bestimmtes damit bewirken.«

»Vielleicht will er auch etwas Unbestimmtes bewirken«, entgegnete Julia. »Eine solche Karte hat keine feste Aussage. Sie muss aus der Situation heraus gedeutet werden.«

»Und das hast du bereits getan.«

»Ja, aber nun hat sich die Situation geändert. Durch jene Karten, die du erhalten hast. Bislang war ich davon ausgegangen, dass die Karte für Sonja bestimmt war. Aber das ist nicht der Fall. Sie ist für dich bestimmt. Und wer immer sie hier abgelegt hat, wusste schon vor zwei Tagen, dass du hierher kommen würdest.«

Richard Vollmer schaute sie verwundert an. »Wie kann das sein?«

»Das Rad des Schicksals mag auch für Sonja gelten. Auch sie befindet sich in jener Geschichte, die der Unbekannte eingeleitet hat. Aber vorrangig ist es dein Schicksal. Und sein Schicksal. Dabei geht es um Verrat und Tod. Da ist jemand, der sein Leben radikal ändern will. Der vor nichts mehr zurückschreckt. Und du stehst ihm im Weg. Gleichzeitig ist sein Schicksal aber mit deinem verbunden. Auf eine Weise, die ich nicht verstehe.«

Er hatte aufmerksam zugehört, und fast schien es ihm plausibel, was Julia sagte, während sie sich immer wieder mit der rechten Hand durch die blaue Mähne strich, als wolle sie sich selbst beruhigen. Doch so viel Irrationalität war ihm zu viel. Er verstand und er verstand nicht. Wollte nicht verstehen, weil all das keinen festen Grund hatte. So blickte er auf die Karte und schwieg.

»Kennst du die Carmina Burana von Carl Orff?«, fragte ihn Sonja. »Sie beginnen mit einem Lied an Fortuna, die Göttin des Schicksals. Oft meint man, Fortuna stände für

Glück. Aber das ist falsch: Sie hat eine freundliche und eine finstere Seite. Und so steht am Ende der Carmina Burana die Erinnerung an Fortuna, die alles wandelt und schließlich den Tod bewirkt.«

»Fortuna ist wie das Rad des Schicksals«, ergänzte Julia, nahm die Karte und stellte sie auf den Kopf. »Der große Unbekannte will sein Schicksal umkehren, will das Rad wenden. Und das, was er in Bewegung setzt, ist auch dein Rad.«

Sonja Reisinger und Richard Vollmer betraten die Bankfiliale, fanden eine Angestellte, die Zeit für sie hatte, und folgten ihr zu einem gut aufgeräumten Schreibtisch.

»Nehmen Sie doch Platz. Das werden wir gleich geklärt haben.«

Sie bat Richard Vollmer um seine EC-Karte und tippte die Kontonummer in die Tastatur. Dann blickte sie auf den Monitor. Ihre Gesichtszüge, eben noch entspannt und freundlich, wandelten sich. Nun war sie konzentriert und mit jeder weiteren Seite, die sie aufsuchte, blickte sie ernster.

»Seltsam«, sagte sie und schaute die beiden betroffen an. »Diese Karte, die Sie mir gegeben haben, ist eindeutig aus unserem Haus. Aber ...« Sie blickte wieder zum Monitor, so als wolle sie sich noch einmal vergewissern. »Es sieht so aus, als gäbe es Sie hier überhaupt nicht.«

»Sie meinen, es gibt diese Karte nicht?«

»Nein. Es gibt das Konto nicht. Ich finde hier keinen Richard Vollmer. Und die Kontonummer existiert nicht.«

Sonja Reisinger und Richard Vollmer wechselten Blicke.

»Bitte haben Sie etwas Geduld«, sagte die Angestellte. »Ich versuche das zu klären.«

Sie griff zum Telefon und sprach nacheinander mit dem Filialleiter und einem Netzadministrator. Es dauerte nur wenige Minuten, bis beide neben ihr standen und ungläubig auf die EC-Karte und den Computer schauten.

»Das kann doch nicht sein«, stellte der Filialleiter fest. »Buhrmester, bitte prüfen Sie das. Irgendwo müssen die Daten doch geblieben sein.«

Der Netzadministrator übernahm den Platz seiner Kollegin und begann, auf der Tastatur zu tippen. Das tat er gute fünf Minuten. In dieser Zeit versuchte der Filialleiter, Richard Vollmer zu beruhigen. Bis sein Mitarbeiter aufschaute und den Kopf schüttelte. »Ich verstehe nicht, was da geschehen sein soll. Das System funktioniert, aber es sind keine Einträge zu diesem Konto vorhanden. Es ist quasi nicht existent.«

»Was ist mit der täglichen Datensicherung? Das Konto müsste sich doch rekonstruieren lassen. Vor einiger Zeit wird es doch noch existiert haben.«

»Die entsprechenden Datenträger befinden sich in der Zentrale. Ich kann sie nicht anfordern, sondern nur unmittelbar vor Ort damit arbeiten. Sonst wären sie ja nicht sicher.«

Der Filialleiter blickte zu Richard Vollmer, bemerkte, in welch fataler Situation sie sich befanden, und wandte sich wieder an den Informatiker. »Und wie lange dauert das? Der Mann muss doch an sein Geld kommen.«

»Es ist Freitag. In einer Stunde schließen alle Filialen. Und die Zentrale auch. Da ist dann niemand mehr. Wir können erst am Montag mit der Suche beginnen und dann ...«

»Wir müssen los«, unterbrach ihn Sonja. Sie hatte auf ihr Handy geblickt und wandte sich nun Richard Vollmer zu. »Die Sicherheitsfirma hat geschrieben. Sie sind in einer halben Stunde vor der Wohnung.«

»Da kann man ja von Glück reden, wenn man noch Bargeld im Haus hat«, stellte Vollmer fest und erhob sich. »Ich gehe davon aus, dass Sie die Sache gleich Montag in den Griff bekommen.«

»Darauf können Sie sich verlassen«, versicherte der Filialleiter.

»Ich rechne damit«, betonte Vollmer eindringlich. Dann ließ er den Mann stehen, verließ die Bank und eilte gemeinsam mit Sonja zum Wagen.

Nur mühsam kamen sie im beginnenden Berufsverkehr voran. Vollmer nutzte die Zeit, um sein Handy am Zigarettenanzünder aufzuladen. Nachdem er es angeschaltet hatte, wurde er auf dem Display aufgefordert, den Pin-Code der SIM-Karte einzugeben. Das tat er, aber sogleich erschien eine kurze Meldung, dass die Karte ungültig sei und nun alle Handydaten gelöscht würden. Sekunden später war das Display schwarz. Und trotz aller Versuche gelang es Vollmer nicht, das Gerät erneut zum Leben zu erwecken.

Sonja hatte beobachtet, was geschehen war. »Das kann doch nicht wahr sein. Ein Handy reagiert normalerweise nicht so.«

»Schau bitte einmal, ob dein Gerät noch funktioniert.«

Sie griff nach ihrem Smartphone und aktivierte es mühelos. »Alles gut«, stellte sie fest und achtete wieder auf die Straße. Sie bog in die Marienstraße ein und parkte an der Seite. Der Sicherheitsdienst war nirgends zu sehen.

»Was hast du alles auf deinem Handy?«

»E-Mails, einen Browser und den Zugang zu einer Community. Also gar nicht viel. Das GPS ist ausgeschaltet. Es gibt eine Firewall, einen Virenschutz und ein Programm, das mich warnt, wenn eine App versucht, Daten abzuziehen.«

»Perfekt.« Sonja lächelte still. »Perfekt. So wie du. Nur dass dieses Gerät jetzt nicht mehr funktioniert.«

»Das alles ist kein Zufall«, stellte Richard Vollmer fest. »Ich komme nicht in meine Wohnung. Mein Bankkonto existiert nicht mehr. Ich habe keinen Zugang zu meinem Handy. Was wird als nächstes geschehen?«

Sonja schaute betroffen zu ihm. Sie hatte sich damals geschworen, ihn nicht mehr anzurufen, ihm nicht mehr zu schreiben und sich schon gar nicht mehr mit ihm zu treffen. Und nun saß sie gemeinsam mit ihm in ihrem Auto. »Was hast du vor?« fragte sie.

Er schüttelte den Kopf. »Ich muss nachdenken. In Ruhe nachdenken.«

Vor ihnen erschien der Servicewagen des Sicherheitsunternehmens und hielt ebenfalls an der Straßenseite. Die Schiebetür des Transporters öffnete sich, und jemand winkte ihnen zu. Vollmer erkannte Sven Radkau, den technischen Leiter des Unternehmens, und einen weiteren Mitarbeiter.

Wenig später saßen sie gemeinsam in dem Fahrzeug und schauten auf das Display eines großen Notebooks. Radkau hatte sich über Funk in die Steuerung der Wohnung eingeloggt und konnte nun den Status aller elektronischen Geräte einsehen. Er entdeckte nichts Auffälliges und bat Vollmer, noch einmal zu versuchen, die Wohnungstür zu öffnen.

Er machte sich auf den Weg. Mit Hilfe der Geheimnummer gelang es ihm, ins Haus zu kommen, doch Sekunden später scheiterte er erneut an der Wohnungstür. Er kehrte zum Transporter zurück.

Radkau blickte ernst.

»Sie haben alles richtig gemacht«, stellte er fest. »Aber der Code muss verändert worden sein. Und zwar so gezielt, dass sich die Haustür öffnen lässt, die Wohnungstür aber keinen Impuls erhält.«

»Soweit waren wir auch schon«, stellte Sonja fest. »Und nun?«

Ratlos schaute der technische Leiter auf den Monitor seines Notebooks. »Ich brauche eine andere Software, muss noch einmal zurück in die Firma. Und wenn das auch nicht hilft, können wir das Problem nur physisch lösen. Aber die Mitarbeiter, die dazu in der Lage sind, kommen erst am Montag wieder.«

»Was meinen Sie mit einer physischen Lösung?«, fragte Sonja.

»Na ja ...« Radkau blickte erst zu ihr und dann zu Richard Vollmer. »Wir werden die Wohnung mit Gewalt öffnen müssen.«

»Sie meinen, Sie wollen in die Wohnung einbrechen?«

Radkau nickte. Die Sache war ihm sichtlich peinlich.

Sie hatten den Wagen in der Nähe des Anhalter Bahnhofs geparkt und ein kleines Café entdeckt.

»Du bist eingeladen«, hatte Sonja gesagt. Richard Vollmer hatte daraufhin gequält gelächelt, sich aber dennoch überreden lassen. Der Espresso und das belegte Brötchen taten ihm gut. Er lächelte ihr zu und sah, wie sie auf ihrem Handy eine Nachricht las.

»Das ist Julia. Sie will wissen, was wir erreicht haben.«

»Was schreibst du ihr?«

»Dass ich mich gleich wieder melde.« Sie legte das Gerät an die Seite und griff nach dem Cappuccino, der vor ihr stand.

»Was machst du jetzt?«, fragte sie.

»Ich bin mir nicht sicher. Eigentlich sollte ich damit zur Polizei gehen. Aber da wird es mir so ergehen wie mit der

Bank, dem Sicherheitsdienst und dem Mobilfunkanbieter. Wir haben Wochenende.«

»Es muss doch jemand auf der Polizeiwache sein.«

»Aber die Experten für Internetkriminalität machen sicherlich keine Überstunden.«

»Versuch es einfach.«

Er nickte. »Vielleicht. Aber vorher muss ich auf mein E-Mail-Konto zugreifen. Ohne Handy habe ich keinen Kontakt mehr zu meiner Firma.«

»Das scheint deine einzige Sorge zu sein«, stellte sie ernüchtert fest.

»Nein.« Er schüttelte den Kopf. »Nein. Ich weiß überhaupt nicht mehr, was ich denken soll. Aber die E-Mails sind ebenso wichtig wie die Wohnung, die Telefonate, das Konto, die Community.«

»Ich fühle mich gerade richtig geschmeichelt.«

Er blickte auf. Und verstand erst dann, was sie meinte. »Es tut mir leid. Versteh das nicht falsch. Ich bin dir sehr dankbar. Würdest du mir nicht helfen, stände ich ziemlich allein da.«

Sie erwiderte seinen Blick und umfasste ihre Tasse mit beiden Händen. »Ich werde nicht schlau aus dir, Richard Vollmer. Was bist du für ein Mensch? Soll ich dir sagen, wie Julia dich bezeichnet hat, einige Tage nach unserer Trennung?«

»Ich kann es mir denken.« Er zögerte. »Weißt du ... Es hat sich nichts geändert zwischen uns. Das spüre ich, wenn du jetzt bei mir bist. Nur würde ich dich gern mitnehmen, nach San Francisco. Da beginnt ein ganz neues Leben.«

»Ich will aber nicht nach San Francisco«, sagte sie und schaute ihn verbittert an. »Julia hat dir erzählt, warum ich das nicht machen kann und nicht will. Warum begreifst du das nicht.«

Als ihr Handy klingelte, schaute Sonja kurz auf das Display und nahm den Anruf entgegen.

»Hallo«, hörte sie ihre Schwester. »Wie weit seid ihr?«

»Es ist verheerend. Das Konto existiert angeblich nicht mehr, sein Handy hat sich ausgeschaltet und zuvor angeblich sämtliche Daten gelöscht. Die Tür zu seiner Wohnung lässt sich selbst von Experten nicht öffnen. Und zu allem Übel haben wir auch noch Wochenende. Nichts geht mehr.«

»Ich habe hier eine seltsame Nachricht über meine Community bekommen«, sagte Julia. »Da wird behauptet, ein gewisser Richard Vollmer, erfolgreicher Biologe und Geschäftsmann, habe sich rassistisch über zwei seiner Mitarbeiter geäußert. Es gibt einen Link zu einer Seite, auf der man mehr erfahren kann.«

»Das kann doch nicht sein.«

»Ich weiß nicht. Kannst du ihm sagen, er möge mal in seine E-Mails schauen?«

»Moment.«

Sonja machte Richard Vollmer in wenigen Worten klar, was sie soeben erfahren hatte.

»Ich kann keine E-Mails lesen«, stellte er fest. »Ohne mein Handy geht das nicht.«

»Hast du dein Notebook mit?«

»Es ist in meinem Handgepäck. Julia kann es leicht finden. Gib sie mir bitte mal.«

Sie reichte ihm das Gerät über den Tisch.

»Julia?«

»Ja«, hörte er Sonjas Schwester.

»Bitte nimm einmal mein Notebook aus dem Handgepäck und schalte es an.«

»Yep.«

Er hörte, wie sie das Handy zur Seite legte. Augenblicke später meldete sie sich wieder.

»Okay. Ich lasse es hochfahren. Wie lautet das Passwort.«

»Das brauchst du nicht. Es gibt kein Passwort. Der Rechner fährt direkt hoch.«

»Nicht zu fassen«, stellte sie fest und wartete.

»Gut. Er ist hochgefahren. Was soll ich jetzt tun.«

»Geh auf das Symbol des E-Mail-Programms. Ein einfacher Klick reicht.«

»Okay.«

Wieder trat eine Pause ein. Vollmer bemerkte, dass Sonja wie gebannt auf das Handy starte.

»Was ist denn nun«, fragte sie.

Dann meldete sich auch Julia wieder. »Um Himmels Willen ...« Sie stockte.

»Was siehst du?«, fragte Richard Vollmer eindringlich.

»Ich sehe Mails. Hunderte von Mails. Vielleicht Tausende ...«

»Was? Was sind das für Mails?«

»Sie haben ... Moment ... Sie haben offenbar alle etwas mit diesem Link zu tun.« Julia schwieg einen Augenblick. Er hörte sie atmen. »Verdammt ...«, fluchte sie, »das sieht aus wie ...« Sie zögerte erneut. »Mein Gott, so etwas habe ich noch nicht gesehen.«

»Julia, was hast du noch nie gesehen?«, fragte er ungeduldig.

»Ihr müsst sofort kommen«, sagte sie, nun mit fester und klarer Stimme. »Das hier ist ein ... ein Shitstorm.«

VII

Es hatte aufgehört zu regnen. Doch sie musste noch eine weitere halbe Stunde warten, bis er aus dem Haus kam. Sie erkannte ihn sofort wieder, obwohl er nicht mehr der war, den sie vor vielen Jahren fast wöchentlich in seinem Institut besucht hatte. Der Mann, der dort in einiger Entfernung die Straße überquerte, war grau geworden und schien beträchtlich zugenommen zu haben. Seine Körperhaltung erinnerte noch ein wenig an jenen jungen aufstrebenden Wissenschaftler, den sie damals sehr attraktiv gefunden hatte. Doch nun bewegte er sich träge, fast unbeholfen, so als wäre da eine Last, die ihm das Gehen erschwerte. Es schien ihr, als würde er das linke Bein leicht nachziehen.

Sie stieg aus dem Auto, verriegelte es und folgte ihm in einigem Abstand, sah, wie er weiter dahintrottete, und hatte dabei wenig Furcht, dass er sich umdrehen und sie erkennen könnte. Sie spürte: Dieser Mann drehte sich nicht mehr um. Das wäre nur mühsam für ihn gewesen. Und es schien ihr, als würde er auch kein großes Interesse daran haben, auf andere Menschen zu achten.

Als er das Ende der Straße erreicht hatte, dachte sie ein letztes Mal daran, dass ein kurzer seitlicher Blick des Mannes sie entdecken könnte. Aber das geschah nicht.

Sie folgte ihm weiter auf dem belebten Fußgängerweg und fragte sich, was er vorhatte. Weit konnte sein Weg nicht sein, denn offensichtlich bewegte er sich nicht mehr gern. So vermutete sie, dass er bald in eine Bahn steigen würde. Doch es kam anders. Da war ein kleiner Lebensmittelladen. In dem verschwand er. Jetzt erst wurde ihr bewusst, was sie die ganze Zeit nicht beachtet hatte: Dieser Mann trug einen Korb bei sich.

Du musst besser hinsehen, dachte sie, und ein Lächeln ging über ihr Gesicht.

Sie betrat den Lebensmittelladen mit aller Vorsicht und nahm sich vor, keine weiteren Fehler zu machen. Zuerst stellte sie verwundert fest, dass dies ein Supermarkt war. Sie hatte sich von der relativ kleinen Straßenfassade des Ladens täuschen lassen und etwas Überschaubares erwartet. Hier würde sie den Mann unauffällig beobachten können.

Sie folgte ihm von Regal zu Regal und wurde Zeugin seines Einkaufs, der ebenso viel von ihm verriet wie sein Äußeres. Er nahm sich Toastbrot, abgepackten Aufschnitt, Frischkäse, eine Flasche Whisky, zwei Bananen, eine Packung Tiefkühlpizza, Toilettenpapier und schließlich eine Zeitung. Dann stellte er sich an das Ende der Schlange vor der Kasse.

Sie war ihm die ganze Zeit in vorsichtigem Abstand gefolgt und stand nun vor einem Regal, tat so, als würde sie etwas suchen, wartete, bis er den Supermarkt verlassen hatte, ging dann an der Kasse entlang, ohne etwas zu kaufen, und folgte ihm nach draußen.

Sie sah den Mann etwa dreißig Meter vor ihr. Er ging offenbar zurück zu seiner Wohnung. Als er in die Marienstraße eingebogen war, blieb sie stehen und beschloss, etwas zu warten. Sie musste ihm nicht mehr folgen. Es war offensichtlich, wo sie ihn finden würde. Sie gewährte ihm noch etwas Zeit. Zwar wäre es wirkungsvoll gewesen, ihn beim Auspacken seines Einkaufs zu stören. Aber sie entschied sich doch dagegen. Es war nicht nötig. Die Überraschung würde groß genug sein.

So ging sie eine Zeit lang die Häuserzeilen entlang, schaute sich um und ließ ihren Gedanken freien Lauf. Menschen eilten an ihr vorüber, eine Straßenbahn fuhr lärmend Richtung Bahnhof Friedrichstraße. Autos hupten. Zugleich reflektierte die Fahrbahn den strahlenden Sonnenschein, der an diesem Tag alles gutmachen konnte, was auch immer geschehen würde.

Einige Minuten ließ sie so die Welt auf sich wirken. Dann beschloss sie, dass es Zeit war, ging zurück zur Marienstraße und stand wenig später vor einer Haustür und einem Klingelschild. Peter Baumann. Ein Name. Nicht mehr. Das Schild verriet nichts darüber, was sie über diesen Mann wusste, nichts über ihre gemeinsame Vergangenheit, nichts über das, was in den letzten Tagen geschehen war, und erst recht nichts über das, was noch geschehen würde. Sie atmete tief durch, zögerte kurz und beobachtete verwundert, wie sich ihre Hand fast wie von selbst zum Klingelschild bewegte.

Sie musste lange warten, bis die Tür aufging und sie den Hausflur betreten konnte. Langsam ging sie die Treppen hinauf. Im ersten Stock stand Peter Baumann in der Wohnungstür. Er trug eine braune Cordhose, darüber einen blau-grauen Pullover. Als er sie erkannte, blickte er sie nur fassungslos an, unfähig, etwas zu sagen. Sie ging auf ihn zu, schob ihn einfach zur Seite und betrat seine Wohnung.

Sekunden später war sie durch den Flur gegangen, ohne abzuwarten, ob er ihr folgte, hatte das Wohnzimmer gefunden und sich in das große Sofa gesetzt. Sie kreuzte die Beine, richtete sich auf und wartete darauf, dass Peter Baumann den Schrecken verkraftet hatte und ihr folgte.

Das dauerte einige Sekunden. Er betrat den Raum, schaute unsicher zum Sofa, blickte nach dem Sessel auf der anderen Seite des niedrigen Tisches, als wolle er sich vergewissern, dass es noch einen Platz für ihn gab, zögerte und wusste für einen Augenblick nicht, was er nun tun sollte.

Marina Winkler sagte nichts. Sie saß nur da, sah ihn an, in dieser sehr wachen und aufrechten Haltung, und signalisierte ihm auf diese Weise, dass sie nicht einfach wieder gehen würde. Dass sich der böse Traum, den er jetzt zu träumen glaubte, nicht durch plötzliches Erwachen oder Wegschauen in Luft auflösen würde.

Sekunden später hatte sie noch immer kein Wort gesagt, und Peter Baumann ging verunsichert und zögernd zu jenem Sessel, der ihm nun vorbestimmt zu sein schien.

»Frau Winkler, ...«, begann er, wusste aber nicht, wie er den Satz zu Ende bringen sollte.

Sie tat ihm nicht den Gefallen, etwas zu sagen, sondern blickte ihn weiter an.

»Darf ich Ihnen etwas zu trinken anbieten?«, fragte er und wies mit einer Hand ungeschickt zum Glasschrank, der wie eine Bar ausgestattet war.

Doch sie ging nicht darauf ein und schaute ihn nur an, denn sie wusste genau, dass sie ihm in diesen Sekunden nichts Schlimmeres antun konnte, als zu schweigen. Fast gefiel ihr das, aber sie war gekommen, um mehr zu tun als das. Noch einmal ließ sie ihn warten, beobachtete, wie hilflos er ihr gegenübersaß. Dann beendete sie die Stille.

»Was ist damals geschehen?«

Sie spürte, dass der Mann ihr gegenüber völlig konsterniert war. Er blickte wieder zum Glasschrank, in dem sich Getränke befanden. Offenbar war ihm danach, sich etwas daraus zu holen, aber er unterließ es dann doch und sah sie an.

Marina Winkler hatte sich auf diesen Augenblick vorbereitet. Sie trug einen schwarzen Blazer, der ihre blonden Haare gut zur Geltung brachte, dazu eine dunkelblaue Jeans und hochhackige Schuhe, so wie auf der Arbeit. Sie war nicht zu dezent geschminkt, aber auch nicht übertrieben. Gut eine halbe Stunde hatte sie vor dem Spiegel verbracht, bis sie sich in ihrem Äußeren wohlfühlte. Fast jugendlich wirkte sie nun, und zugleich seriös und selbstbewusst. Das gab ihr Kraft und blieb offensichtlich nicht ohne Eindruck auf Peter Baumann, der mit seiner schlichten, unmodischen, in die Jahre gekommenen Kleidung, den ergrauten Haaren und seinem verwirrten und zugleich müden Blick so wirkte, als hätte er sein Äußeres schon länger vernachlässigt.

»Ich weiß nicht, was Sie von mir wollen«, sagte er, und als sie fortfuhr, ihn nur anzublicken, fehlten ihm die Worte. Erneut war er unfähig, etwas zu sagen.

»Machen Sie sich nicht lächerlich. Sie wissen ganz genau, was ich will«, konterte Marina Winkler mit ruhiger Stimme.

Wieder zögerte Baumann. Wieder blickte er zum Glasschrank.

»Wer ist Richard Vollmer?«, fragte sie nur und war sich bewusst, dass sie Baumann mit dieser Frage endgültig jede Art von Flucht verbaut hatte.

Der sah fast apathisch zu Boden. »Sie wissen?«, fragte er.

»Eine unsinnige Frage«, stellte Marina Winkler nüchtern fest.

Baumann nickte, während seine Augen noch immer ins Nichts starrten. Einen kurzen Moment schien er völlig abwesend zu sein, aber dann nickte er erneut.

»Ja«, sagte er leise. »Vielleicht ist es ja gut so. Dass wir uns endlich sehen. Dass Sie endlich erfahren ...« Er blickte zu ihr. »Vielleicht auch, dass Sie verstehen, warum alles so geschehen ist.«

Sie erwiderte seinen Blick. »Ich will die Wahrheit hören, endlich, nach all den Jahren.«

»Ja«, sagte er zaghaft und gedankenversunken. »Es war mir immer klar, dass dies einmal so geschehen würde. Aber wenn die Jahre vergehen, verdrängt man das und rechnet bald gar nicht mehr damit. Es ist seltsam.« Er schaute auf. »Möchten Sie nicht doch etwas trinken?«

Sie nickte. »Ein Wasser.«

»Gut«, sagte er, ging zum Schrank, nahm ein Glas heraus, verschwand kurz in der Küche, kam zurück und stellte es ihr gefüllt auf den Tisch. »Ich habe leider nur Leitungswasser«, entschuldigte er sich. Dann ging er erneut zum Schrank, goss sich einen Whisky ein und setzte sich wieder in den Sessel. »Also gut«, sagte er schwerfällig.

»Wie kann es sein, dass es meinen Sohn zweimal gibt? Was ist damals geschehen? Und warum weiß ich nichts davon? Was ist das für ein kranker Geist, der Frauen und ihre Kinder zu Versuchskaninchen macht?«

Marina Winkler hielt inne. Sie hatte so viele Fragen. Zu viele, um sie alle auf einmal zu stellen. Aber sie hatte sich geschworen, nicht eher zu gehen, bis sie alle beantwortet waren. Sie blickte zu Peter Baumann und spürte, dass der seine Lage erkannt hatte. Es war ihm wohl klar geworden, dass er sich nun nur noch in sein Schicksal ergeben konnte, dass es keinen Ausweg mehr gab, dass er nicht umhin kam, sich trotz all der ihn belastenden, unangenehmen, peinlichen Details darauf einzulassen, ihre gemeinsame Geschichte zu erzählen. Sein Geheimnis war aufgeflogen, und es war unsinnig zu hoffen, noch irgendetwas verbergen zu können. Marina Winkler sah ihn an und meinte zum ersten Mal so etwas wie Scham an ihm zu erkennen.

»Ich muss weit in der Vergangenheit beginnen«, sagte er schließlich. »Ich möchte nicht nur, dass Sie die Wahrheit über die Versuche erfahren, Ich möchte Ihnen auch verständlich machen, warum ich das alles getan habe. Ich erwarte nicht, dass Sie mir verzeihen. Aber vielleicht gelingt es mir, Ihnen verständlich zu machen, warum alles so geschehen ist.«

Bei dem Wort »Versuche« zuckte Marina Winkler kurz zusammen. Doch zugleich war sie zuversichtlich, dass Baumann sie nicht belügen würde. Er würde verstanden haben, dass es nicht mehr möglich war, irgendetwas zu verbergen.

»Gut. Erzählen Sie. Und wenn es nötig ist, gehen Sie weit zurück in die Vergangenheit. Wir haben Zeit. Aber versuchen Sie gar nicht erst, mir etwas zu verschweigen oder mir Märchen zu erzählen. Dafür ist es nun zu spät.«

Peter Baumann nahm einen großen Schluck aus seinem Glas und stellte es dann zurück auf den Tisch. Er schaute lange zu Boden, ohne etwas zu sagen, als würden ihm die Worte nicht mehr einfallen. Dann endlich begann er. Mit leiser Stimme.

»Glauben Sie an so etwas wie Schicksal«, fragte er und sah zu Marina Winkler. Doch die antwortete ihm nicht, gab ihm vielmehr mit einem Blick zu verstehen, dass er weitersprechen sollte. Peter Baumann nickte.

»Sie halten mich jetzt für pathetisch. Vielleicht ist es ja so. Aber ich habe all die Geschehnisse immer wieder Revue passieren lassen und kam oftmals zu dem Gedanken, dass alles genau so kommen musste. Zu jener Zeit, als wir uns trafen, schien es mir, als hätte ich all die Jahre alles richtig gemacht. Ich war ein sehr erfolgreicher Reproduktionsmediziner geworden und war überzeugt davon, dass mir mein Jugendtraum gelingen würde. Ich wollte immer etwas Außergewöhnliches tun und selbst einer der großen, aufsehenerregenden Forscher und Entdecker werden. Anfang der 90er Jahre war dies für mich kein Traum mehr. Ich war angekommen. Ich besaß das Wissen und die Möglichkeiten, das Große, das Neue zu wagen. Also wagte ich es. All die Jahre der Demütigung und des Kampfes waren nun vergangen. Die Welt würde mich als den akzeptieren, der ich immer sein wollte.«

Gedankenversunken blickte Baumann zu Boden.

»Ich kam 1955 zur Welt, in jener muffigen Zeit, die nach einer langen Phase des Kriegs und der Entbehrungen den Konsum für sich entdeckte und die Vergangenheit möglichst vergessen wollte. Mein Vater war Schreiner. Er verdiente nicht viel. Und meine Mutter konnte mit uns vier Kindern keine Arbeit aufnehmen. Wir lebten in einem Mietshaus, das in den Zwanzigern erbaut worden war. Als Kind nahm ich nicht wahr, in welch einfachen Verhältnissen ich aufwuchs. Ich glaube, für Kinder ist die Umgebung, in die sie hineingeboren werden, immer die richtige. Sie hinterfragen das nicht. Für mich gab es damals keinen Kindergarten, wie man das heute hat, und so spielte ich mit den Jungs aus dem Wohnblock. Ich war durchaus geschätzt bei ihnen, weil ich gut Fußball spielen konnte. Und ich fühlte mich wohl in dieser Zeit, hatte überhaupt keine Vorstellung von meiner Zukunft. Täglich traf ich mich mit den Freunden, und wir lebten in den Tag hinein. Wenn ich heute alte Fotos sehe, kommt es mir vor, als wäre dieser Junge auf dem Bild ein Fremder. Ich scheine nichts mit ihm gemeinsam zu haben. Und wenn ich mich zu erinnern versuche, wer ich damals gewesen bin, ist da nicht mehr als eine kleine Zahl von Szenen, die sich mir bildhaft eingeprägt haben. Meist sind es räumliche Eindrücke: unsere Wohnung; der Rasenplatz vor dem Haus, auf dem wir Fußball spielten; unser erster Klassenraum. Und natürlich erinnere ich mich an meine Eltern, Geschwister und die Freunde. Aber es sind immer nur kleine Szenen, die sich in meinem Gedächtnis erhalten haben. In der Grundschule stellte sich heraus, dass ich eine außergewöhnliche Begabung für das Rechnen besaß, und so sprachen sich meine Lehrer am Ende dieser Zeit dafür aus, dass ich aufs Gymnasium gehen sollte. Das war damals ganz unüblich für die Kinder kleiner Leute. Ich war voller Neugier auf diese neue Schule und empfand es als großes Lob, dort aufgenommen zu sein. Doch der Übergang dorthin brachte mich in eine schauderhafte Welt. Schnell machte man mir klar, dass ich dort nicht hingehöre. Meine Mitschüler kamen aus einem ganz anderen Milieu. Ihre Eltern waren Anwälte, Ärzte, Kaufleute, also Menschen mit Geld, die sich ihres besonderen Status bewusst waren und dieses elitäre Denken an ihre Kinder weitergaben. Es dauerte keine zwei Tage, und ich hatte meinen Spitznamen weg: Schreiner. Diese Mitschüler nannten mich nicht bei meinem Namen, nicht Peter und auch nicht Baumann. Schreiner war nun mein Name. Ich war Peter Baumann, und sie nannten mich Schreiner, nach dem Beruf meines Vaters, einem Beruf, der bei ihnen nicht angesehen war, einer von ganz unten, einer, der nicht zu ihnen gehörte. Ich war nicht mehr Peter Baumann. Ich war Schreiner. Immerhin nannten wenigstens die Lehrer mich bei meinem richtigen Namen. Doch auch einige von ihnen ließen mich spüren, dass ein Handwerkerkind hier nichts zu suchen hatte. Aus so einem konnte nichts werden. Dass ich in Mathematik und in den Naturwissenschaften mit Abstand der Beste von allen war, brachte mir nur Neid ein. Dafür hatte ich dann in den Sprachen meine Probleme, worüber sich einige Mitschüler gern lustig machten. Ich hätte Nachhilfeunterricht in Latein gebraucht, aber meine Eltern konnten sich so etwas nicht leisten. Irgendwie gelang es mir, mich durchzumogeln. Grammatik hat etwas Logisches, und so konnte ich mich durch die Sprachen retten. In diesen Jahren wandelte sich vieles in mir. Das unbeschwerte Leben der Kindheit war vorüber. Täglich ließ man mich darunter leiden, dass ich angeblich nichts wert sei. Es gab für mich nur zwei Möglichkeiten, damit umzugehen: zu kapitulieren, oder besser zu sein als die anderen, um mich wenigstens über meine Leistung behaupten zu können. Und das tat ich. All meine Verzweiflung und mein Zorn, den ich nicht zum Ausdruck bringen konnte, schufen die Kraft, in der Schule zu bestehen, gegen alle Widerstände. Und zugleich erwuchs in mir der Wunsch, es all diesen grässlichen Gestalten zu zeigen. Etwas Großes zu tun, das sie alle in den Schatten stellen würde. So etwas, wie es Galilei, Kopernikus, Kolumbus, Newton getan hatten. Ich würde nicht mehr Schreiner sein, sondern Peter Baumann. Ich würde mir einen Namen machen. Meinen eigenen Namen. Ich würde ihn wieder hervorholen und mit Stolz tragen können. Ich würde nicht mehr ärmlich und unwürdig sein.«

Er hielt inne und sah hinüber zu Marina Winkler. Sie hatte ihm aufmerksam zugehört, und fast schien sie Sympathie zu empfinden für jenen Jungen aus einfachsten Verhältnissen, dessen Jugend darin bestanden haben musste, sich zu behaupten. Doch sie war hier, um anderes zu erfahren.

»Kommen Sie zurück zu unserer Geschichte.«

»Aber ja«, antwortete Peter Baumann, Während all der Zeit war seine Stimme leise gewesen, so als ob das die angemessene Art sei, über Erinnerungen zu sprechen. Und auf eben diese Weise fuhr er fort.

»Nach dem Abitur musste ich zur Bundeswehr. Ich hatte nicht vor, mich zu verpflichten, Zeitsoldat zu werden, obwohl das ein verhältnismäßig gutes Einkommen und Sicherheit bedeutet hätte. Ich begriff schnell, dass man dort ein Rädchen im großen Getriebe wurde, etwas, das auf Befehl zu funktionieren hatte. Die ersten Wochen waren stumpfer Drill. Immerhin lebte ich hier mit Männern zusammen, die wie ich aus einfachen Verhältnissen stammten. Doch durch meine Art zu lernen, meine Art zu denken, blieb ich ihnen fern. Sie konnten nichts mit mir anfangen, ließen mich aber wenigstens in Ruhe, da sie irgendwie Respekt vor mir hatten. Für sie war ich jemand, der ganz offensichtlich aus ihrer Welt kam und doch anders war als sie. In diesen zwei Jahren hatte ich genug Zeit, darüber nachzudenken, was ich künftig tun würde. Ich dachte an Astronomie, weil ich wusste, dass es hier noch viel zu entdecken gab und sich gute Mathematiker besonders für diesen Wissenschaftsbereich eigneten. Das hatten die letzten hundert Jahre der Astronomie gezeigt. Physik wäre in Frage gekommen, vor allem Grundlagenforschung. Erst spät wurde ich auf die neuen Entwicklungen in der Biologie aufmerksam. Die Entdeckung der DNS empfand ich als großen Durchbruch, und ich hatte schon damals genug Fantasie, mir vorzustellen, welche Konsequenzen es haben würde, wenn man das Erbgut verstehen und bewusst verändern könnte. Hier warteten nicht nur große Entdeckungen, sondern große Möglichkeiten, diese Welt zu verändern. Natürlich begeisterten mich nach wie vor die Rätsel des Kosmos und die ersten Versuche des Menschen, ins All aufzubrechen. Aber mir war auch klar, dass die großen Entdecker der Zukunft nicht mehr in Karavellen über das Meer fahren würden, sondern die Welt im Labor eroberten. Nicht mehr den Makrokosmos, sondern den Mikrokosmos galt es zu erobertern. Kurz: Direkt nach der Bundeswehr ging ich zunächst nach Berlin, dann nach Heidelberg, studierte Biologie und konzentrierte mich sehr schnell auf Gentechnik. Ich musste nebenbei in Fabriken arbeiten, um mein Studium zu finanzieren. Doch bald fand ich Professoren, die meine Begeisterung für dieses Studium bemerkten und mich förderten, durch Stipendien und durch Möglichkeiten, an den aktuellen Forschungen teilzunehmen. Dabei interessierte mich besonders die Reproduktionstechnik. Das war die Wissenschaft der Zukunft. Hier konnte man Dinge tun, die andere nicht zu tun wagten, so wie es auch die großen Entdecker der Vergangenheit auf ihre Weise getan hatten. Ich war dabei, etwas Wesentliches zu tun, war auf dem Weg, einmal zu den ganz Großen zu gehören. Endlich war es mir möglich, mich von den anderen abzuheben, etwas Besonderes zu sein, mir einen Namen zu machen, etwas darzustellen. Mir war klar, dass man die Natur und selbst den Menschen neu definieren konnte. Mit dem gezielten Eingriff in das Genom würde es möglich sein, Krankheiten auszuschalten, genetische Schwächen, die sich in den letzten Jahrhunderten angesammelt hatten, zu korrigieren, ja aus dem Menschen etwas ganz Neues zu machen, ihn genetisch zu verbessern. Ich war begeistert von dem Gedanken, dass es bald möglich sein würde, Menschen einer ganz neuen Art zu schaffen, für welche das Wort Mensch vielleicht gar nicht mehr zutreffend sein würde. Viele Gentechniker forschten damals an harmlosen Dingen wie der Herstellung resistenter Pflanzen. Natürlich würde das für die zukünftige Ernährung der Menschheit wichtig werden. Doch mich interessierte von Beginn an die Forschung am menschlichen Genom. In den 80er Jahren entwickelten sich Techniken der künstlichen Befruchtung bis hin zum Verfahren der Mikro-Injektion. Erste Formen der Präimplantationsdiagnostik wurden erprobt. Mehr und mehr Merkmale des Menschen ließen sich an bestimmten Genen lokalisieren. Noch war es nicht möglich, unmittelbar in diese Genstrukturen einzugreifen, wie es nun seit einigen Jahren praktiziert wird. Aber man war in der Lage, befruchtete Eizellen im Reagenzglas anzuzüchten und im Achtzellstadium einer Prüfung auf bestimmte Merkmale zu unterziehen, bevor man die genetisch Besten oder wünschenswertesten in die Gebärmutter implantierte.«

Marina Winkler konnte nicht anders, als ihn zu unterbrechen.

»Ich war für Sie also vorrangig eine Gebärmutter für Ihre Forschung«, stellte sie fest. »So etwas wie eine Leihmutter. So nennt man das doch heute.«

Peter Baumann schüttelte den Kopf. »Verzeihen Sie mir meine wissenschaftliche Ausdrucksweise. Aber es ist nicht so, wie Sie denken. Sie vergessen etwas ganz Wesentliches: Ihren Kinderwunsch. Sie sind damals zu mir gekommen, weil Sie auf natürlichem Wege nicht schwanger werden konnten. Und glauben Sie mir, es war damals weder leicht noch unproblematisch, Ihnen zu helfen. Daran können Sie sich doch noch erinnern?«

»Sicherlich. Für mich war es eine Tortur. Die Hormonbehandlungen. Die Untersuchungen. All das war so unnatürlich. Aber mein Wunsch war größer, und so bin ich diesen Weg gegangen. Ich habe mich damals oft als medizinisches Objekt gefühlt, nicht als junge Frau, die sich ein Kind wünscht. Daran erinnere ich mich nun, wenn Sie auf diese Weise über die Dinge sprechen.«

Sie schaute zu Baumann und bemerkte seine Unsicherheit.

»Sie haben all dem zugestimmt«, stellte er nach einigen Sekunden des Schweigens leise fest.

»Aber dem, was Sie dann getan haben«, erwiderte sie mit Verbitterung in der Stimme, »habe ich nicht zugestimmt. Und nun möchte ich wissen, was damals wirklich geschehen ist.«

»Ich war fasziniert davon, Dinge zu tun, die bislang nicht möglich waren«, sagte Peter Baumann.

Marina Winkler beobachtete, wie sein Blick abschweifte, als würde er tief in die Vergangenheit blicken.

»Künstliche Befruchtung war solch eine faszinierende Sache. Und natürlich die immer genauere und vielfältigere Auswahl von genetisch vorherbestimmten Dispositionen des neuen Menschen. Längst hatte ich damit begonnen, für all jene Merkmale, die man bereits analysieren konnte, Qualitätskriterien zu entwickeln. Ich wusste um Krankheiten, die man vermeiden konnte, sowie um Eigenschaften, die ich für erstrebenswert hielt. Wenn es darum ging, aus einer Gruppe von Embryonen einen für die Implantation auszuwählen, kamen diese Kriterien zum Einsatz. So bin ich auch in Ihrem Fall vorgegangen. Das Labor in Heidelberg galt damals als eines der besten der Welt, die technischen Einrichtungen, die Geräte waren auf dem neuesten Stand. Ich hatte dort die optimalen Bedingungen für meine Forschungen, und so arbeitete ich an der Entwicklung einer Methode, die genetisch immer hochwertigere Embryonen zum Ziel hatte. Diesen Gedanken verfolgte ich auch, nachdem Sie mich baten, Ihnen zu helfen. Ich war wie jeder gute Mediziner von diesem Wunsch geleitet. Und ich tat es auf bestmögliche Weise, mit neuester Technik und mit der Absicht, Ihnen zu einem bestmöglichen Kind zu verhelfen.«

»Das haben Sie mir nie gesagt. Der Gedanke allein ist sonderbar: ein bestmögliches Kind?«

»Sie haben mich nie danach gefragt.«

»Hätten Sie mir damals eine Antwort gegeben?«

»Wohl nicht«, antworte Baumann leise. »Ich habe das getan, was ich für gut hielt, ohne zu fragen.«

»Aber Sie haben letztlich etwas getan, dem ich nie zugestimmt hätte.« Wieder bemerkte Marina Winkler an Baumann jenen abwesenden Blick in die Vergangenheit.

»Ich wollte Dinge tun, die nie ein Mensch zuvor getan hatte. Ich wollte das Außergewöhnliche tun. Wenn man dazu in der Lage ist, eine Grenze zu überschreiten, muss man es tun. Nie wieder wird sich eine solche Gelegenheit eröffnen. Wäre Kolumbus 1492 nicht nach Westen aufgebrochen, hätte es Jahre später jemand anderes getan. Es war an der Zeit, Großes zu wagen.« Peter Baumann nahm noch einen Schluck aus seinem Glas. »Ich war damals längst nicht nur in der Lage, Eizellen im Reagenzglas mit Samenzellen zu befruchten, sondern auch, die so entstandenen Embryonalzellen wachsen zu lassen. Man konnte im Mikroskop dabei zusehen, wie sich eine solche Zelle teilte und weiterentwickelte. Im Achtzellstadium begann ich dann mit der Diagnose dieser Zellen. Gleichzeitig wuchs der Wunsch, solche Zellen zu klonieren. Es gab keine Erfahrungen damit. Und es war auch nicht erforscht, wie sich klonierte Eizellen entwickelten, wenn man sie implantierte. Ich selbst hatte da keine Bedenken, denn mir war klar, dass bei einem solchen Vorgehen in der Schwangerschaft nicht mehr und nicht weniger Probleme zu erwarten waren als bei jeder künstlichen Befruchtung. Also beschloss ich, es zu tun. Der Gedanke, auf künstlichem Wege zwei genetisch völlig identische Menschen zu schaffen, faszinierte mich über alle Maßen. Das hatte noch niemand getan. Und zum ersten Mal würde nun ein Forscher die Möglichkeit haben, die Entwicklung zweier genetisch identischer Menschen zu verfolgen. Und endlich die Frage klären, ob es die genetischen Vorgaben sind, die das Leben eines Menschen bestimmen, oder ob die äußeren Einflüsse im Laufe der Entwicklung größere Bedeutung haben als die genetische Disposition. Welch ein Forschungsprojekt. Endlich würden wir erfahren, auf welchen Grundlagen sich die Persönlichkeit eines Menschen entwickelt.

So fasste ich den Entschluss, eine qualitativ hochwertige befruchtete Eizelle zu erschaffen, sie zu duplizieren und damit zwei Frauen zur Schwangerschaft zu verhelfen, die sich mit einem Kinderwunsch an mich gewandt hatten.«

»Und das war damals schon möglich«, stellte Marina Winkler fest.

»Bis heute würde man offiziell behaupten, dass es nicht möglich war«, sagte Baumann und lächelte. Dann fuhr er fort.

»Diese beiden Frauen wählte ich sehr bewusst aus. Sie mussten absolut verlässlich, klug und leistungsfähig sein. Zwei Frauen, denen man zutraute, gute Mütter zu werden. Absolute Geheimhaltung war notwendig, denn alles andere hätte das Experiment verfälscht. Die Frauen erfuhren also nichts von der Tatsache, dass es zwei genetisch identische Föten gab. Die beiden Kinder mussten getrennt voneinander aufwachsen. Die Mütter durften nichts voneinander wissen. Ich dachte mir, es würde ausreichen, wenn eine von ihnen im Osten Deutschlands, eine im Westen wohnte, sie also gut fünfhundert Kilometer auseinander lebten. Größer durfte die Distanz aber auch nicht sein, denn da es mir wichtig war, die Entwicklung der Kinder nach ihrer Geburt zu beobachten, musste ich beide schnell erreichen können. Beide Schwangerschaften verliefen ohne Komplikationen. Zwei identische Kinder kamen in Deutschland zur Welt. In den ersten Jahren konnte ich beide mit dem Einverständnis der Mütter untersuchen. Sie erinnern sich. Ich habe Ihnen damals oft auch als Kinderarzt geholfen. Was Sie nicht wissen konnten: Das tat ich auch für die zweite Mutter. Und ich stellte fest, dass sowohl die kognitive als auch die körperliche Entwicklung bei beiden Kindern identisch verlief. Auch typische Kinderkrankheiten bekamen die beiden nahezu zeitgleich. Sie werden vielleicht glauben, dass diese beiden Jungen für mich nur ein Versuchsobjekt waren, aber das ist nicht so. Ich entwickelte zu beiden in diesen Jahren eine herzliche Beziehung, vielleicht fast so, wie es ein Vater tun würde, und manchmal litt ich sogar darunter, sie nicht sehen zu können.«

»Wer ist die andere Mutter?«, unterbrach ihn Marina Winkler.

»Es hilft nichts, wenn Sie ihren Namen erfahren. Sie ist vor zwei Jahren bei einem Autounfall ums Leben gekommen.«

»Ich möchte ihn trotzdem erfahren.«

»Ich schreibe Ihnen gleich alles auf. Aber ich möchte die Geschichte zunächst zu Ende bringen.«

»Sagen Sie mir zuvor noch eins«, warf Marina Winkler ein. »Waren Sie überhaupt in der Lage, die beiden Kinder zu unterscheiden, also jedem von ihnen individuelle Gefühle entgegen zu bringen? War die herzliche Beziehung, wie Sie es genannt haben, auch eine individuelle Beziehung? Und was mir völlig absurd erscheint: Wie konnten Sie mit all den Heimlichkeiten leben; und wie den Müttern in die Augen sehen, die Sie betrogen hatten?« Sie sah erneut zu Peter Baumann und bemerkte, dass ihre Worte nicht ohne Wirkung geblieben waren.

»Betrug ist ein hartes Wort. Ich habe Ihnen etwas vorenthalten. Aber ich habe Sie auch in Ihrem Kinderwunsch unterstützt und Ihnen geholfen, als das Kind auf der Welt war. Das ging sogar noch weiter, als wir uns nicht mehr gesehen haben. Über die Jahre habe ich die beiden Jungen beobachtet. Beide besitzen eine besondere mathematische und technische Begabung, und sie erwiesen sich in der Folgezeit als äußerst fähige Jungen. Im Fall von Richard habe ich unbemerkt dafür gesorgt, dass einflussreiche Wissenschaftler auf ihn aufmerksam wurden. Bei Jan waren meine Einflussmöglichkeiten gering. Er wählte ein Studium, bei dem ich wenig vermitteln konnte. Und etwas in ihm bewirkte, dass er die Menschen häufig brüskierte und somit beruflich wenig erfolgreich war. Es gibt diese psychische Disposition auch bei Richard Vollmer. Beide zeigen einen recht ausgeprägten Narzissmus. Ich bin kein Psychologe, habe mich aber in die Dinge eingelesen, um diesen Seelenzug, den ich bei beiden beobachtete, zu verstehen. Auch bei Richard Vollmer äußert sich das darin, dass er Menschen vor den Kopf stößt. Das bestärkt mich in der Annahme, dass auch psychische Dispositionen vererbbar sind.«

»Narzissmus?«, unterbrach ihn Marina Winkler. »Was, glauben Sie, geschieht, wenn einer der beiden durch Zufall die Existenz des anderen entdeckt?«

Baumann schaute sie verwirrt an.

»Wird er dann erfreut sein und Bruderliebe entwickeln? Oder wird er in dem anderen schlicht einen Konkurrenten um die eigene Einzigartigkeit sehen?«

»Was reden Sie da?«

»Ich rede von dem, was in diesen Tagen geschieht.«

Baumanns Blick verriet ihr, dass er nichts von dem wusste, was sich ereignet hatte.

»Mein Sohn hat durch Zufall einen Aufsatz in einer Fachzeitschrift für Genetik entdeckt und das Bild eines Mannes gesehen, der ihm äußerlich gleicht. Jan hat recherchiert und in kürzester Zeit einiges über diesen Richard Vollmer erfahren. Er hat hier in Berlin unbemerkt einen seiner Vorträge besucht. Und er beobachtet ihn weiter.«

Peter Baumann stand auf und ging zum Fenster. Dann schaute er wieder in den Raum, ohne dass seine Augen ein Ziel hätten, sah dann zu Marina Winkler, die seinen Blick erwiderte und eine Reaktion erwartete.

»Ich habe immer daran gedacht, dass dies einmal geschehen könnte«, sagte er, »mir aber nie vorstellen können, was dann sein wird.« Er ging langsam durch den Raum und setzte sich zurück in den Sessel.

»Sie beobachten diese beiden Menschen seit dreißig Jahren und haben nun keinen blassen Schimmer, was geschehen könnte?«

Peter Baumann schüttelte den Kopf. »Nein, ich wollte damit sagen, dass ich immer gehofft habe, dass dies nicht geschieht. Denn über die Jahre konnte ich beide Charaktere gut einschätzen lernen, und deshalb fürchte ich ...«

»Was fürchten Sie?«, drängte Marina Winkler und beobachtete, wie Baumann ein weiteres Mal zu seinem Glas griff. »Sie haben zwei identische Wesen geschaffen. Es muss Ihnen von Anfang an klar gewesen sein, dass diese beiden irgendwann aufeinander treffen werden. Sie sind der Schöpfer dieser beiden Klonzwillinge; so muss man sie ja wohl nennen. Sie sind nun mitverantwortlich für das, was jetzt geschehen wird. Wie war das doch gleich? Sie wollten Dinge tun, die nie ein Mensch zuvor getan hatte. Sie wollten das Außergewöhnliche tun. Wenn man dazu in der Lage sei, eine Grenze zu überschreiten, müsse man das tun. Nie wieder würde sich eine solche Gelegenheit eröffnen. Nicht wahr? Sie haben diese Grenze überschritten, und nun ist der Augenblick gekommen, in dem Ihnen die Sache endgültig aus dem Ruder läuft. Sie werden mitansehen müssen, was Ihre Geschöpfe nun tun. Aber was werden sie tun? Werden sie sich darüber freuen, einen Bruder zu haben? Oder werden sie den jeweils anderen verachten, weil er ja kein richtiger Bruder ist? Im Gegenteil: Er ist ein Angriff auf das eigene Ego.«

Peter Baumann war im Sessel zusammengesunken. »Ich bin mir nicht sicher«, sagte er leise. »Aber ich habe kein gutes Gefühl.« Er schwieg für einen Augenblick. »Bitte bringen Sie diese Dinge nicht an die Öffentlichkeit.«

»Dafür gibt es einen Preis«, stellte Marina Winkler nüchtern fest. »Sie greifen nicht in das Geschehen ein. Und schon gar nicht zu Gunsten von Richard Vollmer, der ja nur wenige Häuser von Ihnen entfernt wohnt.«

Baumann schaute überrascht auf. Dann nickte er.

»Aber ich verlange noch mehr von Ihnen«, fuhr sie energisch fort. »Etwas, das Sie mir von Anfang an vorenthalten haben. Eine Antwort. Ich will endlich wissen, was damals geschehen ist. Wie sind jene beiden Embryonalzellen entstanden, aus denen schließlich Jan Winkler und Richard Vollmer wurden?«

Erwartungsvoll und entschlossen sah sie Peter Baumann an, der fast apathisch ins Nichts schaute. Sie ließ ihren Blick nicht von ihm, bis er langsam zu sprechen begann. »Als ich die Eizellen von Diana Vollmer untersuchte, musste ich feststellen, dass diese für eine künstliche Befruchtung kaum geeignet waren. Im Grunde konnte ich ihr nicht helfen. Dann kam mir der Gedanke, mit einer fremden Eizelle zu arbeiten, genauer gesagt: ihr eine Embryonalzelle zu implantieren, die durch Befruchtung einer fremdem Eizelle entstanden war. Ich konnte ihr nur dadurch helfen, dass ich etwas Außergewöhnliches tat. Deshalb habe ich Sie ausgewählt.«

Marina Winkler musste um ihre Fassung ringen. »Das bedeutet...«, stellte sie entsetzt fest, »dass ich Richard Vollmers genetische Mutter bin.«

Baumann nickte und sah zu Boden. «Diana Vollmer hat nie davon erfahren.«

»Und wer ist der Vater?« Marina Winkler hatte diese Frage in den Raum geworfen, und nun nahm sie wahr, wie Baumann langsam aufblickte und sie anschaute. Es war nicht mehr nötig, dass er noch etwas sagte. Sie hatte verstanden.

VIII

»Going to Africa. Hope I don't get Aids. Just kidding. I'm white.«

Julia hatte die wenigen Worte vorgelesen, und Richard Vollmer schaute ratlos auf den Bildschirm.

»Was ist das?«, fragte Sonja, nachdem sie ebenfalls ins Zimmer gekommen war. Sie hatte den Wagen vor ihrer Wohnung geparkt und die ersten zwei Minuten des Gesprächs nicht mitbekommen.

»Ein Tweet«, antwortete Julia, schaute zu ihrer Schwester und dann wieder auf das Display des Notebooks. »Ein Tweet, der binnen weniger Stunden um die Welt gegangen ist. Abgeschickt von einem gewissen Richard Vollmer.«

»Ich bin gar nicht bei Twitter angemeldet«, stellte Vollmer sachlich fest.

»Das war wohl auch nicht nötig. Das hat jemand anderes für dich getan.«

»Geht das so einfach?«

»Für jemanden, der sich auskennt ...«

Vollmer setzte sich auf den Stuhl neben sie und starrte ebenfalls auf den Bildschirm.

»Aber wie kann sich so etwas verbreiten?«, fragte Sonja und schaute ihrer Schwester über die Schulter. »An wen wurde das geschickt?«

»Du brauchst eine Gruppe von Followern. Notfalls kannst du dir die einkaufen. Das funktioniert genauso wie mit den Likes, die sich manche buchen, um uns vorzugaukeln, sie hätten Tausende Freunde auf Facebook. Diese Follower schicken eine Nachricht an möglichst viele andere weiter. Vielleicht geben sie auch schon einen Kommentar dazu ab. Die Empfänger dieser Nachricht werden andere auf den Tweet hinweisen und mit Empörung auf ihn reagieren. Das wiederum erzeugt entsprechende Reaktionen bei denen, die diese Nachricht erhalten. Und diese anderen empören sich ebenfalls. So entsteht eine Lawine. Bei Twitter geht das schnell. Viele Worte darf ein Tweet eh nicht haben. Also entstehen kurze, zugespitzte Äußerungen des Entsetzens. Über eine offenbar rassistische Äußerung: »Ich reise nach Afrika. Hoffentlich bekomme ich kein Aids. Aber keine Angst. Ich scherze nur. Schließlich bin ich ja weiß.« Das zielt eindeutig auf rassistische Klischees, konkret auf das angebliche Sexualverhalten der schwarzen Bevölkerung in Afrika. Irgendwelche Blogger und selbsternannte Aktivisten gegen Rassismus verbreiten die Meldung nun auch auf anderen Plattformen und verurteilen sie.«

Julia sah zu Richard Vollmer.

»Die prüfen nicht, ob du das tatsächlich geschrieben hast. Die recherchieren und entdecken, dass dieser Richard Vollmer ein prominenter Gentechniker ist, der an neuen, in ihren Augen fragwürdigen Dingen forscht. Dann lesen sie vielleicht noch einen Satz über den neuen Menschen, den du in irgendeinem Zusammenhang über Transhumanismus gesagt hast, ordnen dich als elitären Rassisten ein, und schon ist ein Bild von dir komplett, das zurzeit millionenfach über das Internet verbreitet wird.«

Vollmer sah immer noch fassungslos auf sein Notebook. »Was kann ich jetzt tun?«

Julia schüttelte den Kopf. »Natürlich kannst du auf Twitter und Facebook eine Erklärung abgeben. Aber ob das etwas nützt, ist fraglich. Niemand wird dir glauben. Wenn die Empörungswelle erst einmal rollt, ist sie nicht mehr aufzuhalten, schon gar nicht durch irgendwelche Erklärungen, oder gar die Wahrheit.«

Sie hielt kurz inne. »Du solltest Kontakt mit den leitenden Mitarbeitern deiner Firma aufnehmen. Die glauben dir noch am ehesten. Sie werden jetzt reagieren müssen, denn Cambridge Biotech wird ebenfalls unter Beschuss stehen. Die werden mit Tweets und Mails gerade genauso kalt erwischt wie du. Sie müssen irgendwie auf die Vorwürfe gegen ihren Chef reagieren. Wahrscheinlich laufen da gerade die Telefone heiß. Und am anderen Ende sind eure Sponsoren. Ich möchte nicht wissen, wie tief die Aktien deines Unternehmens gefallen sind.«

Vollmer blickte entsetzt auf.

»Klick bitte im Browser auf das Bloomberg-Icon.«

Sekunden später hatte Julia den Chart von Cambridge Biotech auf dem Bildschirm.

»Fast zwanzig Prozent minus seit Öffnung der Börse.«

»Innerhalb weniger Stunden«, stellte Vollmer ernüchtert fest. »Mein Gott.«

»Kannst du in deiner Firma anrufen?«

»Mein Handy ist tot.«

»Nimm das hier.« Julia holte ihr Smartphone aus der Hosentasche und reichte es ihm.

»Ich weiß die Nummer nicht.«

»Das kann doch nicht wahr sein«, sagte Sonja. »Irgendwo musst du die doch aufgeschrieben haben. Du hast doch sicher Visitenkarten.«

»Im Augenblick nicht. Und mein Telefonbuch liegt auf dem Schreibtisch. In meiner Wohnung. Da kommen wir nicht rein.«

»Na großartig!«, stellte Sonja fest und schaute zunächst zu Vollmer, dann zu ihrer Schwester. »Das kann doch alles nicht wahr sein. Man muss doch irgendetwas tun können.«

Julia wandte sich um und blickte sie an. »Das wird nicht leicht.« Sie überlegte einige Sekunden, sah dann zu Vollmer. »Dein Handy ist deaktiviert. Du kommst nicht in die Wohnung. Dein Ausweis wurde gehackt. Deine Kreditkarten auch. Du hast keinen Zugriff auf dein Bankkonto. Wir wissen nicht einmal, ob es vielleicht leergeräumt wurde. Der fremde Angreifer hat Zugang auf deinen E-Mail-Account und beherrscht einen unter deinem Namen eingerichteten Twitter-Account. Wahrscheinlich sind dein Notebook und dein Internet-Zugang ebenfalls gehackt.«

Richard Vollmer nickte. »Du meinst, ich sollte all das nicht mehr benutzen?«

»Richtig. Und selbst wenn du es kannst, solltest du es nicht tun. Dein Angreifer liest mit. Er ist immer schon da, wenn du etwas tust.«

»Ich müsste also mit unbelasteten Geräten und über sichere Kanäle arbeiten.«

Julia nickte. »Ganz genau.« Sie klappte Vollmers Rechner zu, griff sich ihre Tasche, die neben dem Schreibtisch stand, holte ein großes Notebook hervor und schaltete es ein. Sekunden später bauten sich auf dem Bildschirm Symbole auf.

»Was ist das?«, fragte Vollmer, der eine solche Startseite noch nie gesehen hatte.

»Das ist ein gehärtetes Linux-System. Der Rechner hat einen i7 der neuesten Generation an Bord. Ist rasend schnell. Und mit diesem System bist du faktisch unangreifbar. Der Zugriff zum Internet läuft über TOR.«

Vollmer schaute sie verblüfft an. »Wie kommst du an sowas?«

»Gute Freunde. In der Metal-Szene gibt's ne Menge Nerds. Die trauen weder Facebook noch der NSA. Und die richten mir so was ein.«

»Nicht schlecht«, stellte Richard Vollmer anerkennend fest. »Und was machen wir jetzt damit?«

Julia lachte und fuhr sich verspielt durch eine blaue Strähne. »Jetzt retten wir die Welt.«

Eine Stunde später hatten sie sich ein ziemlich vollständiges Bild des Anschlags gemacht. Die Tweets gingen in die Zehntausende. Es waren durchweg Beiträge der Empörung. Oft wurde auch unumwunden verlangt, einen solchen Rassisten nicht straflos davonkommen zu lassen. Die Hexenjagd beginnt, hatte Julia nüchtern festgestellt, nachdem sie zwei Hashtags mit den Titeln #VollmerTranshumanism oder #HasAnyoneSeenTheRacist entdeckt hatte. Auch andere soziale Plattformen waren nun betroffen. Einige Nachrichtenseiten brachten die Geschichte ebenfalls, wenn auch nur als kurze Notiz.

Nachdem es ihnen mit etwas Glück gelungen war, Richard Vollmers E-Mail-Zugang zu öffnen, stürzte auch hier eine Flut von Nachrichten auf sie ein. Darunter eine kurze Mail von Tina Taylor: Mein Gott, schrieb sie, was machen die da mit dir. Melde dich, so schnell du kannst.

In den letzten Stunden hatte Sonja geradezu physisch miterleben können, wie ihr Ex-Freund mehr und mehr die Fassung verlor. Der sonst so strukturierte und selbstbewusste Richard Vollmer wollte versuchen, auf diesen Angriff in irgendeiner Weise zu reagieren, doch er konnte nur mit ansehen, wie man ihn in der Öffentlichkeit Stück für Stück demontierte, ohne dass er auch nur das Geringste dagegen tun konnte. Sie sah ihn jetzt vor dem Notebook sitzen, in sich zusammengesunken, mit rundem Rücken vorgebeugt, entsetzt auf den Monitor starrend, und mit jeder Minute der Recherche schien er ein Stück kleiner zu werden. Sie hatte ihn noch nie so erlebt, so verzweifelt, voll unterdrückter Wut, fast sprachlos, ohne eine blasse Vorstellung davon, was er tun sollte, ausgestoßen aus einer Öffentlichkeit, die ihm keine Gelegenheit zur Rechtfertigung mehr ließ. Das ist alles online, hatte Julia gesagt, aber es wirkt sich auf die Realität aus. Und damit lag sie richtig. Und noch etwas bemerkte Sonja nun. Etwas, das sie nie für möglich gehalten hätte. Dieser so erfolgsverwöhnte, selbstbewusste, aristokratisch auftretende und oft auf andere herabschauende Mann war kurz davor, in Tränen auszubrechen, und zugleich war es ihm unmöglich, dem Gefühl des Schmerzes und der Verzweiflung nachzugeben, zu weinen, zu schreien, mit der Faust gegen den Tisch oder mit dem Kopf gegen die Wand zu schlagen. Etwas tief in seinem Inneren, ein lange eingeprägter Stolz, ein Rest von Zwang, nie das Gesicht zu verlieren, hielt ihn davon ab. Doch für Sonja war all das sichtbar. Sie meinte, an diesem Mann etwas zu entdecken, das sie nie zuvor bemerkt hatte. Diese Beobachtung bedrückte sie so sehr, dass es ihr für einen Augenblick völlig unmöglich war, einen klaren Gedanken zu fassen. Sie empfand plötzlich Mitleid, und zugleich hatte sie eine klare und warnende Erinnerung daran, wie dieser Mann mit ihr umgegangen war.

Julia, ihr Zwilling, ihr Spiegelbild, schien von all den Angriffen auf Vollmer nicht sonderlich irritiert zu sein. Sie hatte die Tastatur des Notebooks übernommen und navigierte getrieben von einer seltsamen Faszination durch die Böen eines Shitstorms, den sie so noch nicht erlebt hatte.

»Wir schauen auf Facebook«, stellte sie fest.

Vollmer hatte die Zugangsdaten im Kopf. Aber die benötigten sie nicht, um die Seite aufzurufen.

Was sie nun sahen, wirkte auf sie wie ein Schlag. Die Seite war vollständig umgestaltet worden. Dort, wo man bislang Hinweise zu aktuellen Veranstaltungen oder Firmennachrichten fand, sah man nun eine Tarotkarte: den Tod. Zur Rechten und zur Linken befanden sich rote, flackernde Kerzen, hämisch grinsende Totenschädel und Pentagramme, die auf dem Kopf standen.

»Was ist das?«, entfuhr es Sonja.

»Die neueste Errungenschaft von Facebook«, antwortete ihre Schwester mit zynischem Unterton. »Eine Seite im Gedenkmodus. Für Facebook-Nutzer, die nicht mehr am Leben sind.«

Sie schalteten das Notebook aus. Julia musste endlich etwas essen, hatte einen Mordshunger, wie sie sagte. Und außerdem wollte sie heute Abend ins Black County. Sonja half ihr, den Tisch zu decken.

Wenig später saßen sie zu dritt zusammen, und die beiden Schwestern machten sich über Brot, Hummus und Avocados her, gossen sich und Vollmer Wein ein, und als sie wie so oft gemeinsam anstoßen wollten, fiel Sonja ein, dass es dazu heute keinen Grund gab. Richard Vollmer hatte sich ebenfalls Brot genommen, legte es aber nun auf den Teller und starrte auf die Maserung der Tischplatte.

»Du kannst heute Nacht hierbleiben«, sagte sie. »Wir fahren gleich zum Konzert. Julia hat mich eingeladen.«

Er nickte nur.

»Vielleicht kannst du schlafen. Zumindest wäre das gut.«

Sie zögerte kurz.

»Der Tag war schlimm«, meinte sie leise. Dann wusste sie nicht mehr, was sie noch sagen sollte. Sie schob die Schalen der Avocado auf einer Seite des Tellers zusammen und sah zu ihrer Schwester

»Wir werden jetzt fahren«, stellte Julia fest. »Wenn du willst, kannst du weiter mein Notebook benutzen. Versuch, mit deiner Firma Kontakt aufzunehmen. Ich glaube, das ist im Moment das Beste, was du tun kannst.«

Vollmer sah sie an.

»Danke«, sprach er leise. »Danke für deine Hilfe.« Er sah zu Sonja. »Für eure Hilfe.«

»Schon gut«, antwortete Julia kurz. Dann stand sie auf, begann den Tisch abzuräumen, ließ aber einiges stehen, für den Fall, dass er doch noch etwas essen würde.

Sonja zögerte, gab sich dann aber einen Ruck, ging zur Garderobe und nahm ihre schwarze Lederjacke vom Haken. Sie schaute Vollmer an und wusste überhaupt nicht, was sie tun sollte.

Julia fasste sie beim Arm. »Alles ok? Können wir los?«

Sonja nickte gedankenverloren.

»Okay?«, fragte sie Vollmer.

Der schaute erneut zu ihr auf. »Es ist gut, wenn ich jetzt eine Zeit lang allein bin«, sagte er.

»Kopf hoch«, meinte Julia und zog ihre Schwester, die noch immer unschlüssig im Flur stand, hinter sich her.

Augenblicke später saßen sie im Wagen, und Sonja starrte durch die Frontscheibe hinaus in eine diffuse Dunkelheit.

»Auf was wartest du?«, fragte Julia auffordernd.

Dann erst ließ Sonja den Motor an.

Einige Minuten sprachen sie kein Wort. Julia sah aus dem Fenster und spielte mit ihren Haaren. Sonja konzentrierte sich ganz auf die Straße. Es war dunkel geworden. Das Licht der Autos spiegelte sich auf dem nassen Asphalt und blendete.

»Woran denkst du?«, fragte Julia schließlich und schaute zu ihrer Schwester. Die zögerte einen Moment, bevor sie etwas sagte.

»Eine schlimme Sache. Hast du so etwas schon mal erlebt?«

Julia schüttelte den Kopf. »Manchmal liest man von solchen Anschlägen. Aber die sind immer weit weg. Man hat nichts damit zu tun, findet das entsetzlich, aber ist nicht davon betroffen und vergisst es schnell wieder. So ein Shitstorm zeigt, wie die Leute drauf sind. Sie halten sich für die Gerechten, für die edlen Träger der Moral, und werfen Holz auf den Scheiterhaufen. In solchen Momenten weißt du, dass der Mensch trotz all des äußeren Fortschritts in seinem Herzen nicht besser geworden ist. Wir leben noch immer im Mittelalter, noch immer in der Steinzeit. Nur dass die Menschen damals mit ansehen mussten, was sie angerichtet hatten. Die digitalen Moralapostel bleiben anonym. Wenn du dich wehren willst, ist da niemand, den du ansprechen kannst. Im Internet gilt nicht die Regel, dass jemand so lange unschuldig ist, bis man ihm eine Tat nachweisen kann. Im Gegenteil: Die Verurteilung kommt unmittelbar. Wenn Monate später nachgewiesen wird, dass das Opfer eines solchen Sturms unschuldig war, ist es längst zu spät. Dieses Opfer ist gesellschaftlich längst tot. Und da die selbsternannten Moralapostel sich nicht eingestehen wollen, dass sie einen Unschuldigen fertiggemacht haben, gibt es auch niemanden, der das Opfer rehabilitiert. Im Gegenteil. Dann heißt es: Vielleicht ist er ja doch nicht so unschuldig ...«

»Meinst du, es wird Richard auch so ergehen?«

»Ziemlich wahrscheinlich.« Julia blickte erneut zu ihrer Schwester. »Was empfindest du noch für ihn?«

Sonja zögerte. »Ich weiß nicht«, sagte sie. »In den letzten Wochen habe ich nur Schmerz verspürt. Und Hass. Aber eben, als ich ihn da so hilflos sitzen sah, tat er mir leid.«

Sie konzentrierte sich wieder auf die Straße. Die Ampel war auf Grün gesprungen. Es ging weiter. »Was meinst du: Sollen wir ihm helfen? Ich meine, über das hinaus, was wir heute getan haben. Oder sollen wir ihn seinem Schicksal überlassen? Ich bin unsicher.«

»Fahr hier rechts«, sagte Julia. »Auf die Otto-Braun-Straße.« Sie wartete, bis ihre Schwester abgebogen war.

»Ich weiß nicht, wie wir ihm noch helfen können. Morgen oder übermorgen kann er wieder in seine Wohnung. Und dann muss er sich selbst um seinen Trümmerhaufen kümmern. Dafür braucht er uns nicht.«

Sonja nickte. »Es ist gut, dass du mich mitgenommen hast. Ich hätte es allein mit ihm in meiner Wohnung nicht ausgehalten. Wer spielt heute? Du weißt, ich kann Metal eigentlich nicht ab.«

»Lissa Black. Ziemlich harter Stoff. Tut mir leid. Da musst du durch. Die haben eine Sängerin, die so aussieht wie Alissa White von Arch Enemy und sich ebenfalls Alissa nennt.«

»Die also so aussieht wie du?«, ergänzte Sonja und konnte das erste Mal an diesem Tag lachen.

»Keine Angst. Ich geh nicht auf die Bühne«, versicherte Julia und begann vielsagend zu lächeln. »Bin doch viel zu scheu für so was.«

Dann sah sie zur Linken den Thälmann-Park. »Such hier mal einen Parkplatz«, sagte sie. »Wir sind da.«

Die beiden schwergewichtigen Türsteher wussten zunächst nicht, was sie davon halten sollten, als Julia und Sonja auf sie zukamen. Die Männer wechselten Blicke, und dann lachte einer von ihnen laut auf.

»Kannst du mir das mal erklären?«, begrüßte er Julia und umarmte sie freundschaftlich.

Sonja verstand nicht, was ihre Schwester mit diesem durchtätowierten Kuttenträger zu tun hatte, der gute dreißig Zentimeter größer war als sie und sicher doppelt so viele Kilos auf die Waage brachte.

Julia befreite sich und umarmte kurz den zweiten, ebenso in schwarzes Leder gekleideten Riesen, der nun auch zu Sonja herüber sah.

»Hast du dich klonen lassen, Julia?«, fragte er.

»Unfug«, antwortete sie und lächelte die beiden Männer an. »Das ist meine Zwillingsschwester. Die darf auch mit rein, oder?«

»Klone sind hier nicht zugelassen«, sagte der eine. »Wir haben da strenge Regeln.«

»Und was ist mit Lissa Black, die heute hier spielt? Die sieht doch auch fast so aus wie ich.«

»Henry, sie hat Recht«, sagte der andere. »Heute haben wir also drei Klone.«

Alle mussten lachen. Nur Sonja konnte mit diesem eigentümlichen Humor nicht so recht etwas anfangen. Henry merkte das und wandte sich an Julia.

»Sagtest du eineiige Zwillinge? Das kann nicht stimmen. Im Gegensatz zu dir hat deine Schwester überhaupt keinen Humor. Stimmt's, Doc?«

Der andere Mann nickte. »Die Nacht der falschen Klone. Was das noch wird. Wie heißt dein Schwesterchen?«

»Das ist Sonja. Sie ist kein Klon. Sie ist genauso einzigartig wie ich. Nur zehn Minuten jünger. Aber Vorsicht. Sie beißt.«

»Wow«, grunzten die beiden Männer wie aus einem Mund, und Sonja bemerkte, dass Henry sie mit ehrlichem Wohlwollen angrinste.

»Los, rein jetzt mit euch, bevor es noch Bisswunden gibt. Es geht jeden Moment los.«

Sonja wollte etwas sagen, aber ihre Schwester ließ ihr keine Gelegenheit, zog sie wenig feinfühlig hinter sich her, und Sekunden später befanden sie sich mitten in einem großen Raum, in dem die Menschen so eng gedrängt standen, dass es für die beiden Schwestern zunächst nicht mehr weiterging. Aus den Lautsprechern dröhnte Metal. Zigarettenrauch hing in der Luft. Rechts bemerkte Sonja eine kleine Bühne. Das war die einzige beleuchtete Fläche im Raum, in grünes Licht getaucht. Julia drängelte sich unsanft durch die Menge, und Sonja folgte ihr. Schließlich hatten sie die Bar erreicht, den zweiten Ort, an dem es noch so etwas wie Licht gab. Sonja warf einen Blick auf die beiden Frauen hinter der Theke. Sie schienen Julia zu kennen und nickten, als die ihnen etwas zurief. Sonja konnte nichts von dem verstehen, und das, obwohl sie unmittelbar neben ihrer Schwester stand.

Noch hatte das Konzert nicht begonnen, aber die Musik aus den Monitorboxen war bereits so laut, dass Sonja es als unangenehm empfand. Sie wandte sich um, konnte die Bühne aber kaum erkennen, da die Leute vor ihr größer waren als sie selbst. Fast alle Männer um sie herum trugen schwarze Lederjacken, einige mit dem Symbol ihres Motorradclubs. Auch die meisten Frauen waren schwarz gekleidet. Einige fielen durch ihre lange blonde Mähne auf. Sonja wurde sich bewusst, dass es bei ihr genauso war. Dann bekam sie einen Stoß von der Seite. Es war Julia gelungen, sich zu ihr durchzudrängeln. Sie drückte Sonja ein großes Glas Bier in die Hand, und beide prosteten sich zu.

In diesem Moment brach auf der Bühne der Lärm los. Und Sekunden später war der Raum in Bewegung. Die ersten Riffs von der Gitarre, die Bass Drum des Schlagzeugs, dann die Becken, die Snare, brachial dann der Bass, direkt in den Magen, und dann Alissa. Es gelang Sonja, einen Blick auf sie zu erhaschen. Und tatsächlich: Diese junge Sängerin sah mit ihren blau-grauen Haaren fast so aus wie ihre Schwester. Sonja wandte sich zu Julia um, vergewisserte sich, dass die noch neben ihr stand. Schaute dann wieder nach vorn und sah gegen eine Wand schwarzer Lederjacken, die den Blick auf die Band unmöglich machte. Noch einmal schreckte Sonja zusammen, als Alissa loslegte. Sonja wusste, dass einige Metal-Gruppen auf gutturalen Gesang setzten, um dem Charakter ihrer Musik mehr Härte zu verleihen. Doch sie hatte noch nie erlebt, dass eine Frau dazu in der Lage. war. Sie sah wieder zu ihrer Schwester, die genau wie die anderen um sie herum wie in Trance in Bewegung geriet. Vorn auf der Bühne hatte sich das unwirkliche, grüne Licht in kaltes Blau gewandelt. Blitze zuckten auf, und Trockeneisnebel wehte herüber.

Sonja wartete zwei, drei Stücke ab, dann wurde ihr das alles zu viel. Sie berührte Julia, gab ihr ein Zeichen, drängelte sich durch die Menge, drückte die schwere Tür auf und stand wieder im Freien. Sie ging einige Meter, blieb dann stehen, hörte die Musik wie aus der Ferne, atmete tief durch und schaute unbewusst nach oben in den klaren Sternenhimmel.

Für einen Augenblick wusste sie nicht mehr, wohin sie gehörte und was geschehen würde.

Sie setzte sich auf eine niedrige Mauer und wartete.

Sonja hatte nicht bemerkt, dass da noch jemand war, der nun auf sie zukam.

»Na. Keine Lust mehr?«, fragte der Mann.

Sie schaute auf und sah Henry, der ein Glas Bier in der einen und eine Zigarette in der anderen Hand hielt. Er betrachtete sie einen Moment lang und setzte sich dann zu ihr.

»Du magst keinen Metal? Stimmt's?«

»Geht so«, antwortete Sonja.

Henry nickte nur und schaute sie an. »Die Ähnlichkeit mit deiner Schwester ist wirklich unglaublich«, sagte er.

»Wenn du deine Haare blau färben würdest, könnte man euch nicht unterscheiden.«

Sie nickte nur.

»Seid ihr wirklich Zwillinge?«

»Ja. Eineiige Zwillinge. Das sieht man doch«, antwortete sie und nahm einen Schluck aus ihrem Glas. »Was machst du hier draußen? Willst du nicht das Konzert hören?«

»Ich steh nicht so auf Thrash- oder Death-Metal. Das ist mir zu dunkel.«

»Aber du arbeitest doch hier.«

»Ich arbeite nicht nur hier. Das ist mein Laden.«

Sonja blickte auf. »Und warum lässt du dann Death-Metal-Gruppen auftreten, wenn du sie nicht magst?«

»Die Leute hier stehen drauf. Der Laden ist immer voll, wenn wir das spielen.«

»Und was magst du?«

»Eher klassischen Hardrock. Motörhead und so.«

»Okay.« Sonja stellte ihr Glas auf die Mauer und schwieg. Sie hatte keine Lust, über Metal zu reden.

»Stimmt das, was man so sagt?«, fuhr Henry fort. »Dass eineiige Zwillinge immer genau wissen, was der andere denkt und fühlt?«

Sonja musste lachen. »Wie kommst du darauf?«

»Hab früher mal ein Buch gelesen. Das doppelte Lottchen. Ist schon lange her.«

Sie schaute ihn an. Da saß dieser Bär von Mann, der aussah wie der Präsident eines Harley-Davidson-Clubs, neben ihr auf der Mauer und sprach mit ihr über Kinderbücher.

»Nun ja«, sagte Sonja und dachte einen Moment nach. »Julia und ich sind oft wie eine Person. Wir kennen uns ganz genau. Wir wissen, wie die andere fühlt, wie es ihr geht, was sie durchmacht. Aber wir haben auch ganz unterschiedliche Vorlieben.«

»Du meinst zum Beispiel Musik?«

»Ja. Ich weiß, was Julia empfindet, wenn sie Metal hört. Aber ich selber empfinde das nicht so.«

»Wie kommt das?«

»Du stellst seltsame Fragen. Schwierige Fragen. Wie soll das kommen? Schließlich hocken wir nicht ständig und immer zusammen. Jede macht ihre eigenen Erfahrungen und findet dann dieses gut oder jenes. Wenn es um Musik geht, hat Lissa Black wohl mehr mit Julia gemeinsam als ich.«

Henry hatte aufmerksam zugehört. »Also habt ihr beiden dann doch einen unterschiedlichen Charakter«, stellte er fest.

Sonja wusste nicht so recht, was sie sagen sollte. »Nein. Oder besser: ja und nein. Im Grunde fühlen wir sehr ähnlich. Julia ist vielleicht direkter, geht mehr auf die Leute zu. Ist vielleicht auch krasser. Ich weiß nicht, wie ich das sagen soll. Aber das war eigentlich schon immer so. Wenn wir etwas Gemeinsames mit anderen klären mussten, war es immer Julia, die gesprochen hat. Verstehst du?«

»Ja«, antwortete Henry. »Ja doch. Und habt ihr eure Ähnlichkeit auch ausgenutzt. Also, ich meine, in diesem Kinderbuch, da nutzen die beiden Mädchen ihre äußerliche Gleichheit, um etwas zu erreichen, etwas zu verändern.«

»Okay.« Sonja dachte nach, versuchte sich zu erinnern. »Mir fällt da nichts ein. Irgendwie war das für Julia und mich nie reizvoll. Sonst hätten wir das wohl gemacht.«

Henry nickte. Er sah auf das Glas in seiner Hand, und dann lächelte er. »Manchmal wünsche ich mir einen Zwilling, der abends ins Black County geht, wenn ich keine Lust habe.«

»Das ist völlig unrealistisch«, wandte Sonja ein. »Dieser Zwilling würde dann auch keine Lust haben und wünschen, dass du für ihn ins Black County gehst.«

»Also muss ich es wohl selbst tun.« Henry lachte. »Na ja. Macht ja auch Spaß. Ich geh wieder rein. Kommst du mit?«

Sonja schüttelte den Kopf.

»Gut. Lass dich mal wieder sehen.«

Henry stand auf und ging langsam zum Eingang.

Als er verschwunden war, saß Sonja noch immer auf der Mauer, und noch immer wusste sie nicht so recht, wohin sie gehörte und was geschehen würde.

Es dauerte eine gute Stunde, bis das Konzert zu Ende war und die Menschen nach draußen strömten. Julia hatte noch kurz mit den Mädchen von der Bar geplaudert, und nun hielt sie Ausschau nach ihrer Schwester. Sie entdeckte Sonja auf einer niedrigen Mauer unmittelbar vor dem Black County. Neben ihr stand ein leeres Bierglas. Sie schien nicht auf die Menschen zu achten, war eher in Gedanken versunken, schien ganz weit weg zu sein. Julia hatte das oft an ihrer Schwester bemerkt, und sie kannte es auch von sich selbst.

Sie setzte sich neben Sonja und musste sie leicht anstoßen, um sie in die Welt zurückzuholen.

»Komm, wir fahren.«

Sonja blickte auf.

»Wohin?«

»Nur fünf Minuten. Lass dich überraschen.« Sie stand auf, nahm Sonjas Hand, und während die beiden zur Straße schlenderten, berichtete sie ihrer Schwester begeistert von dem Konzert, von der Band, von der guten Stimmung im Black County und bemerkte, wie die Leute auf sie aufmerksam wurden und sie im Vorbeigehen neugierig anschauten.

Die Fahrt dauerte länger, als Julia geschätzt hatte. So blieb ihr genug Zeit, ihrer Schwester von Alissa zu erzählen,

»Sie ist ja eigentlich nur eine Kopie von Alissa White, also der richtigen Alissa, die bei Arch Enemy singt. Und die ist natürlich besser als ihre Kopie, auch wenn die Ähnlichkeit zwischen den beiden schon sehr groß ist. Aber die echte Alissa macht das einfach besser. Das konnte man schon merken.«

»Okay«, meinte Sonja nur. »Ich fand's ziemlich laut. Zu laut.«

»Ich weiß. Death-Metal ist nicht deins. Als Wiedergutmachung lade ich dich ein, in eine kleine Bar, ganz nach deinem Geschmack.«

»Bin sehr gespannt.« Sonja bog von der Greifswalder in die Marienburger ein und wartete auf weitere Anweisungen ihrer Schwester.

»Gleich hinter dem Supermarkt links«, sagte Julia schließlich, »Und dann kannst du schon einen Parkplatz suchen.«

Wenig später schlenderten sie erneut Hand in Hand über die Straße, bis sie das Bronsky erreicht hatten. Sonja blickte durch das Fenster, und Julia wusste ganz genau, was im Kopf ihrer Schwester vorging: Da waren alte Möbel, Backsteinwände, einige Meter Flaschen auf mehrere Wandregale verteilt, und die Besucher sahen überhaupt nicht nach Metal-Fans aus.

Sonja nickte und ging als erste durch die Tür.

Nachdem sie an der Theke bestellt hatten, beschlossen sie, sich nach draußen zu setzen. Es war dort weniger laut und noch warm genug.

Kaum hatten sie sich gesetzt, brachte der Wirt schon das Bier und schaute die beiden Schwestern neugierig an.

»Nun. Welche von euch ist das Original?«

»Den Spruch haben wir heute schon mal gehört«, entgegnete Julia, lächelte kurz und gab ihm auch ohne Worte zu verstehen, dass sie kein Interesse an Smalltalk hatte.

»Er wollte nur freundlich sein«, meinte Sonja, als der Wirt gegangen war.

»Ich habe aber keine Lust auf diese Art von Freundlichkeit«, entgegnete Julia, erhob das Glas und prostete ihrer Schwester zu. »Erzähl mir lieber, was dir durch den Kopf ging, da draußen vor dem Black County, so ganz weit weg.«

Sonja sah sie an und lächelte.

»Henry war kurze Zeit draußen und fragte mich, ob wir beide gegenseitig unsere Gedanken lesen könnten.«

»Und? Was hast du gesagt?«

»Ich weiß nicht mehr. Ist auch egal. Aber eben, an der Mauer, da ist genau das geschehen. Nicht wahr? Du hast gespürt, wie es mir geht. Es ist vielleicht eine Intuition, aber irgendwie weißt du das.«

Julia nickte. »Und? Wo bist du gewesen, als du weit weg warst?«

»Ich habe über die Vergangenheit nachgedacht! Wie das damals mit uns war. Aber ich kann mich kaum mehr an die Zeit unserer Kindheit erinnern. Da sind nur ganz wenige Bilder.«

»Geht mir auch so«, stimmte Julia zu. »Aber warum interessiert dich das?«

»Es war für mich immer so selbstverständlich, dass es uns beide gibt. Aber ich habe nie bewusst darüber nachgedacht, was ich ohne dich bin.«

»Seltsamer Gedanke.« Julia sah ihre Schwester an und hatte plötzlich große Lust, eine Zigarette zu rauchen. Doch sie hätte an die Bar gehen müssen, um eine zu schnorren, und dazu hätte sie die Leute ansprechen müssen, und das wollte sie nicht.

»Hast du noch nie darüber nachgedacht?«, fragte Sonja.

»Nicht wirklich. Es ist alles gut, wie es ist.«

»Stell dir vor, ich würde sterben.«

»Das möchte ich mir nicht vorstellen.«

»Aber tu es einfach mal. Was wäre dann?«

Julia nahm einen kräftigen Schluck Bier und blickte Sonja in die Augen.

»Hast du da draußen vor dem Black County die ganze Zeit über den Tod nachgedacht?«

»Aber nein«, versicherte Sonja. »Ich habe über uns nachgedacht. Weil sie uns auf unsere Ähnlichkeit angesprochen haben. Und mir fiel auf, dass ich mich an unsere frühen Jahre kaum noch erinnern kann. Und dass wir uns diese Fragen, die die Menschen so oft an uns stellen, selber nur selten gestellt haben. Wer ist Julia? Wer ist Sonja? Was sind wir gemeinsam?«

Der Wirt unterbrach sie, fragte, ob sie noch etwas brauchten. Es gelang Julia, ihm eine Zigarette abzuluchsen, und sie bekam auch Feuer.

»Jetzt geht's mir gut«, sagte sie, als sie den ersten Zug genommen hatte. »Danke.«

Der Wirt grinste und ließ die beiden wieder allein.

»Hier hätten wir dann wohl einen klaren Unterschied zwischen uns beiden«, stellte Sonja fest. »Deine Lunge ist dunkler als meine.«

Sie mussten lachen und prosteten sich zu.

»Deine Frage«, nahm Julia den Faden wieder auf, »ist sehr schwer zu beantworten, aber ich will es mal versuchen. Also: Wer ist Julia? Wer bin ich? Und wer bist du? Im Grunde kann sich jeder diese Fragen stellen. Wir alle sind ständig von Menschen umgeben. Da sind zunächst unsere Eltern, vielleicht auch Geschwister. Wir begegnen Erwachsenen und Kindern in unserer Umgebung. Von Beginn an sind wir also nicht allein. Dann weitet sich der Horizont: Kindergarten, Grundschule, Gymnasium, Studium. Immer mehr Menschen begegnen uns. Und letztlich formen sie alle mit an unserer Persönlichkeit.«

»Du meinst, wir sind so eine Art Patchwork-Decke der Erfahrungen?«

»Sicherlich. Die Teile dieser Decke werden jedoch unterschiedlich groß sein. Die größten Patches sind sicherlich unsere Eltern. Mit denen sind wir von der ersten Sekunde an verbunden.«

»Es ist wohl auch völlig unmöglich, dass ein Kind ganz allein aufwächst?«

»Das wird schon an der Ernährung scheitern. Ein Baby ist nicht ohne die Hilfe anderer überlebensfähig. Es braucht Schutz. Aber auch das würde nicht genug sein. Kennst du das Experiment Friedrichs von Sizilien?«

Sonja schüttelte den Kopf.

»Dieser Friedrich war Kaiser des Deutschen Reiches. Lebte aber meist in Sizilien, weil es da wärmer ist. Er war sehr interessiert an den Wissenschaften. Eines Tages wollte er herausbekommen, welches die Ursprache der Menschheit ist. Er nahm einigen Frauen ihre gerade geborenen Kinder weg, ließ sie in einen Stall legen und gut versorgen. Aber niemand durfte sie ansprechen oder intensiveren Kontakt mit ihnen haben. Leider nahm das Experiment kein gutes Ende.«

»Was geschah?«

»Die Kinder starben. Sie gingen ein. Und sprachen kein Wort. Friedrich wusste damals noch nicht, was man heute weiß: Dass körperliche und sprachliche Zuwendung für Babys so überlebenswichtig sind wie Nahrung. Sein Experiment endete in einer Katastrophe.«

»Du willst sagen, dass die ersten Kontakte deines Lebens prägend sind.«

»Unbedingt. Wir haben ganz viel von unseren Eltern in unserer Persönlichkeit. So sehr, dass es uns meist nicht mehr bewusst ist. Aber auch andere Menschen haben uns geprägt. Bei uns beiden ist das ganz genauso. Zunächst einmal sind wir genetisch gleich, und die Bedeutung dieser gemeinsamen genetischen Prägung darf man keinesfalls unterschätzen. Wir hatten aber auch lange Zeit die gleichen Menschen um uns. Auch das verbindet. Und noch wichtiger: Wir waren immer zusammen. Wir hatten uns immer als Gegenüber, auf viel intensivere Weise, als das bei gewöhnlichen Geschwistern geschieht. Weißt du noch, wie wir in der Schule ein unschlagbares Team waren. Wir konnten unsere Gedanken lesen. Wenn es Streit mit anderen gab, wussten wir intuitiv sofort, was gemeinsam zu tun war. Und erinnerst du dich an diese Lateinlehrerin, die an uns fast wahnsinnig geworden ist?«

Sonja nickte. Ein Lächeln ging über ihr Gesicht. »Eine unmögliche Person. Mit ihren fiesen Vokabelüberprüfungen gleich am Anfang der Stunde. Sie war sich nie so ganz sicher, wer von uns wer war, und das verwirrte sie völlig, weil sie dann nicht wusste, wem sie eine schlechte Note eintragen durfte. Denn du warst eindeutig besser als ich. Aber sie konnte uns nicht auseinanderhalten.«

»Ja, zu zweit waren wir unschlagbar.« Julia zögerte einen Moment. »Ich kann mich aber auch erinnern, dass mich diese enge Verbundenheit irgendwann zu sehr einengte. Es hat eine Zeit gegeben, da wollte ich ich selbst sein. Keinesfalls so wie die anderen. Keinesfalls so wie du. Und dieses blinde Verstehen zwischen uns beiden hat meinem Drang nach Freiheit auf eine Weise im Weg gestanden, wie es sicher niemand erleben wird, der nicht Zwilling ist. Diese große Stärke, dieses intuitive Eins-Sein mit dem anderen, das kann einen auch sehr nackt und durchschaubar machen. Versteh mich nicht falsch. Du hast mir nie etwas Böses gewollt. Aber wie lebt es sich, wenn ein anderer ständig die eigenen Gedanken mitlesen kann? Und das ist bei uns beiden sehr ausgeprägt?«

Julia drückte die Zigarette in den Aschenbecher und sah zu ihrer Schwester.

»Ich kenne das«, sagte Sonja. »Kenne das sehr gut. Es hat einige Jahre gedauert, bis wir wieder zusammengefunden haben. Nicht wahr?«

»Ja. Das war nicht leicht. Ich bin froh, dass es heute nicht mehr so ist.«

Sonja dachte einen Augenblick nach. »Wie gehst du damit um, mit wem ich zusammen bin und was ich so mag?«

»Oh.« Julia schluckte. »Ganz schwer zu sagen. Manchmal freue ich mich mit dir und bin richtig stolz auf dich. Und manchmal muss ich genauso leiden wie du, weil ich spüre, was es mit dir macht.«

Sonja nickte zustimmend.

»Manchmal entdecke ich durch dich Dinge«, fuhr Julia fort, »für die ich mich nie interessieren würde, und oft bin ich dankbar dafür, weil du mein Leben auf diese Weise reicher machst. Und dann wieder weiß ich, dass es bestimmte Dinge gibt, die nicht meins sind. So wie Metal wohl nie deins sein wird. Die meisten Menschen, die du magst, sind auch für mich interessant. Aber es gibt auch welche, bei denen es anders ist. Richard Vollmer zum Beispiel. Ich habe nie verstanden, wie du mit dem zusammen sein konntest.«

»Vielleicht war deine Intuition richtig«, sagte Sonja. »Aber was ist nun mit uns beiden? Wer ist Julia? Wer ist Sonja? Was ist jeder von uns für sich allein? Ohne die Schwester? Und ohne die anderen Menschen?«

»Lass uns ein Fragespiel machen«, schlug Julia vor.

»Ein Fragespiel?«

»Nennen wir es: die definitive Selbsterleuchtung.«

Sonja verdrehte die Augen.

»Wenn es sein muss.«

»Also«, begann Julia, »wer von uns beiden ist ängstlicher, reizbarer, verletzlicher, impulsiver?«
»Oh je«, antwortete Sonja. »Ich glaube, ich bin ängstlicher. Und verletzlicher. Aber wenn ich recht darüber nachdenke, bist du verletzlicher.«
Julia schwieg einen Moment.
»Vielleicht hast du Recht. Und wer von uns beiden ist herzlicher, geselliger, erlebnishungriger?«
»Erlebnishungriger bist du?«
»Wer hat mehr Fantasie?«
»Ich.«
»Das stimmt nicht.«
»Doch. Definitiv. Glaub nicht, dass blaue Haare ein Beweis für Fantasie sind.«
»Darüber müssen wir irgendwann noch mal genauer reden. Aber nun: Wie ist es mit Vertrauen, Bescheidenheit, Gutherzigkeit?«
»Ich.«
Julia schüttelte den Kopf. »So einfach kommst du nicht davon.«
»Du wolltest dieses Spiel.«
»Und wenn ich nun nach Ordnungsliebe, Pflichtbewusstsein und Selbstdisziplin frage ... ?«
»Gut, das mit der Selbstdisziplin sei dir zugestanden. Da komme ich nicht mit.«
Julia dachte nach.
»Also sind wir doch sehr verschieden«, stellte sie fest.
Für einen Augenblick schwiegen beide.
»Aber da ist diese gemeinsame Aura«, ergänzte Sonja. »Dieses miteinander Schwingen, das ich so schlecht beschreiben kann. Dieses unmittelbare Verstehen. Ohne viele Worte.«
»Stimmt. Das haben andere nicht.«

Julia zögerte einen Moment. Dann erinnerte sie sich.
»Du hast vorhin über den Tod nachgedacht?«
»Nur kurz.«
»Erzähl.«
»Ich mag nicht darüber sprechen.«
»Weil es schlimm ist?«
»Ja. Schlimmer als bei den anderen, die keine Zwillinge sind.«
»Wie meinst du das?«
»Wenn du als Erste von uns sterben würdest, müsste ich immer darüber nachdenken, warum du tot bist und ich noch leben darf.«
»Angenommen, ich gehe tatsächlich als Erste von uns beiden«, nahm Julia den Gedanken auf, »wäre es dann nicht so, dass ich mit der Zuversicht sterben könnte, dass es mich noch immer gibt?«
Sonja sah sie an und nickte.
»Das hast du jetzt richtig schön gesagt.«

Julia erkannte die beiden jungen Männer auf der anderen Straßenseite auch im Dunkeln.
»Nat! Mike! Hallo!«, rief sie und winkte ihnen zu.
Die beiden blieben stehen und kamen dann zu ihr herüber. Julia stand auf und umarmte sie zur Begrüßung.
»Setzt euch, wenn ihr mögt.«
»Nur kurz«, sagte Nat und bemerkte erst jetzt, dass Julia nicht allein war. Verblüfft sah er ihre Begleiterin an.
»Darf ich vorstellen«, sagte Julia. »Das ist Sonja. Meine Schwester.«
Nat und Mike hatten neben den beiden Platz genommen, und es ging ihnen so wie vielen, die Julia und Sonja gemeinsam begegneten.

»Faszinierend ...«, stellte Mike fest.

Julia unterbrach ihn.

»Bitte jetzt keine Kommentare. Das hatten wir heute Abend schon so oft, dass wir es einfach nicht mehr ...«

»Trotzdem faszinierend«, stimmte Nat zu. »Du hast uns nie etwas von deiner kleinen Schwester erzählt.«

»Sollte ich?«

»Na ja ...«

»Sie ist nicht kleiner. Nur zehn Minuten jünger.«

»Wir haben soeben eine Viertelstunde über die Besonderheiten von Zwillingen gesprochen«, erklärte Sonja. »Also bitte, fragt uns nichts mehr.« Sie sah die beiden Männer an, die nun etwas verunsichert wirkten, musste lachen und wandte sich an ihre Schwester. »Jetzt bist du dran. Würdest du mir die beiden Herren bitte vorstellen?«

»Nat Bielstein. Mike Zeitinger. Die größten Nerds und die besten Programmierer in ganz Berlin.«

»Julia übertreibt«, sagte Nat. »Und keine Angst. Ich werde das Thema eineiige Zwillinge nicht ansprechen. Die Sache ist ohnehin klar. Gemeinsame genetische Programmierung. Zwei selbstlernende Systeme, die sich kaum voneinander unterscheiden.«

»Selbstlernende Systeme«, wiederholte Sonja und schmunzelte nur. »So kann man das natürlich auch sehen. Und was, glaubst du, prägt unser Handeln mehr: die genetische Programmierung oder das Selbstlernen des Systems?«

»Die genetische Programmierung«, antwortete Mike. »Wie bei Computern. Momentan macht das Meiste noch die Programmierung. Selbstlernende Systeme stecken noch in den Anfängen. Aber das ändert sich mehr und mehr. Wir arbeiten dran.«

»Wir auch«, sagte Julia und lachte. »Ihr beiden seid wirklich unverbesserlich. Was macht ihr gerade?«

»Wir programmieren RasPi«, antwortete Mike und schaute wieder zu Sonja, so als wollte er sich vergewissern, dass er nicht auf eine optische Täuschung hereinfiel.

»RasPi«, wiederholte Julia, ohne etwas verstanden zu haben. »Darf ich euch zu einem Bier einladen?«

»Heute nicht«, antwortete Nat. »Wir treffen im Holiday Loft einen russischen Programmierer.«

»Um diese Uhrzeit?«

»Nun ja.«

»Die beiden schlafen nie«, sagte Julia an ihre Schwester gewandt und zugleich bemerkte sie einen Wandel in ihrem Gesichtsausdruck.

»Habt ihr Interesse an einem außergewöhnlichen Auftrag?«, fragte Sonja.

Die beiden Männer wechselten Blicke.

»Was meinst du«, fragte Nat.

»Kennt ihr euch mit Internetangriffen aus. Shitstorms. Angriffen auf Handys, Computer, Safehouses, Bankkonten?«, fragte Sonja und schaute die beiden erwartungsvoll an.

»Ist das ein Witz?«

»Kein Witz. Blutiger Ernst«, ergänzte Julia.

»Wer greift dich an?«

»Nicht mich. Einen Freund. Und wir wollen genau das wissen: Wer greift ihn an?«

Wieder wechselten die beiden Männer Blicke.

»Das hört sich ziemlich heftig an. Wenn man da mitspielt, ist man immer schon mit einem Bein im Knast.«

»Ihr müsst nichts tun, was illegal ist«, versicherte Sonja. »Und ihr werdet sehr gut bezahlt.«

Sie griff in die Innentasche ihrer Lederjacke, holte eine Visitenkarte hervor und gab sie Mike.

»Wir brauchen wirklich eure Hilfe. Könnt ihr morgen früh zu mir kommen?«

Sonja sah die beiden davongehen. Der Wirt kam heraus, und sie bestellten ein weiteres Bier.

»Sind sie wirklich gut?«, fragte sie ihre Schwester.

»Die Besten. Wenn jemand Richard helfen kann, dann diese beiden.«

»Und werden sie pünktlich sein?«

»Nein. Rechne mit einer halben Stunde Verspätung.«

»Okay«, sagte Sonja. Dann lehnte sie sich zurück. »Gemeinsame genetische Programmierung. Selbstlernende Systeme. Die machen sich die Sache aber sehr einfach. Da wäre es wohl vorbei mit unserer Vorstellung von der Individualität.«

»Sie gehen von ihren Erfahrungen aus«, entgegnete Julia. »Den Erfahrungen versierter Programmierer. Aber dieses intuitive Verstehen zwischen uns beiden, das ist eine Vorstellung, die sie nicht nachvollziehen können.«

»Das können nur Zwillinge?«

»Nein. Aber eineiige Zwillinge wie wir stehen da zu Recht unter Verdacht.«

»Manchmal kann ich es einfach nicht mehr ertragen, dass uns die Leute auf diese Weise anschauen, wenn wir zusammen sind. Dann komme ich mir manchmal vor wie im Zoo.«

»Daran kannst du nichts ändern. Genauso, wie wir an unserem gemeinsamen Schicksal nichts ändern können. Einmal Zwilling, immer Zwilling. Aus dieser Nummer kommst du nicht mehr raus.«

»Klingt bedrohlich.«

»Ist es aber nicht. Schließlich hab ich ja dich.«

IX

Da waren Wolken. Eine gefühlte Ewigkeit schon blickte Tatjana aus dem Fenster und beobachtete die Bewegungen am Himmel. Sie saß auf einem Stuhl in der Küche und hatte die Füße auf den Tisch gelegt. In der Rechten hielt sie eine Flasche Alster, die noch immer halbvoll war. Den ganzen Tag über hatte sie sich gelangweilt, das Wohnzimmer gesaugt, die Küche aufgeräumt, das Bad gemacht, die Zeitung mehr durchgeblättert als gelesen, dann sogar ihren Teil des Treppenhauses gewischt, sich eine Kleinigkeit gekocht, das meiste davon stehen gelassen, den Fernseher eingeschaltet, ohne auf all den Kanälen irgendetwas Interessantes zu finden.

Jan war am Morgen gegangen und noch immer nicht zurück. Er hatte seither nicht angerufen. Sie meinte zu spüren, dass etwas nicht stimmte. Zwei Wochen hatte er in Berlin verbracht, seinen Doppelgänger beobachtet und über ihn recherchiert. Zwischendurch war er nur ein einziges Mal auf den Gedanken gekommen, sich bei ihr zu melden. Im Grunde wusste sie nicht, was er dort eigentlich getan hatte. Nun empfand sie nur diese tiefe, diffuse Ahnung, dass etwas nicht in Ordnung war. Jan schien nicht mehr derselbe zu sein, hatte sich gewandelt. Tatjana versuchte, einen klaren Gedanken zu fassen, und das schien ihr nur dadurch möglich, dass sie sich daran erinnerte, wie sie Jan bis vor zwei Wochen wahrgenommen hatte und wie er nun auf sie wirkte.

Sie nahm einen Schluck Alster und wurde sich bewusst, dass sie noch immer den Wolken hinterher schaute, ohne diese wirklich wahrzunehmen. Also gab sie das auf und bündelte ihre Gedanken auf das Vorher und Nachher, das sie so verunsicherte. Mit der Entdeckung jener Fotografie in der Zeitschrift Cell hatte sich alles verändert. Sie erinnerte sich, dass Jan seinen Doppelgänger von Beginn an wie einen Eindringling betrachtet hatte, der plötzlich in seinem Alltag erschienen war, ohne sich angemeldet zu haben, der wie ein ungebetener Gast aus dem Nichts auftauchte, ein irritierender Störfaktor, etwas, das über kurz oder lang problematisch werden würde.

Während sie über dies nachdachte, musste Tatjana sich eingestehen, dass auch sie damals keine unvoreingenommene Haltung gegenüber Richard Vollmer gehabt hatte. Sie schüttelte den Kopf, wohlwissend, dass niemand ihr zusah, und versuchte zu verstehen, was damals mit ihr geschehen war. Ganz intuitiv hatte sie sich so verhalten, obwohl sie diesen Mann nicht näher kannte. Woher also ihre Vorbehalte? Es gab keinen Grund dafür. Bis heute war sie ihm nicht begegnet und wusste nur das, was Jan recherchiert und berichtet hatte. Mit einem Gefühl von Selbstverlorenheit blickte sie wieder hinaus zum strahlend blauen Himmel, und ebenso wie die Wolken dort schienen auch die Vorstellungen in ihrem Kopf vorüberzuziehen. Sie verschwanden am Horizont und machten neuen Gedanken Platz, von einer Kraft getrieben, die sie selbst nicht verstand. Warum hatte sie damals diese Vorbehalte gegenüber Richard Vollmer gehabt? Was hatte das mit ihr und Jan zu tun, mit jenem Jan, den sie nun zwei Wochen lang nicht gesehen hatte und der nun offensichtlich ein anderer geworden war? Wie veränderte es einen Menschen, wenn er erfuhr, dass es einen Doppelgänger gab, einen identischen Zwilling? Wenn ein Mensch verstand, dass er nicht mehr einzigartig war? Dass da jemand vielleicht genauso fühlte und dachte wie er selbst, nur erfolgreicher, überzeugender, bewundernswerter? War es das, was Jan aus der

Bahn geworfen hatte? Jenen Jan, dessen Schwächen sie nur zu gut kannte. Wie auch immer er diesen Richard Vollmer wahrgenommen haben mochte, es würde nicht ohne Wirkung geblieben sein. Wie viele charakteristische Eigenschaften Richard Vollmers hatten bereits von Jan Besitz ergriffen?

Sie sah auf die Uhr. Jan hatte sich ganz auf diese neue Rechercheaufgabe konzentriert. Wer war Richard Vollmer? Und was würde die Existenz dieses Doppelgängers für Jan bedeuten?

Tatjana sah wieder zu den Wolken. Was würde das alles für sie bedeuten, dachte sie nun, für sie, die schüchtern und wenig zielstrebig war, wenn es um ihr Leben ging. Kein Vergleich mit dem neuen Menschen, wie ihn sich Richard Vollmer vorstellte. Kein Vergleich mit Sonja Reisinger oder ihrer Zwillingsschwester, von denen Jan erzählt hatte. Was würde werden mit ihr und Jan?

Tatjana nahm einen weiteren Schluck Alster und beschloss, heute Abend noch auszugehen. Irgendwo hin. Ganz egal.

Sie begab sich ins Schlafzimmer und ließ sich viel Zeit, bis sie ein Sommerkleid mit lebhaften Farben gefunden hatte, in dem sie sich wohlfühlte, und leichte, flache Schuhe, in denen sie gut gehen konnte. Schließlich wählte sie eine schlichte, silberne Kette, fand im Bad die passenden Ohrringe und legte einen leichten, sommerlichen Duft auf. Dann nahm sie sich die kleine Handtasche, vergewisserte sich, dass alles Wichtige darin war, und betrat den Flur.

Noch einmal überlegte sie, ob es besser wäre, weiter auf Jan zu warten. Aber das hatte sie genug getan, und so gab sie sich einen Ruck.

Als sie schon im Treppenhaus stand und die Wohnungstür abschließen wollte, kam Jan die Treppe herauf. Ohne zu zögern, umarmte er sie und gab ihr einen langen Kuss.

»Was hast du vor?«, fragte er dann.

»Ich wollte ...«, begann sie. »Ich wollte einfach noch mal raus. Irgendetwas anderes sehen als meine Wohnung.«

»Das ist eine gute Idee«, sagte er, sah sie erfreut an und ging in den Flur. »Ich mache mich kurz frisch und ziehe mich um. Dann können wir los. Ich habe da eine Idee.«

Tatjana sah, wie er einen großen Umschlag auf die Kommode legte und im Bad verschwand. Dann wurde ihr bewusst, dass sie noch immer in der offenen Tür stand. Zögernd ging sie zurück in ihre Wohnung, blickte auf den Umschlag, nahm ihn in die Hand, betrachtete auch die Rückseite und stellte fest, dass er nicht beschriftet war. Eine Sekunde lang überlegte sie, ihn zu öffnen, hielt inne und legte ihn zurück. Sie hörte im Bad Wasser laufen. Kurze Zeit später kam Jan in den Flur, lächelte ihr zu und verschwand im Schlafzimmer. Noch einmal dauerte es einige Minuten, und er stand frisch gekleidet vor ihr. Mit einem Lächeln.

»Was ist los«, fragte er.

Sie wusste nicht, was sie antworten sollte. Jan bemerkte ihre Verwirrung.

»Mach dir keine Gedanken. Ich habe dich warten lassen. Das tut mir leid. Die Recherche in der Uni-Bibliothek dauerte etwas länger, als ich dachte. Ich habe völlig das Gefühl für Zeit verloren. Aber jetzt ist alles gut. Lass uns aufbrechen.«

Jetzt ist alles gut, wiederholte Tatjana in Gedanken und verstand nicht, wie er das meinte. Aber die Wohnungstür hinter ihr stand noch immer offen, und so fragte sie nicht, sondern war sogar ein wenig froh, nicht mehr allein zu sein, ohne zu wissen, was geschehen war und was geschehen würde. Wieder zögerte sie und war sich nicht sicher. Sie hatte es fast immer schwer, die richtigen Worte zu finden und das, was sie fühlte und dachte, klar zu benennen. Und nun erlebte sie, wie ihre Gedanken keinen festen Halt fanden, diffus vor sich hin flimmerten. Sie war unfähig, irgendetwas zu sagen, folgte Jan ins Treppenhaus und zog die Tür hinter sich zu, ohne abzuschließen.

Während der Fahrt erzählte Jan Tatjana von seinem morgendlichen Besuch beim Arzt. Er hatte sich Blut abnehmen lassen, um den Genvergleich mit seiner Mutter zu ermöglichen. Dann war er in die Bibliothek gegangen und hatte jedes Gefühl für Zeit verloren. Eigentlich war er dabei nicht auf viel Neues gestoßen, aber nachdem er Richard Vollmer in Berlin selbst erlebt hatte, konnte er vieles von dem, was es im Internet zu finden gab, besser einschätzen und verstehen.

Tatjana saß still neben ihm und hörte zu, obwohl es nicht das war, was sie hören wollte. Zugleich ahnte sie, dass dieser Abend eine Antwort bringen würde.

Tatjana kannte den Biergarten noch nicht. Unter all den Tischen war einer gewesen, der etwas abseits stand, und sie hatte sich für ihn entschieden, weil sie hier Ruhe finden würden, um miteinander zu sprechen. Nun studierte sie aufmerksam die Speisekarte und entschied sich für ein mit Schafskäse, Oliven, Tomaten und Salat gefülltes Fladenbrot und ein Glas Weißburgunder. Jan hatte längst gewählt: einen Chicken-Bürger und ein Hefeweizen. Die Kellnerin kam zu ihnen, nahm die Bestellung auf und verschwand ebenso schnell, wie sie gekommen war.

»Ich habe von der Eröffnung dieses Biergartens gelesen«, sagte Jan, »und dachte mir, es könnte hier ganz nett sein.«

Tatjana sah sich um. Sie saßen unter hohen Bäumen, und dennoch fiel Sonnenlicht auf die Tische und Stühle überall im Garten, und so wirkte dieser Ort hell und freundlich. Wären sie später gekommen, hätten sie wohl keinen Platz mehr gefunden. Sie waren nicht die Einzigen, die sich an diesem warmen Sommerabend entschieden hatten, nicht zuhause in der Wohnung zu bleiben. Tatjana war froh darüber, hier zu sein, unter all den Menschen, die sich angeregt unterhielten. Sie legte die Speisekarte an die Seite und schaute zu Jan, der sein Handy ausschaltete.

»Megatech hat mir endgültig gekündigt«, sagte er. »Nachdem ich mich zwei Wochen lang nicht gemeldet habe, wundert das nicht.«

Tatjana bemerkte, mit welcher Selbstverständlichkeit er das sagte. Gern hätte sie gewusst, warum das für Jan so problemlos und unwichtig war, aber ihr fielen nicht die richtigen Worte ein, und eigentlich wollte sie ganz etwas anderes erfahren. Dennoch fand sie Jans Vorgehen so ungewöhnlich, dass es ihr keine Ruhe ließ.

»Willst du das einfach so geschehen lassen?«

Jan nickte. »Es ist nicht mehr so wichtig.«

»Nicht wichtig, dass du keine Arbeit mehr hast?«

»Ja«, antwortete er kurz.

Sie schwieg, und doch war ihr nicht wohl bei dieser Antwort. Sie saß hier an diesem wunderbaren Ort, zusammen mit dem Mann, den sie liebte. Geliebt hatte? Noch immer liebte? Und verstand nicht.

»Was willst du eigentlich noch von mir?«, fragte sie und war einen Moment erschrocken über sich selbst. Sie hatte diesen Satz nicht aussprechen wollen, nicht jetzt und nicht auf diese Weise. Aber da er nun einmal gesprochen war, ließ er sich nicht zurücknehmen. Sie vermied es, Jan direkt in die Augen zu sehen. Dann tat sie es doch, denn er antwortete nicht. Stattdessen blickte er sie an, als wäre etwas Unerhörtes geschehen, das nicht zu diesem Augenblick passte. Sie kannte Jan lange genug, um zu bemerken, dass er überrascht war und hilflos, weil er diese Frage offensichtlich gar nicht richtig einordnen konnte.

»Wer bin ich für dich?«, fuhr Tatjana fort. Plötzlich hatte sie Mut gefasst, und sie ahnte, dass dies jetzt geschehen musste, denn alles war in der Schwebe.

»Ich bin keiner deiner Übermenschen. Ich habe nicht studiert. Habe scheinbar keinerlei besondere Begabung. Und ohnehin ist es egal, was ich fühle und denke, denn du bist nun weit weg. Bei diesem Richard Vollmer und seinen Zukunftsgedanken, die dich völlig faszinieren. Du bist wochenlang nicht da und meldest dich nicht. Ich verstehe nicht mehr, was mit dir geschieht. Mein Gefühl sagt mir, dass du mich längst verlassen hast. So wie deine Arbeit. Es ist nicht mehr wichtig. Der neue Mensch scheint wichtiger zu sein. Und nun sitzen wir hier und tun so, als wäre all das nicht geschehen, als hättest du dich nicht geändert, seit jenem Tag, als du das Foto in dem Fachmagazin gesehen hast, als du erfahren hast, dass es dich noch ein weiteres Mal gibt. Ich mag ja in deinen Augen etwas einfach sein, nicht so klug und gebildet wie Sonja Reisinger oder ihre Zwillingsschwester, aber ich spüre durchaus, wenn etwas zu Ende geht. Also: Warum sind wir hier? Wenn du es beenden willst, dann tu es schnell.«

Tatjana hatte ohne Pause gesprochen, spürte, dass etwas von ihrer Seele gefallen war, hatte vielleicht noch nie so viel auf einmal gesagt und war in diesem Moment nur sehr verwundert darüber, mit welcher inneren Ruhe das geschehen war und mit welchem Gleichmut sie nun zu Boden schaute und eine endgültige Antwort erwartete.

Als sie aufblickte und Jan in die Augen sah, bemerkte sie darin eine ungläubige Hilflosigkeit.

»Das ist nicht so«, antwortete er. Dann nahm er ihre Hand, beugte sich vor und suchte ihren Blick.

»Jana. Um Himmels willen. Wie kommst du auf solche Gedanken? Es ist ganz anders. Du wirst sehen.«

Sie hörte seine Worte, doch sie konnte damit nichts verbinden. Leere Hülsen schienen sie zu sein. Ohne jeglichen Inhalt. Sie hörte Jan sprechen, aber es kam ihr vor, als wären das unbestimmte Laute, als würde er in einer Sprache sprechen, die sie nicht kannte, eine Sprache, die nur aus Silben bestand, die keinerlei Bedeutung hatten.

»Es ist nicht gut, wenn du jetzt mit mir spielst«, sagte sie. »Ich habe so etwas zu oft erlebt, und ich möchte es nicht noch einmal erleben. Das müsstest du wissen. Damals hat uns mein Vater sitzen lassen. Als er ging, sagte er mir, er würde wiederkommen, und alles würde gut werden. Aber er kam nicht wieder und nichts wurde gut. Und als meine Mutter starb und das Jugendamt mich in diese betreute Einrichtung steckte, sagte man mir wieder, alles würde gut werden, aber das Leben dort war eine Hölle. Und nun liebe ich dich, und wieder geschieht das Gleiche: Etwas verändert dich. Und du erzählst mir von hochfliegenden Plänen, so wie es mein Vater damals auch getan hat, und träumst von Zukunftsszenarien. Verstehst du? Es wird eine Veränderung kommen, eine Veränderung, wie ich sie auf ähnliche Weise schon einige Male erlebt habe. Aber ich möchte sie nicht mehr erleben. Und du musst nun klar sagen, was du denkst. Auch wenn es schlimm ist. Aber das ist besser als irgendeine Heuchelei.« Während Tatjana all das gesagt hatte, waren ihr Bilder der Vergangenheit durch den Sinn gegangen.

»Jana, es ist nicht so.« Jans Stimme unterbrach ihre Gedanken. »Es ist alles ganz anders, als du denkst«, fuhr er fort. »Und das sage ich nicht einfach so dahin. Ich meine es ernst.«

Sie blickte zur Seite, hörte seine Worte, aber wollte sie nicht wahrhaben.

Wieder ergriff er ihre Hand. »Du hast Recht«, sagte er, und schien dabei so aufgewühlt zu sein, dass es ihm schwerfiel, die richtigen Worte zu finden. »Es hat sich etwas geändert. Ich habe mich verändert. Aber ich habe mich zweimal verändert. In kürzester Zeit. Ich habe gelernt. Und deshalb bin ich heute hier bei dir. Ich mache dir nichts vor. Es stimmt: Ich habe in den letzten zwei Wochen kaum mit dir gesprochen. Es ist so viel geschehen. Aber jetzt ist der Augenblick da, wo sich alles auflösen wird. Doch es fällt mir unendlich schwer, dir alles zu erzählen.«

Die Kellnerin war zurückgekommen und stellte die Getränke auf den Tisch.

»Das Essen dauert noch etwas«, sagte sie. »Bitte entschuldigt. Plötzlich sind so viele Leute hier.«

Tatjana nickte und lächelte ihr zögerlich zu.

»Ist gut«, sagte sie nur und sah ihr nach, wie sie zu den anderen Gästen davonging. Dann blickte sie zu Jan.

»Wenn du das wirklich ernst meinst, höre ich dir zu. Aber nur dann.«

Sie suchte seinen Blick.

»Also: Erzähle.«

»Als du mir damals, vor zwei Wochen, das Foto gezeigt hast, konnte ich zunächst nicht glauben, was ich da sah: jemanden, der mir so ähnlich schien, dass ich nicht umhin konnte, die nächste Frage zu stellen: Wie war das möglich? In diesen ersten Minuten ging ich nur davon aus, dass es eine gewisse äußere Ähnlichkeit gab. Doch als wir nach Fotos im Internet recherchierten, wurde mir immer deutlicher, dass es mehr war als eine Ähnlichkeit. Genau so ging es auch dir, und jede weitere Internetseite, jedes weitere Foto bestärkte uns in dem Verdacht, dass wir eine völlig unerklärliche

Übereinstimmung zweier Menschen entdeckt hatten. Ich kann mich noch genau erinnern. Es dauerte nur einige Minuten, bis sich in mir ein Gedanke entwickelt hatte, der faszinierend und erschreckend zugleich war: Es könnte sein, dass es so etwas wie einen Doppelgänger von mir gibt. Einen zweiten Jan Winkler. Ich musste herausfinden, was es mit dieser Ähnlichkeit auf sich hatte. Und genau das geschah.

Du kennst mich inzwischen sehr gut, Jana, und du weißt, dass ich in den letzten Jahren viel falsch gemacht habe und vielleicht auch einfach viel Pech hatte. Du hast mich immer wieder darauf hingewiesen und mir gesagt: Mach das nicht so. Das geht nach hinten los. Und meistens hattest du Recht damit. Zu viele Dinge, die ich mir aufbaute, habe ich selbst wieder umgeworfen, getrieben von einer Laune.

Ich habe in den letzten Tagen gelernt, dass ich all die Jahre von einer permanenten Unzufriedenheit geleitet wurde. Einem tief eingeprägten Leiden darunter, dass man mich nicht verstanden hat, dass andere sich besser verkaufen konnten. Mein ganzer Stolz bestand darin, dies eben nicht zu tun: mich zu verkaufen, eine Show zu machen. Aber allzu oft läuft es so, dass diejenigen, die die Show machen, die sich anpassen, die ihren Vorgesetzten etwas vorgaukeln, letztlich Erfolg haben. Heute sehe ich ganz klar, dass mir mein Unwille, dieses Spiel zu spielen, immer wieder alles verbaut hat. Ich glaube noch immer, dass es authentisch war, was ich getan habe, dass es gut war, ehrlich zu dem zu stehen, was mir wichtig war, und nicht zu heucheln. Aber zugleich haben mich die Misserfolge verbittert. Ich glaube, ich habe mir mit der Zeit eine sonderbar elitäre Haltung angeeignet, vielleicht, um mich darin zu bestärken, kein Versager zu sein, sondern jemand, der ganz viel kann, aber von den Menschen unfair behandelt wird, weil sie nur auf Blendwerk hereinfallen.«

Er hielt inne. »Verstehst du das«, fragte er und blickte auf.

Ja, das verstand sie sehr gut. Und zugleich war sie überrascht und verwundert, denn der Jan, den sie bislang kannte, wäre nicht zu einer solchen Einsicht in der Lage gewesen. Er wäre auch nicht im Entferntesten bereit dazu gewesen. Das, was sie ihm über Jahre hatte klarmachen wollen, hatte er nun wie von selbst verstanden. Es musste etwas Außergewöhnliches geschehen sein, das wurde ihr nun klar, und ein Gefühl sagte ihr, dass all ihre Sorge und ihre Ängste durch eine neue Hoffnung abgelöst werden konnten. Zugleich aber meldete sich jene mahnende Stimme, die all die Jahre in ihr gewachsen war. Und so nickte sie nur und zeigte ihm damit an, dass sie ihm weiter zuhörte.

»Als ich Richard Vollmer in Berlin zum ersten Mal gesehen habe, konnte ich mit Verblüffung beobachten, dass er mit mir in all seinen Bewegungen, Gesten, ja selbst in der Stimme identisch war. Zugleich faszinierte mich, was er sagte. Da war jemand, der den Mut hatte, das Außergewöhnliche zu denken, der sich nicht von der Meinung anderer beeindrucken ließ, der keine Mittelmäßigkeit zuließ und an sein Genie glaubte, der wusste, dass er etwas Besonderes war. Du kannst dir vorstellen: Dieser Mann sprach mir aus dem Herzen. Ich folgte ihm und seinen Freunden durch Berlin. Und ich stellte fest, dass er all die Fähigkeiten, all den Mut und all die Energie hatte, die ich mir für mich selbst wünschte. Und er hatte Erfolg. Auf all den Internetseiten konnte ich mir ja ein Bild von diesem Mann machen, aber was ich nun erlebte, überstieg all meine Erwartungen und faszinierte mich ohne Ende. Und doch gab es da etwas, das mich verunsicherte: Es war die Art, wie er mit seiner Freundin umging. Sein Erfolg und seine Zukunft waren ihm wichtiger als ihre Liebe. Sie hatte ihm keinen Grund gegeben, sie zu verlassen. Ich war verwirrt. Und dennoch wollte ich noch mehr über Richard Vollmer wissen. Am nächsten Tag flog er für eine Woche nach San Francisco. Ich tat etwas, das ich heute bereue. Aber ich habe es getan, und in gewisser Hinsicht war es wichtig. Irgendwann wirst du verstehen, dass es vielleicht notwendig war für meine zweite Wandlung. Du weißt, dass Megatech auch Sicherheitssysteme für Häuser installiert. In Vollmers Wohnung ist ein solches System verbaut. Es war eine Leichtigkeit, es zu knacken.«

»Du bist bei Vollmer eingebrochen«, stellte Tatjana entsetzt fest. »Bist du noch zu retten?«

»Ich weiß, ich weiß«, versuchte Jan sie zu beruhigen. »Es war falsch. Heute verstehe ich, dass es falsch war. Aber es war nicht das Einzige, was ich damals falsch gemacht habe und heute bereue. Vor allem war es ein falsches Denken, das mich geleitet hat. Damals in der Wohnung Vollmers habe ich an vielen Details erleben können, dass er und ich uns gleichen. Den letzten Beweis bot mir sein Kleiderschrank. Ich konnte nicht widerstehen, mich umzukleiden, und wenig später stand ich vor dem Spiegel und stellte fest, dass ich nun aussah wie er. Und es kam mir ein Gedanke: Warum sollte es das Schicksal nicht diesmal gut mit mir meinen. Warum haben manche Menschen Glück und Erfolg, und andere müssen ständig Rückschläge einstecken? Wer sind wir? Was ist unser Schicksal? Was macht es mit uns? Dieser Richard Vollmer war wie ich. Und ich war wie er. Warum nicht eine Zeit lang in eine andere Rolle schlüpfen? Warum nicht einmal das Schicksal selbst in die Hand nehmen, so wie Vollmer es immer tat? Es war nicht einmal eine große Anstrengung nötig. Fast war es das Schicksal selbst, das mich auf diesem Weg leitete. Da war der Spiegel, in dem ich mich sah und in dem ich zugleich Richard Vollmer sah. An diesem Abend beschloss ich, für eine gewisse, noch unbestimmte Zeit mein Doppelgänger zu sein.«

Tatjana schaute ihn entgeistert an: »Das ist völlig verrückt«, sagte sie nur.

»Du hast Recht. Heute würde ich sagen, es war ein kindlicher, ein naiver Gedanke. Aber an diesem Abend war der Gedanke, in den großen Spiegel zu springen und neu aus ihm hervorzutreten, eine allzu verlockende Vorstellung. Gelegenheiten wie diese gibt es nur einmal. Es ist wie im Märchen. Es fiel mir leicht, diese neue Rolle zu spielen, und so habe ich es getan. Dieser Wahn, dieser Traum musste sich notwendig in einen Albtraum verwandeln. Es dauerte einige Tage, bis ich mir das eingestehen konnte, bis ich mich loslösen konnte von diesem äußerst reizvollen Erlebnis, ich selbst und zugleich ein anderer Mensch zu sein.«

Tatjana schüttelt den Kopf. Sie wollte das nicht glauben.

»Aber es ist nicht das Ende der Geschichte«, ergänzte Jan.

»Was bitte ist dann das Ende der Geschichte?«

Er zögerte. »Ich kann und darf dir noch nicht alles sagen. Bis eben hatte ich vor, dir erst in zwei Tagen davon zu erzählen. Wenn alles vorbei ist. Ich würde dich sonst in etwas hineinziehen, für das du nicht verantwortlich bist.«

»Was soll das heißen? Du kommst nach zwei Wochen zu mir, willst mir alles erzählen und verschweigst mir einen Teil der Wahrheit?«

Sie spürte, dass er sie ansah und mit den Worten rang.

»Jana. Glaub mir: Ich liebe dich heute mehr, als ich es je getan habe. Das ist mir in den letzten Tagen klar geworden.«

Er zögerte, bevor er weitersprach.

»Aber diese Sache muss ich ganz allein zu Ende bringen. Es wird nicht lange dauern, und du wirst alles erfahren. Doch kann ich dir jetzt nicht mehr sagen. Du darfst nicht in Gefahr geraten.«

Tatjana wusste nichts mehr zu sagen. Sie sah ihn an, aber eigentlich blickte sie durch ihn hindurch. Sie fühlte sich völlig leer, und da war nichts mehr von einer Hoffnung, nur Einsamkeit, nicht einmal Schmerz. Sie nahm kaum wahr, dass Jans Telefon klingelte, dass er offenbar mit seiner Mutter sprach, nur kurz, aber lang genug für sie, um zu ahnen, dass die beiden etwas vereinbart hatten. Etwas, das sie nicht wissen durfte.

Sie stand auf, wollte gehen. Doch Jan lief ihr nach, hielt sie auf und führte sie zurück. Sie ließ es geschehen, wie eine Puppe, die keinen Willen mehr besaß. Sie hörte ihn sagen, er müsse noch einmal nach Berlin reisen. Und wie durch einen Nebel hörte sie ihn von einem Umschlag sprechen, den er für sie in ihrer Wohnung hinterlassen habe. Sie solle ihn öffnen. Und sie würde alles verstehen: Sie würde verstehen, warum er so handeln musste. Sie würde verstehen, dass er sie in den nächsten zwei Tagen nicht in die Geschehnisse hineinziehen durfte. Dass er wiederkommen und sie nicht allein lassen würde. Und sie würde verstehen, dass er sie über alles in der Welt liebte.

X

»Liebe Freunde, liebe Mitarbeiter von Cambridge Biotech!

Ein grenzenloser Sturm der Verunglimpfung geht auf uns nieder. Der Angriff richtet sich gegen meine Person. Mir wird unterstellt, etwas gesagt zu haben, das ich nie gesagt habe und nie sagen würde. Ihr alle kennt mich und wisst das. Die rassistischen Äußerungen, die mir angehängt werden, verbreiten sich ungeprüft im Netz, in allen Communities. Es ist mir völlig unklar, wer diesen Shitstorm ausgelöst hat. Aber dieser Unbekannte hat ganze Arbeit geleistet. Denn er hat zeitgleich alle meine Zugänge zu Handys und Computern gehackt. Mein Ausweis erweist sich als ungültig, ebenso meine Kreditkarten. Ich bin nicht mehr in der Lage, meine elektronisch gesicherte Wohnung zu betreten. Dieser feige, kriminelle Angriff auf meine Person ist aber in Wirklichkeit ein Angriff auf Cambridge Biotech, denn es ist offensichtlich, dass diese Kampagne der Firma Schaden zufügt. Dies ist nicht nur ein Shitstorm. Dies ist ein Krieg, den ein fremdes Unternehmen verdeckt gegen uns führt. Ich möchte Euch alle bitten weiterzumachen, Euch nicht irritieren zu lassen, Euch nicht einschüchtern zu lassen. Niemand kann uns von dem abhalten, was unsere große Vision ist. Ihr dürft versichert sein, dass ich all meine Möglichkeiten nutzen und diesen feigen Angreifer stellen werde. In diesem Sinne bitte ich Euch um Großes: Eure Zuversicht und Eure Tatkraft, die Ihr so oft bewiesen habt. Wir arbeiten unbeirrt weiter an unserer Vision. Und wir werden erfolgreich sein.

Seid herzlich gegrüßt.
Euer
Richard Vollmer«

Er hatte lange gebraucht, diese E-Mail zu formulieren. Er wusste, dass man es noch besser machen konnte, doch er sah sich nicht mehr dazu in der Lage. Richard Vollmer drückte auf die Enter-Taste, und die Mail verschwand vom Bildschirm. Erfolgreich gesendet, zeigte ihm das Programm an.

Er schüttelte den Kopf, konnte nur hoffen, dass diese Mail tatsächlich dort ankam, wo sie gelesen werden sollte. Und nicht auf dem Bildschirm des unbekannten Gegners. Doch in der letzten Stunde hatte er Julias Notebook schätzen gelernt. Nun, wo er sich mit Linux-TAILS und dem TOR-Browser vertraut gemacht hatte, schien es ihm möglich, die Überwachungssysteme seines Gegners zu umgehen. Noch einmal schaute er auf die Seiten der großen Communities und stellte fest, dass sich der Shitstorm weiter ungehindert ausbreitete. Mit Beiträgen, die an Unbedarftheit und plattem, unreflektiertem Moralismus nicht zu überbieten waren. Immer wieder ereiferten sich diese Menschen über den angeblich von ihm verfassten, rassistischen Tweet und brachten seine transhumanistischen Positionen in unredlich vereinfachter Form in einen Zusammenhang mit Rassismus, ja Nationalsozialismus. Vollmer ist Mengele, hieß es da. Lebensborn aus dem Reagenzglas, konnte man lesen. Früher zeigten Hexenverfolger und Henker ihr Gesicht. Hier jedoch, in der Welt der Social Media, versteckten sich die Hetzer und konnten sicher sein, dass niemand sie belangen würde für das, was sie da von sich gaben. Richard

Vollmer wollte nichts mehr davon sehen und schloss den Browser.

Würde er noch Kraft genug haben, an Tina Taylor zu schreiben? Er versuchte es: »Liebe Tina. Nach all dem, was heute geschehen ist, kann ich nur hoffen, dass Dich diese Mail erreicht. Es läuft ein gigantischer Shitstorm gegen mich. Du wirst sicher einiges davon gelesen haben und weißt, auf welch üble Weise ich diffamiert werde. Zugleich ist es den Angreifern gelungen, meinen Ausweis und meine Kreditkarte ungültig zu machen, den elektronischen Zugang zu meiner Wohnung zu deaktivieren und alle meine elektronischen Geräte zu hacken. Ich schreibe Dir von einem Computer aus, der Linux-TAILS und TOR benutzt, und hoffe, dass mich das ebenso schützt wie damals Edward Snowden. Bitte sprich unseren Mitarbeitern gut zu. Ich habe soeben eine Mail verschickt, in der ich sie dazu auffordere, durchzuhalten und weiterzumachen. Das ist natürlich schwer, denn unsere Sponsoren werden schon bald Erklärungen verlangen. Da ich selbst nicht in der Lage bin, mit ihnen zu sprechen, liegt nun alles an Dir und Paul Desmond. Mach ihnen klar, dass nichts an den Beschuldigungen wahr ist und wir die Verantwortlichen zur Rechenschaft ziehen werden. Du musst Zeit gewinnen. Zeit, die ich brauche, um den Verursacher dieses Angriffs zu identifizieren. Und ich möchte Dich bitten, einige unserer Nerds ebenfalls daran zu setzen, den Verursacher einzugrenzen. Jack und Melissa können das. Und noch eine große Bitte. Ich brauche ganz schnell Bargeld, aber ich fürchte, dass es den Angreifern noch eine Weile gelingen wird, auf meine Konten zuzugreifen. Du hast als Einzige Zugang. Versuch zu retten, was zu retten ist. Transferier es auf ein anderes Konto, das Dir sicher scheint. Aber noch wichtiger ist, dass Du eine größere Summe abhebst und damit zu mir nach Berlin fliegst. Ich brauche dringend die nötigen Mittel, um einen

Gegenangriff einzuleiten. Versuch bitte, mich auf sicherem Wege zu benachrichtigen.

Ich weiß, dass ich Außergewöhnliches von Dir erwarte, aber ich bin sicher, dass Du das hinbekommst. – Ich umarme Dich ganz herzlich. Dein Richard.«

Erst wollte er die Mail noch einmal überarbeiten, aber er musste sich eingestehen, dass ihm nun die Kraft dazu fehlte. Er schloss das Programm und schaltete den Rechner aus. Dann legte er sich auf die Couch neben dem Schreibtisch. Er musste Schlaf finden, aber die Gedanken in seinem Kopf kamen nicht zur Ruhe.

Als Richard Vollmer erwachte, schien die Sonne durch das Fenster. Er hatte den Rest der Nacht sehr intensive Träume gehabt, war mehrere Male für einige Sekunden erwacht, um wieder und immer wieder in jene eindringlichen, zermürbenden, unauflösbaren Szenen zurückzukehren, die keinen Anfang und kein Ende kannten. Die ihm, dem all dies widerfuhr, der all dies hilflos ansehen, erleben und erdulden musste, keinen Ausweg ließen, keinen Fluchtweg, außer der Möglichkeit, zu erwachen. Doch immer wieder hatte ihn die bleierne Müdigkeit in den Schlaf zurückfallen lassen und in jene surrealen Szenen, die ihn auch in dieser Welt nicht zur Ruhe kommen ließen.

Nun war er wieder erwacht, und etwas in ihm entschied, die Traumwelten endgültig zu verlassen und zurückzukehren in eine Wirklichkeit, die genauso zermürbend erschien, immerhin aber die Möglichkeit bot, etwas zu tun.

Es fiel Richard Vollmer alles andere als leicht, die Augen zu öffnen. Eine innere Trägheit lastete noch immer schwer, hielt ihn zurück, versuchte, seiner Seele und seinem Körper etwas Ruhe zu gewähren. Vollmer erinnerte sich an den letzten Traum. Nach all den irrealen Szenen war es nur dieser eine Traum, den er in seinem Bewusstsein fassen konnte. Es gelang Vollmer, ihn bis zu einem bestimmten Punkt zurückzuverfolgen. Doch dann war dort ein unüberwindbares Hindernis, das ihm den Weg verwehrte. Und so ließ er den Traum vor seinem geistigen Auge vorwärts laufen. Noch einmal traf ihn die ernüchternde Botschaft mit aller Wucht. Und so öffnete er die Augen, um den Bildern zu entkommen.

Langsam fand er sich in der Welt zurecht. Er lag auf einer Couch, gegenüber dem Fenster in Sonjas Arbeitszimmer. Auf irgendeinem Wege war er in den Besitz einer Decke gekommen, konnte sich aber nicht erinnern. Nebenan war die Küche, das wusste er, und von dort hörte er Geräusche, und der Duft von Kaffee drang an seine Nase.

Langsam erhob er sich und bemerkte, dass er noch immer die gleiche Kleidung trug wie am Tag zuvor. Dort saß Sonja am Küchentisch. Sie hatte bereits gefrühstückt und auch ihm etwas zurechtgestellt.

Er setzte sich ebenfalls, und sie reichte ihm eine Tasse. Er nahm einen Schluck und genoss es für den Moment, dass der Kaffee so stark war.

»Wie geht es dir?«, fragte Sonja.

»Die Träume«, antwortete Richard Vollmer. »Sie haben mich verfolgt in dieser Nacht.«

»Albträume?«

Er nickte.

»Das wird vergehen«, stellte sie fest. »Was hast du geträumt?«

Vollmer überlegte, ob er Sonja etwas davon erzählen sollte und entschied sich dagegen.

»Wirres Zeug«, sagte er nur und sah, dass Sonja frische Brötchen geholt hatte. Er nahm sich eines und griff nach Butter und Salami.

»Danke, dass du mir hilfst. Das ist nicht selbstverständlich, nach all dem, was ...« Er hielt inne und sah sie an.

Sonja reagierte nicht auf das, was er andeutete. Stattdessen legte sie ihr Handy auf den Tisch. »Ich muss Julia Bescheid geben. Wir haben da gestern Nacht etwas für dich in die Wege geleitet. Vorausgesetzt, du bist damit einverstanden.«

Sonja erzählte kurz vom Konzert im Black County, vom Bronsky und schließlich von Nat und Mike.

»Ich kenne die beiden nicht«, sagte Richard Vollmer.

»Du wirst auch sonst kaum jemanden kennen«, entgegnete Sonja. »Deine Berliner Freunde hast du vergrault. Paul und Jonathan werden dir nicht helfen.«

Richard Vollmer wusste, dass sie Recht hatte. Es war schon ein Zugeständnis, dass Sonja hier neben ihm saß und dass Julia ihm half. Er dachte wieder an seinen Traum und musste sich eingestehen, dass diese Bilder vielleicht eine Wahrheit erzählt hatten. Eine Wahrheit über ihn und die Menschen. Ein Spiegelbild, das auf ihn zukam und dem er nicht ausweichen konnte. Er blickte zu Sonja und empfand eine Art Unverständnis und Verwunderung darüber, dass sie tatsächlich dort saß und ihm ihre Hilfe nicht versagte.

Und sie schien wahrzunehmen, dass da etwas in ihm arbeitete, das da mehr war als die Verzweiflung eines Verlierers.

Sonja las eine Nachricht auf ihrem Handy. Dann legte sie es beiseite. »Julia schreibt, sie könnte mit den beiden in einer Stunde hier sein. Sie wartet aber auf dein Okay.«

»Nat und Mike. Sind sie gut?«

»Sie sind die besten. Absolute Nerds. Nur schwierig im Umgang. Aber das kennst du ja.«

Vollmer nickte nur.

»Warum wollen sie mitmachen?«

»Sie finden die Sache spannend. Und Julia hat gesagt, du würdest sie gut bezahlen.«

Vollmer lächelte hilflos. »Wie soll ich sie bezahlen?«

»Nun. Mach ihnen klar, dass du sie nur bezahlen kannst, wenn sie gute Arbeit leisten und deine Konten freimachen. Bei den Größenordnungen, die du für Cambridge Biotech bewegst, solltest du die beiden aus der Portokasse zahlen können.«

Er nickte und dachte nach. Noch immer lasteten die Traumbilder auf seiner Seele, und es fiel ihm schwer, einen klaren Gedanken zu fassen.

»Was hast du geträumt?«, fragte Sonja erneut.

Vollmer zögerte. Er konnte Sonja nichts vormachen. Dafür kannte sie ihn zu gut. Aber da sie selbst Teil des Traumes war, zögerte er.

»Es war kein schöner Traum«, stellte er fest.

»Das ist mir klar.«

Da war etwas, das ihn davon abhielt, zu erzählen. Warum sollte Sonja davon erfahren? Wie würde sie mit dieser nächtlichen Vision umgehen? Schließlich wusste er selbst, wie diese Bilder zu deuten waren. Zumindest galt das für die erste Hälfte des Traums. Er sah zu Sonja und spürte, dass sie darauf wartete, die Geschichte zu hören. Als er zu sprechen begann, war er sich noch immer unschlüssig, ob das gut war.

»Stell dir ein großes, offenes Labor vor, hell erleuchtet, weiße Wände, weiße Tische, überall Apparaturen. Ich kann nicht sagen, wie ich an diesen Ort gekommen bin. Plötzlich stehe ich da und muss beobachten, wie nach und nach alle Menschen in diesem Raum auf mich aufmerksam werden, mich seltsam mustern, und dann aufstehen und den Raum verlassen. Zuletzt sehe ich euch beide, dich und Julia, wie ihr etwas im Mikroskop betrachtet. Es dauert eine Weile, bis ihr mich bemerkt. In dieser Zeit wechselt ständig eure

Haarfarbe, so dass ich nicht erkennen kann, wer von euch wer ist. Dann dreht ihr euch um und schaut mich an, einige Sekunden länger, als man es gewöhnlich tut. Ihr steht auf und geht davon, lasst mich allein in diesem großen Raum. Ich möchte euch etwas fragen, euch nachgehen, wissen, was ich euch getan habe, wie es kommt, dass mich alle verlassen, aber der Traum erlaubt mir das nicht. Stattdessen richtet er meinen Blick auf einen hohen Spiegel, der mich magisch anzieht. Ich gehe dorthin und betrachte mich selbst. Ich bewege meine Hand und sehe, wie der Mann im Spiegel das Gleiche tut. Plötzlich jedoch macht er das nicht mehr spiegelbildlich. Und dann werden seine Bewegungen eigenständig. Er tut nicht mehr das, was ich tue, und das versetzt mich in große Verwunderung. Dann geschieht etwas, das mich völlig aus der Fassung bringt: Dieser Mann, der genauso aussieht wie ich, tritt aus dem Spiegel heraus, steht plötzlich vor mir, aber seine Erscheinung wird nicht vom Spiegelglas reflektiert. Auch ich selbst bin nicht mehr im Spiegel zu sehen. Aber da steht dieser Mann, mir gleich, nach meinem Bilde, und er geht langsam auf mich zu ...«

Richard Vollmer hielt inne.

»Und dann bist du wach geworden«, vermutete Sonja.

Er nickte. »Ich habe in dieser Nacht unendlich viele Träume durchlebt, aber dieser ist mir im Gedächtnis geblieben.«

Sie nahm ihre Tasse in die Hände, so als wenn sie sich damit wärmen wollte. »Den ersten Teil des Traumes kann ich deuten«, sagte sie.

»Das geht mir auch so«, bestätigte Richard Vollmer.

Sie schwiegen eine Weile. Er wusste, dass sie verstanden hatte und dass sie wusste, dass es ihm unangenehm war, darüber zu sprechen. Es war nicht ihre Art, Menschen Vorwürfe zu machen. Sie würde darüber schweigen. Aber es würde in ihr fortwirken.

»Was schreibe ich Julia?«, fragte sie schließlich.

»Schreib ihr, dass ich einverstanden bin.«

»Vielleicht wäre es besser, zu schreiben, dass du dich darauf freust, dass dir die beiden helfen wollen.«

Er verstand, was Sonja meinte, sah sie an und nickte.

Schließlich vergingen mehr als zwei Stunden, bis es an der Tür klingelte. Julia kam herein, umarmte ihre Schwester und winkte Vollmer mit einer fast kindlichen Geste zu. Hinter ihr betraten zwei junge Männer die Küche.

»Das sind die IT-Experten, die dir vielleicht helfen können«, sagte sie zu Vollmer. »Nat Bielstein. Mike Zeitinger.«

Beide reichten ihm die Hand. Richard Vollmer sah zwei junge Männer, die unterschiedlicher nicht sein konnten. Nat, schlank, gutaussehend, ein echter Frauenschwarm; Mike dagegen von gedrungener Gestalt, mit langen, ungepflegten Haaren und eher weichem Händedruck.

Sie setzten sich an den Küchentisch. Sonja lehnte sich an die Tür und wartete darauf, was geschehen würde. Julia suchte Kaffeepads und ließ die Maschine anlaufen.

»Es ist schön, dass Sie gekommen sind«, begann Richard Vollmer. »Im Netz läuft seit gestern eine Diffamierungskampagne gegen mich, und ich bin machtlos, irgendetwas dagegen zu tun, weil ich meine Gegner nicht kenne. So etwas habe ich noch nicht erlebt.«

»Wir haben uns das heute Morgen erst einmal angesehen«, sagte Nat. »Das ist schon ein Shitstorm der besonderen Sorte. Etwas in diesem Ausmaß kommt nicht so häufig vor.«

»Das hat jemand ganz raffiniert gesteuert«, ergänzte Mike. »So eine Sache entsteht nicht von selbst. Es wurde sehr geschickt eine Fülle von Multiplikatoren angefixt. Die haben sich so verhalten, wie zu vermuten war, und damit rollte der Ball. Da muss jemand lange im Netz gewesen sein, um diese Multis zu finden und dann gezielt anzuschreiben.«

»Und dieser Jemand versteht sehr genau die Psychologie eines Shitstorms. Er bezieht sich auf eine rassistische Aussage. Das bringt die Leute immer in Rage, und es finden sich viele, die auf eine Weise reagieren, die man im Grunde voraussagen kann. Kurz: Dieser Jemand kennt sich sehr genau aus. Mindestens so gut wie wir beide.«

Vollmer sah die beiden an und beschloss, ihnen die ganze Geschichte zu offenbaren. »Es geht nicht nur um einen Shitstorm. Wer immer es ist, er hat meine Kreditkarten gesperrt, meine Internetzugänge gehackt und meine elektronisch gesicherte Wohnung unzugänglich gemacht. Auch mein Pass war für einige Zeit ungültig.«

Nat und Mike sahen sich an und blickten dann zu Julia, die ihnen diese Zusammenhänge offenbar verschwiegen hatte. Sie lächelte etwas unsicher und stellte ihnen jeweils eine große Tasse Kaffee auf den Tisch.

Nat nahm einen Schluck und sandte ihr einen kühlen Blick zu. Dann wandte er sich an Richard Vollmer.

»Was sollen wir jetzt für Sie tun?«

»Ich bin mir nicht ganz sicher. Sie sind die Experten. Lassen Sie uns gemeinsam eine Strategie entwickeln.«

»Und was ist Ihnen die Sache wert?«

»Hunderttausend Dollar. Allerdings nur, wenn wir Erfolg haben. Wenn wir keinen Erfolg haben, komme ich nicht an mein Konto heran.«

Wieder wechselten Nat und Mike Blicke.

»Gut«, sagte Nat und schaute noch einmal zu Julia, diesmal deutlich freundlicher. »Aber wir machen nur Dinge, die legal sind«, ergänzte Mike.

»Noch eine Frage«, sagte Richard Vollmer. »Julia berichtete, dass Sie in solchen Sachen richtig gut wären. Welche Ausbildung haben Sie?«

»Ich bin Informatiker«, antwortete Mike. »Nat studiert Philosophie. Sitzt aber eigentlich mehr vor dem Computer als vor seinen Büchern.« Er zögerte. »Hören Sie, wenn Sie Zweifel an uns haben, dann sollten wir es nicht tun. Aber ich weiß gar nicht, was Sie wollen. Wenn wir keinen Erfolg haben, gibt's auch keine Hunderttausend. Wir haben also das Risiko. Und wer garantiert uns eigentlich, dass Sie zahlen?«

»Davon dürft ihr ausgehen«, beruhigte Sonja.

»Verzeihen Sie«, sagte Vollmer. »Ich wollte Ihre Fähigkeiten nicht anzweifeln. Julia wird sich schon etwas dabei gedacht haben, Sie anzusprechen.«

»Das war Sonja«, entgegnete Nat.

Sonja stand noch immer an der Tür.

»Ich glaube«, sagte sie. »Die beiden haben das, was sie können, sicherlich nicht nur an der Uni gelernt.«

Richard Vollmer nickte. »Ich verstehe.«

»Ihr solltet einfach mal zur Sache kommen«, ergänzte sie, ging zum Herd und nahm sich ebenfalls eine Tasse Kaffee. Schwarz. So wie sie es liebte.

»Ja. Lasst uns gemeinsam überlegen«, begann Nat. »Gehen wir die verschiedenen Ebenen durch, auf denen der Angriff läuft. Zunächst der Shitstorm. Der Angreifer wird seine Multiplikatoren anonymisiert angeschrieben haben. Es hat also kaum einen Sinn, das zurückzuverfolgen. Da müssten wir sehr lange recherchieren und auf einen sehr glücklichen Umstand hoffen. Das halte ich für unrealistisch. Dafür haben wir keine Zeit.«

Mike nickte zustimmend.

»Gibt es denn gar nichts, was wir gegen diesen Shitstorm tun können«, fragte Richard Vollmer und schaute Mike ungläubig an.

»Sie können die Sache bei Facebook, Twitter und all den anderen abmahnen. Das würde ich an Ihrer Stelle auch tun. Aber es dauert Tage, bis die reagiert haben. Also: Das sollte unbedingt geschehen. Aber dadurch erfahren wir nicht, wer die ganze Sache verursacht hat.«

»Sie sollten auf jeden Fall auch auf allen Ebenen eine Erklärung zu den Vorwürfen abgeben«, meinte Nat. »Das wird vernarrte Edelmoralisten nicht zum Schweigen bringen. Aber wenn Sie nichts schreiben, denken die Leute, dass die Beschuldigungen zutreffen. Also, auch das müssen wir tun. Aber auch das bringt uns dem Angreifer nicht näher.«

»Was schlagen Sie vor?« Vollmer sah die beiden erwartungsvoll an.

»Da sind die weiteren Angriffe auf Sie«, stellte Nat fest. »Gehen wir die einmal durch: Da ist die gesperrte Kreditkarte. Ein externer Zugriff auf die Computer der Bank ist illegal. Das können wir nicht tun. Es besteht große Gefahr, dass wir zurückverfolgt werden. Man sollte die Informatiker der Bank auffordern, denjenigen, der das Konto manipuliert hat, zu identifizieren. Vielleicht gelingt es ihnen. Allerdings macht die Bank erst übermorgen wieder auf. Das dauert alles sehr lange.«

»Genauso verhält es sich mit dem Einwohnermeldeamt«, sagte Mike. »Man müsste sich da reinhacken. Aber das wäre ebenfalls illegal. Auch wenn die Informatiker dort nicht die hellsten sind.«

»Wie sieht es aus mit dem Computer eines großen Kulturkaufhauses?«, schlug Vollmer vor. »Der Angreifer hat sich einen Spaß erlaubt und mir dort eine Musik-CD bestellt.«

Mike schüttelte den Kopf.

»Das ist simpel. Dazu benötigt er Ihren Namen und Ihre Kundennummer. Die hat er in irgendeiner Ihrer E-Mails gefunden. Dann ruft er im Kaufhaus an und bestellt die CD. Wenn das Telefon anonymisiert ist, und davon dürfen wir ausgehen, lässt sich nichts zurückverfolgen.«

»Eine ähnliche Erfahrung hatte ich mit einem Pizza-Dienst. Der Unbekannte hat mir von dort etwas bringen lassen.«

»Der große Unbekannte hat Humor«, stellte Nat fest. »Aber hier gilt dasselbe.«

»Bleibt die Wohnung«, stellte Julia fest. »Wenn jemand eine Smart-Home-Elektronik hackt, muss er doch Spuren hinterlassen.«

Wieder schüttelte Mike den Kopf. »Das läuft über Funk. Es wären gleich mehrere Sicherungen möglich. Der Angreifer sendet digital. Er kann ein gehärtetes System verwenden, das seine IP-Adresse verbirgt oder eine beliebige andere simuliert. Wenn er in der Lage ist, in ein solches Haus einzudringen, dann sind auch solche Dinge für ihn kein Problem. Wir können suchen, ob er einen Fehler gemacht und Spuren hinterlassen hat, aber das ist sehr unwahrscheinlich.«

Für einen Moment sagte niemand mehr etwas.

»Wenn ich euch richtig verstehe«, stellte Sonja fest, »könnt ihr gar nichts tun. Stimmt das? Ist das euer Ernst?«

Die beiden schweigen.

»Was seid ihr denn für Experten?«

Nat bewegte sich unruhig auf seinem Stuhl hin und her. »Es bedeutet«, beruhigte er sie, »dass wir etwas Zeit brauchen, um eine Strategie zu entwickeln. Es ist ja doch klar, was geschehen muss: Wir müssen den Angreifer identifizieren. Wir haben nur noch keinen Plan, wie das geschehen soll.«

Sonja Reisinger und Richard Vollmer wechselten Blicke.

»Aber genau den brauchen wir«, stellte sie fest. »Und wir brauchen ihn bald.«

Sie schaute zu Julia. Die gab ihr ein Zeichen.

»Fünfzehn Minuten Pause«, schlug sie vor und wandte sich an die beiden Informatiker, die sie nun überrascht und hilflos zugleich ansahen. »Was haltet ihr von einer Zigarette draußen vor der Tür?«

Nach einer halben Stunde standen Julia, Nat und Mike noch immer vor der Tür, und Richard Vollmer vermutete, dass aus einer Zigarette drei geworden waren.

»Denen fällt etwas ein«, hatte Sonja versichert. Aber mit jeder Minute, die verging, wuchsen auch ihre Zweifel.

Dann hörte man Lärm im Treppenhaus. Die drei kamen herein und setzten sich wieder an den Tisch.

Mike blickte zu Sonja, dann zu Richard Vollmer und begann.

»Es gibt unserer Meinung nach nur eine legale, erfolgversprechende Vorgehensweise. Wenn wir einmal davon absehen, dass wir prüfen werden, ob der Angreifer im Netz und bei seinen anderen Aktionen Spuren hinterlassen hat, die ihn verraten könnten. Aber wir haben ja eben schon gesagt, dass dies wenig wahrscheinlich ist.«

Er sah zu Nat, als wolle er sich vergewissern, dass er alles richtig gesagt hatte. Dann fuhr er fort.

»Wenn wir davon ausgehen, dass er keine Spuren hinterlässt, die ihn verraten, gibt es nur die Möglichkeit, ihn auf frischer Tat zu ertappen.«

»Wie soll das denn gehen?«, fragte Sonja verwundert. »Dazu müsstest du ihn kennen?«

»Nicht unbedingt«, erwiderte Mike. »Angreifer wie diese werden meist bezahlt, so wie wir. Sie müssen sich gegenüber ihrem Kunden rechtfertigen. Dazu ist es nötig, dass sie sich vergewissern, dass alles gut gelungen ist. Sie werden noch einmal dorthin zurückkehren, wo sie ihr Unheil begonnen haben. Im Netz können sie das einfach dadurch tun, dass sie beobachten, wie sich der Shitstorm verbreitet. Bei der Bank, dem Meldeamt und ähnlichen Institutionen geht das nicht so einfach. Auf das E-Mail-Konto oder den Twitter-Account seines Opfers wird der Angreifer immer wieder zugreifen. Vielleicht gelingt es uns, ihn dort abzufangen. Das ist nicht leicht, aber auch nicht unmöglich. Und dann gibt es eine weitere Möglichkeit.«

»Das Smart-Home«, fuhr Nat fort. »Es ist durchaus wahrscheinlich, dass der Angreifer sich hier noch einmal vergewissern will, dass alles in seinem Sinne läuft. Wenn er sich dort einhackt, können wir mitlesen. Und dann haben wir ihn.«

»Wie darf ich mir das vorstellen?«

»Um auf die Steuerung des Smart-Home zuzugreifen, benötigt man ein entsprechendes Steuerprogramm und einen Transceiver.«

»Einen was?«

»Ein Gerät, das auf bestimmten Frequenzen senden und empfangen kann. Diese Frequenzen sind bekannt. Wir haben selbst solch ein Gerät und die nötigen Dekodierungsprogramme. Sobald wir etwas empfangen, können wir mitlesen. Und dann haben wir ihn.«

»Er wird sich wohl kaum mit seinem Namen einloggen«, entgegnete Julia.

»Das stimmt. Aber die Sache ist einfacher, als du denkst. Die Reichweite dieses Senders ist nicht besonders groß. In bebauter Umgebung vielleicht zweihundert Meter. Unser

Mister Nobody muss sich in unmittelbarer Nähe befinden, um das Haus zu öffnen. Wahrscheinlich in einem Auto, das in der Nähe parkt. Sobald wir ein Signal von ihm haben, können wir es sekundenschnell orten. Und dann haben wir ihn. Wir können ihn sehen. Oder sein Auto und sein Kennzeichen. Wir kennen dann zwar nicht den Auftraggeber, aber immerhin denjenigen, der den Auftrag ausführt und Ihnen das angetan hat. Und dann sind wir im Vorteil.«

Nat blickte zu Vollmer. Der überlegte einen Augenblick. Für einen Moment war es ganz ruhig im Raum

»Und wenn der Angreifer nicht in die Marienstraße kommt?«

»Das ist Psychologie«, stellte Mike fest. »Ich bin sicher, er tut es. Ich weiß, wie solche Leute ticken. Sie sind eitel. Sie halten sich für genial und wollen die Ergebnisse ihrer genialen Arbeit sehen. Das bestätigt ihr Ego. Ich bin ganz sicher. Der wird kommen.«

»Und was Ihren Computer und das Handy angeht: Wir werden nach Trojanern und Phishing-Programmen suchen. Und wir werden sie finden. Und wir werden selbst Phishing-Programme installieren, die sofort zuschlagen, wenn sich etwas tut. Aber wie gesagt: Auch ich halte es für wahrscheinlicher, dass Ihr Smart-Home für uns noch richtig smart werden könnte.«

Er sah zu Richard Vollmer und lächelte optimistisch.

»Wann können Sie mit Ihrer Arbeit beginnen?«, fragte Vollmer.

»Wir haben bereits begonnen«, stellte Mike fest und lächelte ebenfalls.

Wenig später hatten sich Mike und Nat verabschiedet. Julia war mit ihnen gegangen.

Richard Vollmer blickte zu Sonja. »Was meinst du?«

Sie saß ihm gegenüber am Tisch und schaute in ihre Kaffeetasse, ohne sich dessen bewusst zu sein. »Wenn jemand das Rätsel lösen kann, dann diese beiden«, antwortete sie. »Ich bin sehr zuversichtlich.«

Sie schwiegen einen Moment.

»Woran denkst du?«, fragte Vollmer.

»Du glaubst nicht an die Wahrheit der Tarotkarten?«

Vollmer schüttelte den Kopf.

»Und glaubst du an die Wahrheit von Träumen?«

»Wir verarbeiten darin das, was wir erlebt haben.«

»Vielleicht«, meinte Sonja. »Vielleicht sind sie aber auch mehr. Die Menschen in deinem Traum haben sich von dir abgewandt.«

»Ich habe wohl verstanden, was damit gemeint ist.«

»Nimm es ernst«, sagte sie und suchte seinen Blick. »Aber da ist der zweite Teil deines Traums: der Mann, der aus dem Spiegel steigt.«

»Und. Was denkst du darüber?«

»Ich weiß nicht.« Sonja blickte wieder zu ihrem Kaffee, gedankenversunken. »Stell dir vor, diese seltsame Szene hätte genauso viel Wahrheit wie der erste Teil deines Traumes. Stell dir das vor. Wie wäre das dann?«

XI

Sie sah auf die Uhr. Eigentlich müsste er längst hier sein. Marina Winkler wartete im Foyer des Motels Uno. Sie hatte sich in einen der Ledersessel unweit der Rezeption gesetzt und beobachtete den Eingang. Vom S-Bahnhof Alexanderplatz waren es zu Fuß nicht mehr als fünf Minuten. Warum brauchte er so lange?

Sie hatte alles, was Peter Baumann ihr gesagt hatte, noch einmal durchdacht. Doch nun wollte sie nicht allein handeln. Sie war sich nicht sicher, was sie tun sollte. Als Jan durch die große Glastür hereinkam, fiel die Anspannung von ihr ab. Sie umarmte ihren Sohn, bat ihn, Platz zu nehmen, und gab dem Mann hinter dem Tresen ein Zeichen, dass er einen weiteren Kaffee bringen solle. Dann wandte sie sich wieder zu Jan, der sie erwartungsvoll ansah.

»Wie war die Fahrt von Leipzig?«

»Soweit gut. Danke«, antwortete Jan. »Aber ich verstehe nicht, warum du mich hierher bestellt hast. Hätten wir unsere Neuigkeiten nicht auch am Telefon austauschen können? Oder in Leipzig?«

Marina Winkler hatte die Beine überschlagen, saß aufrecht und war hellwach. Dunkelblaue Jeans, ein modisches, weißes T-Shirt, eine einfache, schmale, silberne Kette, die Haare zu einem Pferdeschwanz gebunden, wenig Make-up: Das war genug für diesen Morgen. Nichts sollte sie ablenken, nicht einmal ein allzu genauer, ausführlicher Blick in den Spiegel. Sie wollte den Kopf frei haben für Wichtigeres.

»Ich habe dich gebeten hierherzukommen, weil ich dir nicht nur Neuigkeiten mitteilen möchte, sondern weil ich glaube, dass wir sie durchdenken und eventuell auch etwas tun müssen, und das möglichst bald. Ich hoffe, dass dir etwas einfällt, denn ich habe die Nacht nicht richtig schlafen können und bin etwas verwirrt.«

»Du, verwirrt?«, entgegnete Jan überrascht und amüsiert zugleich.

»Das kommt vor. Nicht oft. Aber nach dem, was ich gestern erfahren habe, kamen meine Gedanken nicht mehr zur Ruhe. Mehrfach bin ich in der Nacht aufgewacht und lag auf meinem Bett. Die Gedanken kreisten, aber ich fand keine Klarheit. Allein die Müdigkeit ließ mich wieder einschlafen. Und heute Morgen sehe ich sicherlich nicht gut aus. Aber das ist mir nun ehrlich gesagt nicht so wichtig.«

Sie blickte zu ihrem Sohn und bemerkte, dass sein oberflächlicher Humor einer vorsichtigen Ernsthaftigkeit gewichen war, als würde er ahnen, dass es wohl etwas Außergewöhnliches sein musste, das sie in Erfahrung gebracht hatte.

»Gut. Ich bin nun hier«, sagte er. »Erzähl mir das, was du erfahren hast, und wir sehen, was wir damit tun. Du warst bei Baumann. Was hat er dir gesagt, was du nicht ohnehin schon wusstest?«

Marina Winkler sah zum Fenster, dann zu Boden und versuchte, ihre Gedanken zu ordnen. »Zunächst war es eine seltsame Begegnung. Ich hatte etwas entfernt von seinem Haus gewartet, in der Hoffnung, er würde es irgendwann verlassen. Das war auch so. Ich musste nicht lange warten und konnte ihm folgen, ohne dass er etwas bemerkte. Er ist alt geworden. Seine Körperhaltung hat nichts mehr vom dem, was ihm früher eine kraftvolle, einnehmende Ausstrahlung gegeben hatte. In einem kleinen Supermarkt kaufte er das Lebensnotwendige. Dazu gehörte wohl vor allem eine Flasche Whisky. Ich bin ihm zurück zu seiner Wohnung gefolgt, habe etwas gewartet und dann an der Tür geklingelt.

Er war so überrascht, mich zu sehen, dass ich direkt an ihm vorbei in die Wohnung gehen konnte und schließlich im Wohnzimmer auf einem Sofa Platz nahm. Ganz offensichtlich hatte ich ihn überrumpelt. Es blieb ihm nichts anderes übrig, als ebenfalls ins Wohnzimmer zu kommen und sich zu setzen. Zunächst wollte er mich mit Höflichkeiten und alten Geschichten abspeisen. Aber ich begnügte mich nicht damit und stellte Fragen, die ihm nicht gefielen. Zunächst versuchte er, mir klarzumachen, welche Beweggründe ihn damals getrieben hatten. Dabei ging er weit zurück bis in seine Jugend. Dieser Peter Baumann ist offenbar ein Kind einfacher Eltern, dabei zugleich intelligent und begabt. Auf der höheren Schule hat man ihn seine einfache Herkunft spüren lassen, und das hat ihn dazu gebracht, es den anderen zeigen zu wollen und irgendwann etwas Außergewöhnliches zu tun. Dieses Motiv bewegte ihn offensichtlich auch, als er begann, sich mit Gentechnik zu beschäftigen. Er wollte Dinge tun, die noch niemand vor ihm gekonnt und gewagt hatte.«

»Was bedeutet das nun für deine Geschichte?«

»Nun, ich hatte einen Kinderwunsch und ihn gebeten, mir zu helfen. Er behauptet nun, dass es damals nicht möglich gewesen sei, eine gewöhnliche künstliche Befruchtung durchzuführen, weil die Samenqualität nicht gegeben war. Ob es stimmt, kann ich nicht überprüfen. Er hatte mir damals nichts davon erzählt. Aber ich konnte ihn gestern dazu bringen, etwas einzugestehen, was er nur ungern preisgeben wollte. Ich konfrontierte ihn damit, dass es einen Doppelgänger von dir gibt: Richard Vollmer.«

»Der nur wenige Häuser weiter ebenfalls in der Marienstraße wohnt«, ergänzte Jan.

»Richtig. Das ist eine Sache, die ich gestern nicht eindeutig klären konnte. Ich war entsetzt genug von dem, was Baumann mir dann nach eindringlichem Fragen offenbarte. Er hatte mir damals nichts vom Einsatz fremder Samenzellen erzählt. Und auf die Frage, woher die stammten, schwieg er nun. Dieses Schweigen legt jedoch einen Verdacht nahe: Er selbst ist wahrscheinlich der genetische Vater.«

Marina Winkler sah, wie sich der Gesichtsausdruck ihres Sohnes versteinerte. Er schien unfähig, etwas zu sagen, als hätte er noch gar nicht so recht verstanden, was sie soeben gesagt hatte. »Aber damit nicht genug. Baumann hat noch mehr getan. Es gab eine weitere Frau mit Kinderwunsch. Angeblich sollen ihre Eizellen nicht geeignet gewesen sein. Baumann befruchtete meine Eizelle mit einer fremden Samenzelle, entwickelte sie zur Mehrzelligkeit, teilte sie und implantierte sie nicht nur mir, sondern auch dieser anderen Frau, die inzwischen gestorben sein soll. Alles geschah, ohne dass ich und die andere Frau etwas davon erfahren haben.«

Sie sah zu Boden und atmete tief ein.

»Wir alle waren für ihn das perfekte Experiment. Und wir sind es noch heute. Denn es ging ihm offenbar darum, zu beobachten, inwieweit genetische Prägungen die Entwicklung eines Menschen bestimmen. Dazu hatte er zwei Versuchsobjekte geschaffen, die er von nun an nicht mehr aus den Augen ließ.«

Marina Winkler hatte alles gesagt, was zu sagen war. Sie blickte zu Jan. Der schwieg noch immer. Sie spürte geradezu, wie die Gedanken auch in seinem Kopf zu kreisen begannen. Das musste sein. Kurz hatte sie überlegt, ihn nicht einzubeziehen, aber das wäre völlig unsinnig gewesen, denn er war längst selbst auf der Spur. Sie konnte ihren Sohn vor nichts mehr bewahren, nicht vor dem Wissen um seine wahre Herkunft und nicht vor der Erkenntnis, dass er und Richard Vollmer genetisch völlig identisch waren.

»Bist du dir sicher, dass Baumann dir die Wahrheit gesagt hat«, fragte Jan.

»Er stand unter großem psychischem Druck. Ich habe ihm keine Chance gelassen. Vielleicht hat er mir nicht alles erzählt, aber an dem, was er gesagt hat, habe ich keine Zweifel.«

Sie überlegte kurz. »Was hat dein Gentest ergeben?«

»Du bist meine Mutter. Der Arzt meinte, das sei völlig eindeutig. Und übrigens: Ich hatte niemals Zweifel daran.«

Zum ersten Mal an diesem Tag gelang Marina Winkler ein Lächeln. »Das hast du schön gesagt.«

»Es ist seltsam«, meinte Jan. »Nun scheint es also gewiss zu sein.«

»Wie meinst du das? Was ist seltsam?«

»Als ich von Vollmers Existenz erfahren hatte, war ich ihm tagelang intuitiv feindlich eingestellt. So als wäre ein Konkurrent in mein Leben getreten. Tatjana hat mich gestern darauf hingewiesen. Und sie hat das sehr richtig beobachtet. Aber seither ist ein Wandel eingetreten. Diese anfängliche Distanz ist einer gewissen Faszination gewichen. Es ist nicht so, dass ich diesen Richard Vollmer unkritisch sehe. Er ist in vielerlei Hinsicht ein unmöglicher Mensch, der seine Freunde brüskiert und Sonja Reisinger verlassen hat. Aber in gewisser Hinsicht habe ich nach all den Wendungen der letzten zwei Wochen einen gewissen Frieden mit ihm geschlossen.«

Marina Winkler hatte ihrem Sohn ungläubig zugehört.

»Ich verstehe kein Wort. Ihr habt bis heute noch nicht miteinander gesprochen. Ich verstehe ein wenig dein Gefühl der Konkurrenz. Auch die Faszination, die von Vollmer ausgeht. Aber für eine verfrühte Verbrüderung besteht kein

Anlass. Dieser Mann ist alles andere als umgänglich. Schon damals habe ich dich davor gewarnt, dich ihm zu zeigen. Und glücklicherweise hast du das auch nicht getan. Denn wir wissen nicht, wie er reagieren wird. Und ich befürchte nach allem, was du mir von ihm erzählt hast, nichts Gutes. Der Umstand, dass wir Bescheid wissen, er aber nicht einmal eine Ahnung hat, ist ein nicht zu unterschätzender Vorteil.«

Jan nickte. »Natürlich hast du Recht. Vielleicht habe ich mich in den letzten Tagen sehr verändert. Ich weiß es selbst nicht so genau.«

»Verändert? Inwiefern verändert? Ich verstehe dich nicht. Und es ist jetzt auch nicht die Zeit für Sentimentalitäten. Wir wissen einiges, aber nicht alles. Wir brauchen Gewissheit. Und das ist der Grund, weshalb ich wollte, dass du nach Berlin kommst.«

Marina Winkler lehnte sich zurück in den Ledersessel und wartete auf eine Reaktion ihres Sohnes, den die einschneidenden Erkenntnisse, die sie ihm soeben mitgeteilt hatte, offensichtlich sehr verwirrten, allerdings auf eine Weise, die sie nicht gut heißen konnte. »Bitte lass uns unseren klaren Verstand benutzen«, forderte sie ihn auf. »Wir haben einige wichtige Dinge zu klären. Beginnen wir mit Vollmer. Weiß er von dir?«

»Offenbar nicht.«

»Gut. Das soll auch weiterhin so bleiben. Aber warum wohnt Baumann in unmittelbarer Nähe zu ihm?«

»Wir können es nur vermuten, vielleicht, um Vollmer besser beobachten zu können. Aber wir können nicht sicher sein.«

»Warum wohnt er nicht in Leipzig und beobachtet dich?«

»Ich kann es dir nicht sagen.«

Marina Winkler dachte nach. »All das könnte uns Baumann erklären. Aber er wird es nicht tun. Und in den Akten jenes Unternehmens, für das er damals gearbeitet hat, wird er keine Spuren hinterlassen haben.«

»Dann müssen wir uns in seiner Wohnung umsehen.«

Ungläubig schaute sie auf. »Wie meinst du das?«

»Viele Wohnungen in der Marienstraße sind elektronisch gesichert. So wie die von Richard Vollmer. Da kann ich mich reinhacken.«

»Das wäre Einbruch.«

»Bei Vollmer war es kein Problem. Es dauerte drei Minuten.«

Marina Winkler hatte einige Zeit gebraucht, sich mit dem abzufinden, was ihr Sohn getan hatte. Und es war ihr nicht leichtgefallen, sich einzugestehen, dass dies tatsächlich der einzig erfolgversprechende Weg war, um die ganze Wahrheit in Erfahrung zu bringen. Und sollte Baumann sie dabei erwischen, würde er wohl kaum die Polizei rufen und sich damit selbst enttarnen.

Also hatte sie letztlich doch zugestimmt, war mit ihrem Sohn nach Friedrichshain gefahren, um die nötige Elektronik einzupacken, und lenkte den Smart nun wieder kreuz und quer durch Berlin, in der Hoffnung, dass ihr Navi den richtigen Weg anzeigte.

Es ging ihr noch immer durch den Kopf, was Jan über Richard Vollmer gesagt hatte. Sie wusste, dass ihr Sohn leicht zu beeindrucken war, dass er in seinen Meinungen über die Dinge schwankte und dazu neigte, Menschen zu schnell in ein Schema von Gut und Böse einzuordnen, um später festzustellen, dass sie nicht seinen Vorstellungen entsprachen. Auf diese Weise hatte er sich viele Freundschaften verbaut, denn er war oftmals zu überschwänglich auf Menschen zugegangen und enttäuscht worden. In anderen Fällen hatte er wiederum spontan abweisend reagiert und sich so in unnötiger Weise Sympathien verscherzt. Diese Unbeholfenheit in der Einschätzung von Menschen meinte sie nun erneut an ihm festzustellen.

Sie schaute zum Beifahrersitz und bemerkte, dass Jan verträumt aus dem Fenster sah. Verändert haben wollte er sich in den letzten Tagen. Wie sollte das geschehen sein? Warum? Marina Winkler schaute wieder zur Fahrbahn und schüttelte den Kopf.

Ihr Sohn hatte es bemerkt und sah sie fragend an.

»Ich komme nicht darüber hinweg, dass du plötzlich so viel für Richard Vollmer übrig hast«, stellte sie fest.

»Das stimmt nicht«, antwortete Jan. »Er kann einem momentan nur wirklich leidtun.«

»Warum das?«

»Irgendwer hat einen Shitstorm gegen ihn losgelassen.«

»Woher weißt du das?«

»Ich beobachte ihn im Netz. Ich weiß, was vor sich geht, was er tut, wie es ihm geht.«

Marina Winkler hielt den Wagen vor einer Ampel und blickte erneut zu ihm. »Wie machst du das?«

»Auf die gleiche Weise, wie ich Wohnungen öffne.«

»Bist du dir sicher, dass wirklich alles in Ordnung ist, was du tust?«

»Wenn ich Dummheiten gemacht habe, waren das nur Kleinigkeiten. Aber keine Angst. Ich weiß selbst, wann es zu viel ist.«

»Und dieser Shitstorm: Worum geht es da?«

»Richard Vollmer soll sich rassistisch geäußert haben.«

»Und. Hat er?«

»Nein. Dafür ist er zu klug.«

»Aber es werden ihm gewisse Aussagen unterstellt?«

»Richtig. Und wenn eine solche Behauptung im Netz verbreitet wird, lässt sie sich nicht so rasch aus der Welt schaffen. Richard Vollmer ist soeben dabei, seinen guten Ruf, sein Renommee zu verlieren.«

»Das ist ziemlich übel«, stellte Marina Winkler fest.

Die Ampel sprang auf Grün, und sie konzentrierte sich wieder auf das Fahren.

Zugleich wurde sie den Verdacht nicht los, dass ihr Sohn etwas Wesentliches verschwieg. Bislang hatte ihr Instinkt in derartigen Dingen selten falsch gelegen. Sie spürte es. Da war etwas, das Jan ihr vorenthielt. Und das konnte nichts Gutes sein. Sie wollte etwas sagen, verzichtete dann aber darauf, denn sie kannte Jan zu gut. Er würde sein Geheimnis nicht preisgeben.

»Ich habe immer zu verstehen versucht, wer ich eigentlich bin«, sagte er plötzlich. »Seit kurzem meine ich es zu wissen.«

Marina Winkler musste bremsen, weil der Verkehr zum Stehen gekommen war.

»Was meinst du zu wissen?«

Doch er antwortete ihr nicht. »Lass mir noch etwas Zeit«, sagte er nur

Es dauerte genau zwei Minuten, bis Peter Baumanns Sicherheitssystem auf dem Bildschirm angezeigt wurde. Nach weiteren zwei Minuten hatte Jan den Zugangscode geknackt, die Alarmanlage sowie alle Kameras ausgeschaltet und die Zahlenfolge für die Haus- und Wohnungstür ausgelesen. Marina Winkler hatte ihm dabei aufmerksam zugesehen.

»Es ist faszinierend und erschreckend zugleich, was du da machst«, stellte sie fest. »Ich hätte nicht gedacht, dass es so einfach ist, eine Haussicherungsanlage außer Betrieb zu setzen.«

»So einfach ist es auch nicht.« Jan lächelte still vor sich hin. »Aber wenn du dich mit der Technik auskennst, die richtige Elektronik und die aktuelle Software besitzt und die Techniker, die diese Anlage installierten, kleine Fehler gemacht haben, dann ist ein solches Sicherheitssystem sein Geld nicht wert. Die Menschen vertrauen der Technik und meinen, sie hätten ein Optimum an Sicherheit erworben. Aber das ist alles relativ.«

Marina Winkler nickte. »Da soll noch einer sagen, mein Sohn kann nichts.« Sie musste lachen, und ihre Bedenken, einen Einbruch zu begehen, wichen dem Gefühl der Überlegenheit. Fast war es ihr nun eine sportliche Herausforderung. Jan klappte das Notebook zu und gab ihr ein Zeichen. Sie stieg aus dem Wagen und folgte ihm bis zu jenem Haus, das sie bereits kannte, und als Jan die Zahlenfolge eingab und das Schloss aufsprang, spürte sie ihr Herz schneller schlagen. Jan hatte auf seinem Bildschirm sehen können, dass niemand in der Wohnung war, aber Peter Baumann konnte jederzeit wiederkommen und sie überraschen.

»Wir müssen schnell arbeiten«, sagte Jan leise.

Sie eilten die Stufen hinauf zur Wohnungstür, gaben erneut den Zugangscode ein und standen Sekunden später im Flur der Wohnung.

Zunächst schauten sie in das Wohnzimmer. Marina Winkler kannte sich bereits aus, und als sie in kürzester Zeit alle Schränke und Schubladen durchgesehen hatten, war ihnen klar, dass hier nichts Relevantes zu finden war.

Sie gingen in das Arbeitszimmer und setzten dort die Suche fort. Jan fand Baumanns Computer, schloss eine Diagnosefestplatte an, fuhr den Rechner hoch und startete die Dekodierungssoftware. Nach zwei Minuten war das

Passwort ausgelesen, und er konnte damit beginnen, Baumanns Daten herunterzuladen.

Marina Winkler hatte inzwischen die Regale durchgesehen und war dabei auf einige vielversprechende Aktenordner gestoßen, in denen sie blätterte.

»Hast du etwas gefunden?«, fragte Jan.

»Das kann man wohl sagen«, antwortete sie. »Dies hier scheint eine Art Fotoalbum zu sein. Baumann hat dich über all die Jahre fotografiert. Hier finden sich auch schriftliche Aufzeichnungen. Unglaublich: die Kopie eines deiner Zeugnisse aus der Grundschule. Er hat über vieles Notizen gemacht. Über deine Noten in der Schule. Deine sportlichen Leistungen. Deinen Charakter.«

»Über welchen Zeitraum erstrecken sich die Aufzeichnungen?«

Sie blätterte zu den letzten Seiten. »Nicht zu fassen: eine Kopie deines Arbeitsvertrages bei Megatech. Ich sehe hier sogar eine dienstliche Beurteilung der Firma.«

Jan nahm ihr den Ordner aus der Hand und überzeugte sich selbst. »Wir dürfen uns jetzt nicht festlesen. Wir müssen schnell arbeiten. Was hast du noch gefunden?«

»Hier ist ein ähnlicher Ordner über Richard Vollmer. Und dort noch vier weitere.«

»Wir haben keine Zeit, das alles durchzusehen. Baumann kann jede Minute zurück sein. Wir nehmen die alle mit.«

Marina Winkler schluckte. Aber sie musste eingestehen, dass es keine andere Lösung gab, wenn sie all diese Aufzeichnungen in Ruhe durchsehen wollten. »Wie viel Zeit bleibt uns?«

»Meine Festplatte läuft noch etwa fünf Minuten. Dann habe ich Baumanns Rechner komplett gespiegelt.«

»Du meinst, du besitzt dann all seine Daten?«

»Richtig.«

»Also habe ich fünf Minuten, um die Ordner durchzusehen und zu entscheiden, welche wir mitnehmen.«

Jan beobachte, wie seine Mutter einen Ordner nach dem anderen aus dem Regal zog und eilig durchblätterte. Er musste lachen. So viel kriminelle Energie hätte er ihr gar nicht zugetraut.

Schließlich waren es sechs große Ordner, mit denen sie das Haus verließen. So gut er konnte, hatte Jan alle Spuren beseitigt. Peter Baumann würde an seinem Computer keine Veränderungen feststellen. Nichts wies darauf hin, dass jemand Schränke und Schubladen durchsucht hatte. Auch die Regale wirkten aufgeräumt. Vielleicht würde er erst Tage später bemerken, dass etwas fehlte.

Als sie wieder im Wagen saßen, schaltete Jan noch einmal sein Notebook ein, startete das Diagnoseprogramm und machte alle Veränderungen an Peter Baumanns Sicherheitssystem rückgängig. Mit einer kleinen Ausnahme: Künftig würde er auch über Internet auf Baumanns Telefonanlage, die Kameras und das WLAN zugreifen können.

Eher zufällig blickte er in den Rückspiegel und sah in etwa hundert Meter Entfernung einen Wagen stehen. »Wir sollten fahren«, sagte er zu seiner Mutter.

Sie hatten die Akten auf dem Fußboden des kleinen Hotelzimmers ausgebreitet, blätterten und lasen, waren so gebannt von dem, was sich ihnen offenbarte, dass sie sich nur selten bei ihrem Studium unterbrachen. Jan hatte jenen Ordner genommen, der sein Leben dokumentierte. Blatt für Blatt ging er alles durch, von der Geburt über die frühe Kindheit, die Zeit im Kindergarten und in der Grundschule bis hin zu seiner Jugend, fand Bilder vom Abitur, Fotos, die ihn während der Phase seines Studiums zeigten, und schließlich kam er zu solchen aus den letzten zehn Jahren. Hier wurde die Dokumentation ungenauer, als hätte Peter Baumann mehr und mehr das Interesse verloren.

Jan fragte sich, wie es möglich gewesen war, diese Aufnahmen zu machen. Allein die Vorstellung, dass Peter Baumann das alles gelungen war, bis hin zur Anfertigung von Kopien wichtiger Dokumente wie Zeugnissen und Beurteilungen, erfüllte ihn mit großem Unbehagen. Da hatte jemand sein Leben durchleuchtet, seine Persönlichkeit dokumentiert, seine Identität erfasst. Warum tat man so etwas? Noch dazu in einem solchen Umfang, mit solch inniger Akribie, über all die Jahre? Peter Baumann hatte sein Experiment, das vor so vielen Jahren begann, nie vernachlässigt.

»Warum hat er das nie veröffentlich«, dachte Jan laut.

Seine Mutter blickte auf. »Eine gute Frage«, stellte sie fest. »Er wäre von einem Tag auf den anderen berühmt geworden. Denn er hat damals eine Schwelle überschritten. Man hätte ihn vielleicht angeklagt. Aber für die wissenschaftliche Welt wäre er ein Kopernikus, ein Kolumbus gewesen. Damit hätte sich sein großer Traum erfüllt.«

»Vielleicht war er mit seinem Experiment nicht zufrieden?«

»Das glaube ich nicht. Diese Dokumentation zeigt das Gegenteil. Beide Zwillinge entwickeln sich gut, gehen ihren Weg, haben ähnliche Begabungen, durchleben nahezu zeitgleich dieselben Krankheiten, sind sich sogar charakterlich durchaus ähnlich ...«

»Da bin ich mir nicht sicher«, unterbrach Jan.

»Ich will dir ja nicht zu nahe treten. Aber du bist alt genug. Wir können offen darüber sprechen: Als Baumann in unserem Gespräch eure beiden Charaktere verglich, nannte er als Gemeinsamkeiten Ehrgeiz, ein betont aristokratisches Denken und Narzissmus.«

»Narzissmus?«, wiederholte Jan. »Na, vielen Dank. Baumann hätte genauer hinschauen sollen. Wenn das wirklich der Fall wäre, scheint sich dieser Narzissmus bei uns beiden sehr unterschiedlich auszuprägen.«

»Stimmt vielleicht.«

»Aber wir haben immer noch nicht geklärt, warum Baumann dieses Experiment bis heute geheim hält.«

»Hast du dir einmal vorgestellt«, überlegte Marina Winkler, »was geschehen wäre, wenn er vor zwanzig Jahren alles aufgedeckt hätte? Die Presse wäre nicht nur über ihn hergefallen, sondern auch über die beiden von ihm geschaffenen Zwillinge und ihre Mütter. Ich möchte gar nicht daran denken, was das für dich als Kind oder Jugendlicher bedeutet hätte. Die Öffentlichkeit ist in solchen Fällen hemmungslos. Man wäre dir gefolgt, hätte dir vor der Schule oder wo auch immer aufgelauert, um dich zu fotografieren oder dir peinliche Fragen zu stellen. Ich bin sicher, all das hätte einen erheblichen Schaden für deine Psyche und vielleicht für die gesamte Entwicklung deiner Persönlichkeit zur Folge gehabt. Denn du wärst immer wieder damit konfrontiert worden, dass du anders bist, dass es so etwas wie dich eigentlich gar nicht geben dürfte.«

Jan schüttelte langsam den Kopf. »Ja. Das wäre fürchterlich gewesen. Allein die bloße Vorstellung ist gruselig.«

»Aber Baumann erspart seinen Geschöpfen dieses Schicksal. Warum tut er das? Aus Liebe zu seinen Kindern? Aus Mitleid mit den beiden Frauen, die ihm vertraut haben?«

»Vielleicht aus Angst vor der Rache seiner Geschöpfe.«

Sie blickte ihn verwundert an. »Wie meinst du das?«

»Erinnerst du dich an Mary Shelleys Frankenstein? Auch da gibt es einen Wissenschaftler, der das bislang Unmögliche wagt. Aber sein Geschöpf ist verzweifelt über das, was man aus ihm gemacht hat, und verfolgt seinen

Schöpfer um die ganze Welt, tötet sogar seine Angehörigen.«

Marina Winkler musste lachen. »Nein, so dramatisch wird sich Baumann das in seinen schlimmsten Vorausahnungen nicht vorgestellt haben. Immerhin. Wir haben lange recherchieren müssen, um ihn zu finden. Er hat sich offenbar bewusst aus der Öffentlichkeit zurückgezogen. Aber das tut er nicht, um unserer Rache aus dem Weg zu gehen. Bis gestern konnte er sich absolut sicher fühlen. Nein, das kann nicht der Grund sein.«

Sie schaute zu ihrem Sohn, der für einen Augenblick wie geistesabwesend wirkte.

»Wenn all das nicht in Frage kommt«, sagte er, »fällt mir nur noch eines ein.«

»Erzähle!«

»Wenn Peter Baumann seine Ergebnisse nicht an die Öffentlichkeit bringt, wenn er bis heute auf den Ruhm verzichtet, dann könnte das bedeuten ...« Er hielt inne, weil ihn seine Schlussfolgerung selbst überraschte. »... dass das Experiment noch nicht abgeschlossen ist. Die Geschichte ist noch nicht zu Ende.«

Wenn es so war, würden sich in Baumanns Aufzeichnungen Hinweise finden lassen. Sie nahmen sich erneut die Aktenordner und fuhren fort, darin zu lesen.

Jan blätterte noch einmal in jenen Fotos und Papieren, die sein Leben dokumentierten. Doch je mehr er das tat, desto größer wurde sein Überdruss. Baumann hatte versucht, die Geschichte, die Eigenschaften, den Charakter, ja die Identität Jans zu erfassen, doch daraus war letztlich nicht mehr als eine Interpretation seines Schöpfers geworden. Dies hier war nicht das Leben des Jan Winkler.

Dies war eine Konstruktion, eine Mischung aus vermeintlich objektiven Exponaten und der sehr persönlichen Sichtweise Peter Baumanns.

Je mehr Jan darin blätterte, je mehr er sah und las, desto mehr kam er zu der Einsicht, dass dies eben nicht sein Leben war. Leben war etwas Lebendiges, zu jeder Zeit sich Entwickelndes. Dieser Aktenordner dagegen suggerierte, dass man es festhalten, bestimmen, katalogisieren konnte. Jan verstand, was in Peter Baumann vorgegangen war. Als Wissenschaftler benötigte er für seine Analyse und Beurteilung einen klar abzugrenzenden, definierbaren Gegenstand, etwas Festes, etwas, das man messen und vergleichen konnte. Aber so war das Leben nicht. So war auch die Identität eines Menschen nicht. Es befand sich doch alles in ständigem Wandel, in einem ständigen Schwanken der Elemente. So hatte er es vor Jahren bei Michel de Montaigne gelesen, bei jenem Landedelmann aus dem Perigord, der sich in der Mitte seines Lebens in einen Turm zurückgezogen hatte, um sein Leben und vor allem sich selbst zu untersuchen. Das Ergebnis waren seine Essays. So nannte er seine Versuche der Annäherung an sich selbst und die Welt, wissend, dass unser Leben selbst ein Versuch, ein Essay war. Montaigne hatte von einem Dichterwettbewerb erfahren. Dabei war die letzte Zeile des Gedichtes vorgegeben gewesen, und es galt, sein Gedicht, seinen Essay zu schreiben. Und genau so galt es Montaigne, sein Leben zu leben, das Leben als Essay zu verstehen: Die letzte Zeile war vorgegeben, aber der Weg bis dahin konnte ein Menschenleben erfüllen. So hatte Jan es später bei Albert Camus gelesen. Seinen eigenen Stein rollen, das konnte zur großen Aufgabe eines Lebens werden, das ganze Glück eines Menschen ausmachen. Denn welche Sicherheiten gab es in dieser Welt? Jan hatte sich damals in Camus' Überlegungen wiedergefunden. Zunächst in der Darstellung der Monotonie des Alltags. Genau diesen Überdruss hatte Jan empfunden, als er bei Megatech arbeitete. Und er hatte auch erfahren, dass sich aus diesen Beobachtungen Fragen entwickeln konnten. Vor allem Fragen nach dem Warum. Was war wirklich wichtig? Was war noch wertvoll angesichts der blutigen Mathematik, die über uns herrschte? Damit hatte Camus den Tod gemeint, die einzig sichere Zeitmarke in unserem Lebensspiel. So waren wir wohl in der Lage, nach dem Sinn dieses Spiels zu fragen, aber die Welt gab uns keine Antwort. Sie schwieg. Überhaupt schienen wir Menschen, so dachte Jan, sehr begabt zu sein, wenn es darum ging, Fragen zu stellen. Aber wir waren sehr unbegabt, wenn es darum ging, Antworten zu finden. Und so blieb uns diese Welt ein Rätsel. Und so blieb uns nur, das Spiel so zu spielen, wie es gespielt wurde: als den Entwurf eines großen Essays, einer eigenen Identität, die sich entwickelte, wenn man den Stein rollte und dem großen, eigenen Gedicht seines Lebens Zeile um Zeile hinzufügte.

Aber da war nun diese Dokumentation, mit der Peter Baumann versucht hatte, seine, Jan Winklers Identität, zu erfassen. Welch eine Hybris! Welch ein Unfug! Welch eine Anmaßung! Peter Baumann hatte nichts verstanden.

Jan blickte auf den Aktenordner, den er während seines Nachdenkens geschlossen hatte, und empfand nur noch einen großen Überdruss. Wenn das Jan Winkler sein sollte, dann war er nicht Jan Winkler. Vielmehr war er jemand, der ja selbst nicht sicher sagen konnte, wer und was er war.

Er wollte diese Bilder nicht mehr sehen und legte sie beiseite. Es gab Wichtigeres zu tun: den eigenen Essay zu schreiben! Die letzten Strophen auszufüllen!

Am Nachmittag hatte er seine Mutter an die Bahn gebracht. Sie wollte nicht das ganze Wochenende in dieser Stadt bleiben, die sie nie gemocht hatte. In ihrer eigenen Wohnung würde sie die nötige Muße finden, einige weitere Aktenordner zu studieren und Jan die Ergebnisse später telefonisch mitteilen.

»Mach keine Dummheiten«, hatte sie Jan gesagt, bevor sie eingestiegen war, und sie hatte ihn herzlich umarmt.

Nun sah er, wie der Zug sich langsam entfernte.

Es war wohl die richtige Entscheidung, dachte er. Marina Winkler liebte ihre Unabhängigkeit. Und die Stille. Darin waren sie sich sehr ähnlich. Ob dies wohl auch eine dieser genetischen Dispositionen war? Oder eine Prägung, die entstand, wenn man viele Jahre zusammenlebte?

Als er mit der S-Bahn zurück nach Friedrichshain fuhr, ging ihm eine Frage nicht aus dem Kopf. Wie viel Peter Baumann befand sich in seinen Genen? Es war ihm unangenehm, darüber nachzudenken, denn er mochte Peter Baumann nicht. Sollte es wirklich stimmen, dass er, Jan Winkler, genetische Dispositionen dieses Mannes in sich trug, wünschte er sich als Erstes, es wäre möglich, diese Merkmale herauszuschneiden. Doch auch mit Richard Vollmers Gen-Schere würde das nicht möglich sein. Oft hatte sich Jan gewünscht, seinen Vater um sich zu haben. Doch nun beruhigte es ihn ungemein, dass er von Beginn an allein durch seine Mutter geprägt worden war und nicht von einem genetischen Vater, der so viele Merkmale verkörperte, die er selbst ablehnte. Es gab also Gründe, die dafür sprachen, ohne Vater aufzuwachsen. Und wer weiß, wie viele Menschen es bedauerten, ihren Vater nie kennengelernt zu haben, ohne je darüber nachzudenken, dass dies vielleicht auch ein Segen sein konnte. Welch ein Gedanke! Unwillkürlich schüttelte Jan den Kopf und bemerkte, dass er die Menschen in diesem S-Bahn-Waggon kaum wahrgenommen hatte. So viele Menschen. Sie alle lebten ihren Essay, bewusst oder unbewusst, selbstbestimmt oder geleitet von Vorstellungen, die nicht ihre eigenen waren, sondern die man ihnen suggeriert hatte. Aber selbst wenn man sich all dessen bewusst war, musste man sich eingestehen, dass man seit der Geburt von Vorstellungen geleitet war, die man von anderen erfahren hatte. Wie sehr waren wir Herr über unseren eigenen Lebensentwurf? Gab es einen freien Willen? Wir wurden in dieses Leben hineingeworfen, ohne gefragt worden zu sein. Und die Lebensbedingungen, in denen wir aufwuchsen, die uns anfangs prägten, konnten wir uns ebenso wenig aussuchen. Doch für Sekunden dachte Jan auch darüber nach, ob Ahnungslosigkeit vielleicht ein Segen sein konnte. Ein Segen war es, nicht zu wissen, wann man dereinst sterben würde und auf welche Weise. Manchmal durften Menschen erfahren, welche Frist ihnen wahrscheinlich noch blieb. Doch dies widerfuhr nur wenigen und machte sie wohl nicht glücklicher. Allenfalls schärfte sich ihnen der Sinn für das Wesentliche. Und sie hatten die Möglichkeit und wohl auch die Pflicht, sich von all jenen, die sie liebten, in Würde zu verabschieden.

Nun ging ihm eine Tarotkarte durch den Sinn, jene, die auch Sonja Reisinger nun kannte: eine Karte voller Symbolik. In ihrem Zentrum befand sich das Rad des Lebens. Die Sphinx symbolisierte die Rätselhaftigkeit des Daseins, Seth das Verderben, ein Dämon die Unberechenbarkeit und Grausamkeit des Lebens. Die vier Apostel an den Seiten der Karte notierten im Buch des Lebens das Menschenschicksal. Da waren der Schriftzug »TAROT« und die alchemistischen Symbole für die vier Elemente. Jan hatte diese Karte oft betrachtet und verstand ihre Bedeutung: Gut und Böse befanden sich in permanentem Wandel. Das Rad der Zeit, Symbol für unser Schicksal, bewegte sich permanent, aber wir waren dem keinesfalls hilflos ausgeliefert. Manchmal öffnete sich für kurze Zeit ein Fenster, und wir konnten etwas tun, um den Verlauf der Dinge mitzubestimmen. Nichts blieb, alles veränderte sich. Alles fließt, hätte Heraklit gesagt. Wir durften hoffen, dass auch wir unser Leben zum Guten wandeln konnten.

Noch einmal ging Jan etwas durch den Sinn, nur wusste er nicht, woher er die Sätze kannte: Was sind Glück und Leben? Wovon hängen sie ab? Was sind wir selbst, dass wir wegen einer lächerlichen Fastnachtslüge glücklich oder unglücklich werden? Was haben wir verschuldet, wenn wir durch eine fröhliche, gläubige Zuneigung Schmach und Hoffnungslosigkeit einernteten? Wer sendet uns solch einfältige Truggestalten, die zerstörend in unser Schicksal eingreifen, während sie sich selbst daran auflösen wie schwache Seifenblasen?

Alle bereits durchgesehenen Aktenordner lagen auf dem Boden. Die übrigen hatte Marina Winkler mitgenommen, um sie in Ruhe studieren zu können. Bis auf einen, der sich auf dem kargen Tisch dieses Hotelzimmers befand. Jan schlug ihn auf und erkannte sofort, dass es sich um eine jener Fotodokumentationen handelte, wie er sie am Nachmittag enttäuscht beiseitegelegt hatte. So blätterte er eher gelangweilt darin und konnte nicht recht sagen, ob die Bilder ihn oder Richard Vollmer zeigten. Vielmehr hatte er das Gefühl, beide Identitäten würden hier gemischt. Auch die beigefügten Notizen Baumanns ließen sich nicht zuordnen. Jan war etwas ratlos und wusste nicht, wie er diese Sammlung deuten sollte. Vielleicht würden ihn die Daten aus Peter Baumanns Computer weiterhelfen. Er verband die externe Festplatte mit dem Notebook und schaltete es ein.

Zunächst überflog er die Verzeichnisse, um sich einen Überblick zu verschaffen. Doch da war etwas, das ihn sofort aufmerksam werden ließ. Er stieß auf Dokumente, mit denen er nicht gerechnet hatte, las darin geduldig gut eine Stunde und war sich schließlich sehr sicher, dass er Indizien gefunden hatte, die ihm all seine Fragen beantworten konnten. Zugleich war er völlig verwirrt und konnte das alles nicht so recht glauben.

Dann lud er den E-Mail-Verkehr Peter Baumanns in ein eigenes Thunderbird-Programm. So hatte er Zugriff auf alle Nachrichten, die Baumann in den letzten drei Monaten empfangen und gesendet hatte. Je mehr Jan darin las, desto klarer entstand in ihm ein Verdacht, desto schneller bestätigte sich eine Vermutung nach der anderen, und mit jeder Mail und jedem digitalen Dokument verdichtete sich ein Szenario.

Schließlich hatte er genug gesehen. Er lehnte sich zurück, blickte nicht mehr auf den Monitor, sondern starrte durch ihn hindurch. Er hatte verstanden, was Peter Baumann mit seinem Experiment beabsichtigte. Er hatte verstanden, welche Bedeutung das hatte, was all die Jahre geschehen war. Er hatte verstanden, was in den letzten Wochen mit Richard Vollmer geschehen war. Und er hatte eine Entdeckung gemacht, die ihn so schockierte, dass er nicht einmal mehr fähig war, zum Telefon zu greifen.

XII

Sie hatten den alten Polo in der Marienstraße am Bordstein geparkt, obwohl das verboten war. Aber sie würden den Wagen ohnehin nicht verlassen und davonfahren, falls jemand auf sie aufmerksam werden sollte. Die Entfernung zu Vollmers Wohnung war großzügig bemessen, gerade so, dass der Scanner das Funknetz der Sicherheitsanlage noch gut empfangen konnte. Von nun an mussten sie abwarten.

Nat hatte sein Notebook eingeschaltet, um auf den verschiedenen Communities den Shitstorm gegen seinen neuen Auftraggeber zu verfolgen. Einen Tag nach Beginn hatten sich die Reaktionen auf die vermeintlichen Äußerungen Vollmers abgekühlt. Es kamen kaum neue Kommentare dazu. Nat versuchte, nach und nach zum Ursprung dieser Dialoge vorzudringen. Er tat das vor allem auf Facebook, während sich Mike neben ihm auf dem Beifahrersitz auf Twitter konzentrierte. So arbeiteten die beiden gut zwei Stunden, ohne auch nur ein Wort zu wechseln.

»Ich werde immer wieder auf Server in den USA zurückgeführt«, stellte Mike schließlich fest.

»Yep«, antwortete sein Freund kurz. »Die Sache kommt aus dem Valley. Das ist ziemlich sicher. Zwar finde ich nicht den genauen Ursprung, keinen Server, keine IP, die ich einkreisen kann, doch damit habe ich auch nicht gerechnet.«

»Also, es ist das Valley, nicht wahr?«

»Sehr wahrscheinlich.«

»Und was glaubst du?«

»Das kommt vielleicht aus einer Konkurrenzfirma.« Nat zögerte.

»Oder es sind seine eigenen Leute«, ergänzte Mike.
»Das wäre echt heftig. Könnte aber sein.«
Die beiden schwiegen und blickten weiter auf ihre Bildschirme. Erneut vergingen fast zwei Stunden, bis Mike die kreative Stille beendete.
»Soll ich uns mal was zu essen holen?«
»Gute Idee«, antwortete Nat und sah unwillkürlich auf den Funkscanner.
»Moment mal.« Er hatte bemerkt, dass sich das Display des Scanners aktiviert hatte, schloss den Browser und wechselte auf das Diagnoseprogramm. »Da ist etwas.«
Mike schaute ihm aufmerksam über die Schulter. Und tatsächlich: Auf der Wasserfallgrafik waren Aussendungen mit großer Feldstärke zu beobachten, ganz eindeutig auf einer Frequenz, die für Home-2.0-Systeme genutzt wurde. Nat wählte die Frequenz an und konnte sofort feststellen, dass es nicht Richard Vollmers Sicherheitssystem war, was da soeben von außen manipuliert wurde. Er synchronisierte sein Analyseprogramm und sah nun genau das, was auch der fremde Eindringling ganz offensichtlich auf dem Bildschirm hatte: Es war das Blockschaltbild aller Elemente einer elektronisch gesicherten Wohnung. Nat und Mike konnten als Zeugen mitverfolgen, wie ein Fremder über Funk den Nummerncode für die Schlösser änderte und die Überwachungskameras ausschaltete.

»Na schau mal an«, sagte Mike. »Wenn das kein Einbruch wird.« Er blickte durch die Frontscheibe auf die Straße und bemerkte etwa fünfzig Meter entfernt am Straßenrand einen Smart. »Und da hält sich jemand genauso wenig an das Parkverbot wie wir.«

»So ein Mist«, stellte Nat fest, und starrte weiter auf sein Notebook. »Der ist schon im Haus. Wir haben nicht gesehen, wie er sein Auto verlassen hat.«

»Egal. Er muss ja auch mal wieder rauskommen aus der Wohnung. Dann sehen wir ihn. Zeichnet dein Programm auf, was sich im Sicherheitssystem tut?«

»Klar doch. Aber wir können nichts sehen. Die Überwachungskameras sind aus.«

»Clever, das Kerlchen. Kannst du seine IP-Adresse auslesen?«

»Nein, er arbeitet über TOR.«

»Kannst du das umgehen?«

»Ich versuche es. Wenn er mir Zeit genug lässt.«

»Was tut er gerade?«

»Nun nerv mich nicht«, fluchte Nat. »Ich mach, was ich kann. Nimm dir lieber den Fotoapparat. Und schick die Autonummer an Fia. Sie schuldet mir noch was. Schreib ihr, es sei verdammt wichtig.«

Mike nickte und machte sich an die Arbeit. Er fotografierte durch die Frontscheibe den Wagen und das Kennzeichen und schickte die Fotos dann via E-Mail an Nats Freundin. Dann blieb ihm nichts anderes übrig, als erneut zu warten.

Nach zehn Minuten erhielt Nat eine Nachricht von Fia, die ihn in Staunen versetzte. »Der Wagen gehört einer Marina Winkler aus Leipzig, 50 Jahre alt. Ich hab hier ihre Adresse. Keine Vorstrafen. Fia schreibt, die wäre absolut sauber.«

Mike nahm sich sein Notebook und begann zu recherchieren. »Da habe ich sie«, stellte er fest. »Lebt in Leipzig. Es gibt Fotos im Netz. Sieht nett aus. Hat immer Businessklamotten an. Arbeitet in einem Coaching-Unternehmen, das viele gute Bewertungen hat. Ich geh mal schnell durch die Kommentare.«

Nat sah auf die Straße, doch dort geschah noch immer nichts.

»Diese Marina Winkler scheint sehr kompetent und sympathisch zu sein«, berichtete Mike. »Ehemalige Seminarteilnehmer bewerten sie sehr gut.«

»Aber das passt doch alles gar nicht«, stellte Nat fest. »So eine bricht nicht in Wohnungen ein. Die hat das nicht nötig. Die besitzt gar nicht die technischen Fertigkeiten dazu.«

»Und ihr Angriff richtet sich auch nicht gegen Vollmers Wohnung«, stellte Mike nüchtern fest. »Aber warum traust du ihr das nicht zu? Lara Croft ist ja auch von Berufs wegen Archäologin.«

»Da ist sie!« Beide sahen etwa fünfzig Meter vor sich eine Frau und einen Mann mit Aktenordnen das Haus verlassen. Sie eilten zu dem geparkten Smart und verschwanden darin. Alles geschah so schnell, dass Mike nicht in der Lage war, Fotos zu machen. Nat sah, dass auf der bereits genutzten Sendefrequenz wieder Feldstärke angezeigt wurde, und auf dem Diagnoseprogramm konnte er beobachten, wie ein Fremder die Nummernfolge der Schlösser der gehackten Wohnung zurücksetzte, die Kameraanlage reaktivierte und einen Online-Zugang legte.

»Du glaubst nicht, was ich gerade sehe«, sagte Nat. »Marina Winkler schaltet die gesamte Anlage aufs Netz. Damit sie von überall aus darauf zugreifen kann. Und sichert das Ganze mit einem Passwort, das nur sie kennt.«

»Du meinst, sie sitzt da in diesem Smart und programmiert.«

»Richtig. Und ich mag noch immer nicht glauben, dass ein Coaching-Profi zu so etwas fähig ist.«

In diesem Augenblick hörte man einen Motor anspringen. Der Wagen beschleunigte schnell und bog in die Luisenstraße ein.

»Das war ein professioneller Überfall«, stellte Mike fest. »Allerdings nicht gegen die Wohnung Richard Vollmers, wie wir es vorhergesagt haben. Jemand anderes steht diesmal im Fadenkreuz.«

Nat nickte und blickte noch immer auf den Monitor seines Notebooks.

»Macht nichts. Immerhin hat mein Programm soeben die IP-Adresse dieser Marina Winkler ausgelesen. Wir sind ihr also auf den Fersen. So ganz viele Profis dieser Art gibt es nicht. Vielleicht ist sie auch für den Einbruch in Vollmers Wohnung verantwortlich.«

»Aber das macht doch alles keinen Sinn. Der Shirtstorm aus dem Valley. Marina Winkler, der Coach. Der Einbruch in eine ganz andere Wohnung ...«

»Ich weiß auch nicht.« Nat schüttelte hilflos den Kopf. »Aber mein Gefühl sagt mir, dass wir ganz nahe dran sind.«

»Dein Gefühl?«, fragte Mike irritiert.

Nat nickte. »Lass uns mit Julia telefonieren.«

Julia hatte sie zu einer Bäckerei nahe der S-Bahn-Station Greifswalder Straße bestellt. Sie wollte das alles Auge in Auge mit ihnen besprechen, keinesfalls lange telefonieren, denn ihr Smartphone konnte gehackt sein.

Als die beiden nach fast einer Stunde durch die Tür traten, hatte sie bereits einen eher dünnen Kaffee und ein lieblos geschmiertes Käsebrötchen hinter sich. Was tut man nicht alles, dachte sie, um dem Ex der Schwester aus der Patsche zu helfen.

Sie umarmte die beiden herzlich und forderte sie auf, Platz zu nehmen. Trotz ihrer Vorwarnung bestellten sie jeweils einen großen Kaffee und zwei Salamibrötchen.

Sie setzten sich und begannen zu erzählen. Julia hatte ganz bewusst einen Tisch gewählt, der sich etwas entfernt vom Tresen befand. Immer wieder kamen Kunden herein, bestellten und plauderten mit der Verkäuferin. Niemand würde auf sie aufmerksam werden oder sich später an sie erinnern können, dachte Julia. Zugleich kam ihr diese Vorsicht auch etwas absurd und übertrieben vor. Wer sollte sie hier überwachen? Julia ließ all diese Gedanken fallen und hörte aufmerksam zu, was die beiden zu erzählen hatten.

Mike schilderte das Geschehen eher umständlich mit vielen unnötigen Ausschmückungen und Wiederholungen. Aber sie unterbrach ihn nicht, denn sie empfand diese Unbeholfenheit nun geradezu als nützlich; gewährte sie ihr doch die nötige Zeit, über all das nachzudenken, was sie da an Neuem und Unglaublichem zu hören bekam.

»Wie sieht diese Marina Winkler aus?«, fragte sie schließlich.

Mike reichte ihr sein Notebook, und Julia betrachtete die Frau auf dem Foto.

»Nett. ... Also, ich meine: Sie wirkt auf mich sehr positiv. Sie hat eine sehr angenehme Ausstrahlung.«

»Bitte?«, unterbrach sie Mike. »Diese Frau ist ganz kaltschnäuzig in eine Wohnung eingebrochen. Mithilfe neuester Technik. Diese Frau ist ein Freak.«

»Also, eure Recherchen haben doch ergeben, dass sie ein Coach ist, noch dazu ein sehr guter. Genau das passt zu diesem Foto. Habt ihr euch vielleicht getäuscht?«

»Wir haben die Autonummer überprüft«, warf Nat ein. »Der Smart ist auf Marina Winkler zugelassen.«

»Vielleicht hat ihn jemand anderes gefahren.«

»Wir haben in der Marienstraße eine Frau gesehen, die aus dem Haus zum Auto ging. Zugegeben, wir waren etwas entfernt, aber ich bin ziemlich sicher, dass es Marina Winkler gewesen ist.«

»Aber da war noch ein Mann. So hast du es doch gesagt, Mike. Jemand, der ihr half, Aktenordner zu tragen.«

»Das mag sein«, gab Mike zu. »Aber das zeigt nur, dass sie einen Komplizen hat.«

»Gut.« Julia versuchte, nicht die Übersicht zu verlieren und die richtigen Schlüsse zu ziehen. »Aber diese Marina Winkler ist in ein anderes Haus eingebrochen. Nicht in das von Richard Vollmer.«

»Es gibt nicht sehr viele Menschen, die so etwas können. Und wenn auf diese Weise innerhalb von zwei Tagen in derselben Straße zugeschlagen wird, dann kann das kein Zufall sein.«

Julia nickte. Aber sie konnte sich auf all das noch keinen Reim machen.

»Kann es sein, dass der Besitzer der Wohnung, in die heute eingebrochen wurde, etwas mit Vollmer zu tun hat?«

»Das haben wir noch nicht geprüft. Die Wohnung gehört einem gewissen Peter Baumann.«

»Woher wisst ihr den Namen?«

Mike lächelte schelmisch.

»Stand auf dem Klingelschild.«

Auch Julia musste lachen.

»Schön, dass es noch Dinge gibt, die man ohne Suchmaschine herausbekommt«, stellte sie mit einer gewissen inneren Zufriedenheit fest.

»Leider sind diese Suchmaschinen dennoch sehr nützlich.«

»Wie meinst du das?«

»Wir haben im Netz nach Fotos von Marina Winkler gesucht. Und da fanden wir auch dies.«

Julia nahm ihm das Notebook aus der Hand und schaute auf den Bildschirm. Sie war bereits verblüfft genug über das, was die beiden ihr erzählt hatten. Nun jedoch musste sie schlucken. Da war Marina Winker zu sehen. Auf einem Empfang. Die typische Situation mit vielen gut gekleideten Menschen, die alle ein Glas Sekt in der Hand hielten. Es mochte sich um ein lockeres Beisammensein nach einer Präsentation handeln oder um die After-Work-Party auf einer Messe. Doch da stand jemand neben Marina Winkler. Und dieser jemand war ihr nur allzu gut bekannt. Es war Richard Vollmer.

»Das kann doch nicht ... sein.« Sie suchte verzweifelt nach den passenden Worten. »Ich muss jetzt unbedingt Sonja anrufen«, sagte sie.

»Keinesfalls«, hielt Nat sie zurück. »Wenn eure Handys abgehört werden, wissen die, dass wir Marina Winkler aufgespürt haben. Und wenn Richard Vollmer selbst der Urheber seiner Intrige ist, dann erfährt er aus erster Hand, dass wir Bescheid wissen.«

Julia nickte und sah Mike und Nat nacheinander fassungslos an. Sie verstand nicht. Sie hatte aufmerksam zugehört, was geschehen war, was die beiden in so kurzer Zeit ans Tageslicht gebracht hatten, doch dieses eine Bild, das sie nun noch einmal auf dem Monitor des Notebooks betrachtete, traf sie wie ein Schlag. Sie konnte nachvollziehen, was jetzt in den beiden vor sich ging, welchen Verdacht sie hatten und wie sie sich damit fühlten. Ihr ging es ganz genauso.

»Wie ist das möglich?«, sagte sie leise.

»Das würden wir auch gerne wissen«, stellte Nat nüchtern fest. »Da stehen wir in der Marienstraße und überwachen Vollmers Haus. Dann werden wir Zeuge, wie eine gewisse Marina Winkler mit professioneller Technik eine andere Wohnung hackt. Wir kommen ihr auf die digitale Spur. Und dann sehen wir ein Foto von ihr und Richard Vollmer. Julia, die Sache ist absolut oberfaul. Wir machen da nicht mehr mit. Wenn herauskommt, mit welchen Mitteln wir recherchiert haben, sind wir dran.«

»Langsam, langsam, langsam, langsam«, flüsterte Julia, hielt sich die Hände an den Kopf und versuchte verzweifelt, einen klaren Gedanken zu fassen.«Das scheint jetzt alles ganz eindeutig zu sein. Und wenn das stimmt, mache ich diesem Richard Vollmer die Hölle heiß. Aber ich habe schon einige Male erlebt, dass ich einen völlig eindeutigen Verdacht hatte, und schließlich war doch alles ganz anders.«

»Julia, die Sache ist völlig klar.«

»Langsam. Ihr habt dieses eine Bild. Was sagt schon ein Bild. Ihr seid Freaks genug, dass ihr wisst, wie schnell man Bilder manipulieren oder gar neu komponieren kann. Hättet ihr dieses eine Bild nicht, würde eure Beurteilung ganz anders ausfallen. Also. Überlegt einmal. Angenommen auch dieses Bild ist eine Falle. Versteht ihr? Die Gegner von Richard Vollmer setzen jemanden gegen ihn ein. Wie gute Schachspieler nehmen sie vorweg, dass Vollmer Unterstützer hat, die ihn raushauen wollen. Diese Freunde könnten auf Marina Winkler stoßen. Was muss man tun, um diese Freunde auszubremsen? Man nährt in ihnen einen fürchterlichen Verdacht.«

Nat sah sie entgeistert an und schüttelte dann den Kopf. »Das ist mir zu viel Spekulation.«

»Mir auch«, ergänzte Mike.

»Ich weiß nicht. Wahrscheinlich habt ihr Recht. Alles sieht genau so aus, wie ihr es sehen wollt. Aber lasst mir noch eine Stunde.«

»Was hast du vor?«

Julia strich sich durch die blaue Mähne. »Ich fahre an den Landwehrkanal. Zu Sonja. Ich werde diesen Richard Vollmer zur Rede stellen. Er wird mir die Wahrheit sagen müssen. Glaubt mir. Und dann rufe ich euch an.«

Mike und Nat wechselten Blicke.

»Wir lassen dich nicht allein. Wir kommen mit.«

Julia sah sie erfreut an.

»Echte Freunde«, sagte sie und lächelte. »Ich liebe euch.«

Es war Mittag geworden, als der alte Polo wieder durch die Straßen Berlins rollte, diesmal mit Julia am Steuer. Nat und Mike schwiegen vor sich hin und schauten gelangweilt aus dem Fenster.

»Woher nimmst du eigentlich die Hoffnung«, fragte Mike schließlich, »dass dieses Bild nicht das zeigt, was wir denken?«

»Man könnte auch anders fragen«, konterte Julia. »Woher nehmt ihr eure Gewissheit, dass dieses Bild das zeigt, was ihr denkt?«

»Ich sehe, was ich sehe«, stellte Mike nüchtern fest. »Und es gehört nicht viel Fantasie dazu, sich den Rest zu denken.«

»Aber genau das ist es. Du denkst dir den Rest dazu. Nun stell dir vor, du hast eine dieser neuen Cybermasken auf, zum Beispiel eine Oculus. Die kennst du doch?«

»Aber ja. Sehr gut.«

»Und da läuft ein Spiel oder eine 3-D-Doku, die dir suggeriert, dass du oben auf dem Mont Blanc stehst oder auf der Zugspitze. Was würdest du sehen und was würdest du denken?«

»Seltsame Frage«, antwortete Mike. »Ich würde mich auf der Zugspitze umsehen und mich dort auch fortbewegen können, aber es wäre mir natürlich klar, dass das nicht die Wirklichkeit ist.«

»Eben hast du noch gesagt: Ich sehe, was ich sehe.«

»Stimmt.«

»Also ist das, was du siehst, nicht zwangsläufig die Wahrheit.«

»Na ja«, gab Mike zögernd zu. »Das kennen wir ja schon lange. Immer schon wussten die Menschen von optischen Täuschungen. Denk an die vielen Kipp-Bilder, die man im Netz finden kann. Zum Beispiel jenes, in dem man mal eine alte Frau und mal eine junge Frau erkennen kann. Hast du das schon mal gesehen?«

»Ja«, antwortete Julia und sah, wie vor ihr die Autos zum Stillstand kamen. »Wenn man das Bild zum ersten Mal gezeigt bekommt, sieht man zunächst entweder die Alte oder die Junge, und wenn man dann darauf hingewiesen wird, dass es auch die andere gibt, springt irgendwann etwas in deinem Gehirn um und du siehst auch die andere. Genau das meine ich ja: Unser Gehirn interpretiert ständig mit. Ich glaube, wir können gar nicht einfach nur sehen, denn immer schon arbeitet unser Gehirn mit. Wir sehen etwas vor uns, und unser Gehirn ist sofort dabei, das Gesehene in eine Schublade zu packen, und interpretiert: eine Rose; ein Pferd; ein Auto.«

»Oder rot, wie bei dieser Ampel.«

Julia hatte sie übersehen und bremste so stark, dass auch ihre Beifahrer kräftig durchgerüttelt wurden.

»Ganz unnütz sind diese Interpretationen scheinbar nicht«, stellte Nat fest und grinste.

»Find ich gar nicht witzig«, gab Julia zurück. »Natürlich sind all diese Interpretationen unseres Gehirns wichtig. Sie sind ein Ergebnis der Evolution. Sie lassen uns überleben. Ohne sie würden wir in kürzester Zeit in Gefahr geraten. Stell dir vor, du schaust im zehnten Stock aus dem Fenster, und dein Gehirn ist nicht in der Lage, dreidimensional zu denken. Würdest du die Gefahr richtig beurteilen können? Wohl kaum. Aber auch in einem gewöhnlichen Zimmer könntest du nicht mehr die Entfernungen abschätzen und würdest gegen den nächsten Tisch rennen.«

»Oder bei Rot über die Ampel fahren«, ergänzte Nat.
»Okay. Vergiss es. Es gibt natürlich viele Beispiele: die Bilder von Escher oder Dali. Oder die berühmte Fata Morgana in der Wüste.«

»Oder manipulierte Bilder«, stellte Julia fest. »Man zeigt dir ein Bild, und du interpretierst es vor dem Hintergrund der Erkenntnismechanismen und Erfahrungen deines Gehirns. Die Manipulierer wissen, wie du Bilder beurteilst, und dementsprechend machen sie Bilder, die dich manipulieren. Verstehst du?«

»Selbst unsere täglichen Nachrichtensendungen arbeiten so«, meldete sich Mike vom Rücksitz. »Sie wählen aus, kommentieren, suggerieren, und für dich ist es sehr aufwendig, zu prüfen, ob die jeweilige Nachricht tatsächlich stimmt oder ob sie die Wirklichkeit auf eine Weise darstellt, wie sie gar nicht ist.«

»Das war ja immer schon die Kritik der Verschwörungstheoretiker«, meinte Nat. »Hat es die Landung auf dem Mond wirklich gegeben? War 9/11 nicht ganz anders, als man uns sagt? Genauso ist es ja auch, Julia, wenn du vermutest, die Gegner Richard Vollmers hätten dieses Bild aus taktischen Gründen manipuliert.«

Julia dachte nach und strich sich einmal mehr eine blaue Strähne aus dem Gesicht.

»Vielleicht ist es eine falsche Vermutung von mir«, sagte sie. »Aber tatsächlich haben wir nur ein Bild. Wenn wir die Wahrheit dieses Bildes finden wollen, müssen wir mit denen reden, die abgebildet sind. Richard Vollmer und Marina Winkler. Das ist unsere einzige Chance.«

»Ja, ja«, seufzte Mike. »Deshalb kommen wir ja auch mit. Ich meine nur, wir sollten vorsichtig sein. Du musst diesem Richard Vollmer das Messer auf die Brust drücken.«

»Setzen.«

»Wie bitte.«

»Man sagt: das Messer auf die Brust setzen. Keine Sorge. Das mache ich.«

Inzwischen hatten sie den Landwehrkanal erreicht.

»Wenn man dich so hört«, stellte Mike fest, »könnte man glauben, dass man sich auf gar nichts verlassen kann.«

»In der Philosophie gibt es Theorien«, sagte Julia, »die das mindestens teilweise behaupten. Denk an Platons Höhlengleichnis. Oder an die Meditationen von Descartes.«

»Bitte jetzt keine Philosophie«, warf Mike ein. »Seit du das studierst, bist du tierisch anstrengend geworden. Ich erinnere mich noch mit Grauen an unser Gespräch über einen gewissen Popper und seine weißen und schwarzen Schwäne.«

»Das ist gut«, stimmte Julia begeistert zu. »Das kann man in unserem Fall anwenden.«

»Bitte nicht.«

»Doch. Unser Foto mit Vollmer und Marina Winkler ist sozusagen wie ein weißer Schwan. Wir sehen es, und glauben, genau so müsste es sein bzw. alle Schwäne können nur weiß sein. Aber ein einziger schwarzer Schwan zeigt uns, dass es nicht nur weiße gibt.«

»Das verstehe ich nicht: Was bedeutet das nun für unser Foto?«

»Sobald wir eine Information bekommen, die uns sagt, dass das Foto gefälscht ist oder dass es andere Fotos gibt, die unser Foto widerlegen, ist es dahin mit eurer Interpretation.«

»Ich komme nicht mehr mit.«

»Ist doch ganz einfach«, stellte Nat fest. »Wir suchen einen schwarzen Schwan. Am Landwehrkanal. Oder in Leipzig.«

»Richtig.«

Noch einmal musste Julia an einer Ampel halten.

»Gibt es eigentlich irgendetwas, auf das wir uns verlassen können? Ich versteht dich nicht, Julia. Es funktioniert doch alles sehr gut in dieser Welt.«

»Das tut es auch in einer Computersimulation.«

»Du willst also behaupten, alles ist eine Computersimulation?«

»Nick Bostrom, ein Hirnforscher und Philosoph, hat einen Beweis geführt, aus dem hervorgeht, dass die Wahrscheinlichkeit, dass wir alle in einer simulierten Realität leben, größer sei, als die Wahrscheinlichkeit, dass wir real existieren.«

»Ich hasse Philosophie«, stellte Mike fest. »Und ich habe Hunger. Ist das etwa auch simuliert?«

»Nun«, begann Julia versöhnlich. »Es gibt einen kleinen Beweis dafür, dass du tatsächlich Hunger hast und dass es dich tatsächlich gibt.«

»Jetzt bin ich gespannt«, meinte Nat.

»Was haltet ihr davon: Ich weiß, dass ich existiere, weil mein kleiner Hund mich kennt.«

Mike schüttelte den Kopf. »Der Hund ist eine Simulation«, erwiderte er entschieden. »Oder ein Replikant aus dem Valley.«

Sonja saß neben Richard Vollmer am Tisch und hörte gebannt zu, was ihre Schwester berichtete. Julia hatte all das, was geschehen war, spannend erzählt und dabei mehrfach darauf geachtet, wie Richard Vollmer reagierte. Besonders als der Name Marina Winkler gefallen war, hatte sie ihn angeschaut, als erwarte sie irgendeine Art von Reaktion. Irgendetwas lag in der Luft. Das spürte Sonja. Dafür kannte sie ihre Schwester lange genug.

»Unglaublich, was ihr da erlebt habt«, sagte Vollmer schließlich. »Das war großartige Arbeit. Ich danke euch sehr. Ehrlich gesagt hatte ich wenig Hoffnung, dass das bloße Observieren und Warten etwas bringen würde. Aber ihr habt Recht behalten. Und dass der Shitstorm seinen Ursprung im Valley hat, macht die Sache nicht besser. Ihr meint also, der Angriff könnte sogar aus meiner Firma kommen?«

»Das ist möglich«, bestätigte Nat. »Aber es könnte auch eine Konkurrenzfirma sein, die Cambridge Biotech schaden möchte. Ein Unternehmen, das in der gleichen Branche tätig ist, vielleicht an ähnlichen Dingen forscht. Gibt es so etwas?«

Vollmer hatte begonnen, seinen Bleistift in der Hand zu bewegen.

»Sicherlich. Wir sind nicht die Einzigen, die sich auf diesem Gebiet etwas versprechen. Im Moment sind wir aber sicher die Erfolgreichsten. Es könnte im Sinne anderer Firmen sein, uns auszubremsen, um selbst schneller am Markt zu sein.«

Er legte den Bleistift aus der Hand.

»Aber diese Marina Winkler ist eine seltsame Figur. Wenn man ihre Fotos sieht, glaubt man nicht, dass sie neueste Sicherheitssysteme knacken kann. Und ihr habt sie ja auch nicht dabei beobachtet, wie sie in meine Wohnung eingebrochen ist. Irgendwie macht das alles keinen Sinn. Es fehlt ein Bezug, ein Hinweis, dass das alles etwas mit den Angriffen auf mich zu tun hat.«

Sonja merkte, wie ihre Schwester hellhörig geworden war.

»Vielleicht gibt es ja einen Hinweis«, sagte Julia und stellte Mikes Notebook auf den Tisch, so dass Sonja den Monitor sehen konnte. Sie erschrak förmlich und blickte völlig entgeistert auf das, was sie nun sah. Dann reichte Julia das Notebook weiter an Richard Vollmer.

Auch er zuckte zusammen und wirkte von einem Moment auf den anderen wie versteinert. Sonja schaute zu ihrer Schwester und dann zu Vollmer. Wie Julia beobachtete sie nun dessen Reaktion.

»Wie ist das möglich?«, fragte sie leise, aber niemand im Raum gab ihr eine Antwort. Alle Blicke waren auf Richard Vollmer gerichtet, doch der war so konsterniert, dass er diese Blicke nicht zu bemerken schien.

Die Zwillinge sahen sich an. Sonja verstand sofort, was Julia beabsichtigte, und sie selbst wäre nicht anders vorgegangen als ihre Schwester. Sie beobachtete nun, wie Vollmer das Notebook zur Seite schob und tief durchatmete.

»Das bin ich nicht«, sagte er leise. »Das bin nicht ich. Das müsst ihr mir glauben.«

Er schwieg und starrte wieder auf den Monitor.

»Aber ich weiß auch nicht, wie ich euch das beweisen soll. Ich kenne diese Marina Winkler nicht. Ich habe sie noch nie gesehen. Und ich kenne auch nicht die Räumlichkeiten, in denen dieses Foto aufgenommen wurde.« Er sah zu Sonja. »Du musst mir glauben.«

Sie erwiderte seinen Blick, ohne zu irgendeiner Reaktion fähig zu sein. Zum ersten Mal meinte sie in seinen Augen so etwas wie Verzweiflung zu erkennen.

»Das da bin nicht ich«, wiederholte er leise.

»Sagt dir der Name Peter Baumann etwas?«, fragte Julia, aus einer Stille heraus, die sich bleischwer über den Raum gelegt hatte.

Richard Vollmer blickte auf und sah sie an. »Ein Genetiker. Er hat in den 80er und 90er Jahren eine steile Karriere gemacht, geriet dann aber in Vergessenheit. Ich habe lange nichts von ihm gehört.«

Julia erwiderte seinen Blick. »Er wohnt in der Marienstraße. Sieben Häuser von dir entfernt.«

Die beiden Schwestern waren nach draußen gegangen, um sich kurz zu beraten. Ihr Gefühl sagte ihnen, dass Vollmer tatsächlich nicht der Mann auf dem Foto war. Sie hatten beschlossen, ihrem Gefühl zu vertrauen, und sich für den einzigen Weg entschieden, der sie in dieser verfahrenen Situation weiterbringen konnte.

Als sie in Sonjas Wohnung zurückkehrten, herrschte in der Küche absolute Stille. Richard Vollmer starrte noch immer auf das Foto und wirkte geradezu apathisch. Nat und Mike saßen am Tisch und wirkten hilflos.

»Ich fahre nach Leipzig«, stellte Julia fest. »Über die A 115 bin ich in zwei Stunden da. Kommt ihr mit?«

Nat und Mike zögerten einen Augenblick. Dann nickten sie.

»Ich möchte ebenfalls mitfahren«, sagte Richard Vollmer.

»Das ist keine gute Idee«, erwiderte Sonja.

»Aber es ist der einzige Weg für mich, euch zu beweisen, dass dieses Foto eine Fälschung ist.«

»Die direkte Konfrontation ist taktisch unklug«, stellte Julia fest. »Für Marina Winkler wäre es dann ganz offensichtlich, dass sie enttarnt würde.«

»Aber was willst du sonst machen?«

»Ich weiß noch nicht. Auf der Fahrt wird mir etwas einfallen.«

Julia umarmte ihre Schwester und gab Nat und Mike ein Zeichen zum Aufbruch. Sekunden später hatten sie den Raum verlassen, und es war ganz still.

Sonja setzte sich an den Tisch.

Richard Vollmer blickte eine ganze Zeit lang auf den Becher, der vor ihm stand. »Glaubst du mir?«, fragte er schließlich.

Sonja zögerte mit ihrer Antwort. »Ich weiß nicht, was ich glauben soll«, sagte sie leise.

Vollmer nickte. »Ich verstehe. Alles spricht gegen mich.« Er nahm den Becher, in dem sich kein Kaffee mehr befand, und umfasste ihn mit beiden Händen.

»Es ist zu viel geschehen.« Sonja war ganz in ihren Gedanken gefangen. »Was soll ich noch glauben, nach dem, was geschehen ist? Du hast mich sehr verletzt. Nicht nur, dass du gegangen bist. Das geschieht. Das gibt es immer wieder. Aber wie du es gemacht hast. Und was dich dazu bewegte. Von einem Augenblick zum nächsten war da kein Platz mehr für mich. So, als wenn das, was vorher zwischen uns geschehen ist, ganz unwichtig gewesen wäre, banal und austauschbar. Was war ich für dich? Ein nettes Accessoire, eine angenehme Gewohnheit, aber eben etwas, auf das man leicht verzichten kann, wenn es einem nicht mehr in die Lebensplanung passt? Was soll ich über dich denken? Und warum soll ich dir glauben?«

Richard Vollmer hielt noch immer den Becher in der Hand, als würde er Halt daran suchen.

»Es tut mir leid«, sagte er leise. »Ich kann es nicht wieder gutmachen. Doch heute tut es mir in der Seele weh. Ich bereue es zutiefst. Kannst du das verstehen?«

»Warum sollte ich das verstehen? Ist irgendetwas geschehen? Hat sich die Welt verändert? Hast du plötzlich so etwas wie ein Gewissen bekommen? So etwas wie ein Gefühl? Für die Menschen, die dich umgeben?«

»Ja«, antwortete er zögerlich, »vielleicht ist es so ein Gefühl. Sicherlich ein Gefühl der Ohnmacht. Aber auch mehr. Ich kann es nicht in Worte fassen. Aber ich fühle mich wie zurückgeworfen, so als würde ich an einer bestimmten Stelle noch einmal anfangen. Wie soll ich dir das erklären? Ich verstehe es ja selbst nicht. Aber ich bin sehr erschüttert. Von dem, was mich getroffen hat. Und zugleich bin ich erschüttert über das, was ich dir vor zwei Wochen dort am Landwehrkanal angetan habe. Ich erlebe diese Szene immer wieder in meiner Erinnerung und erkenne die Leere, die ich damals nicht wahrhaben wollte und die ich jetzt empfinden kann.«

Sonja hatte zugehört, ohne aufzublicken. »Was hast du empfunden, als du dich auf dem Foto gesehen hast. Gemeinsam mit Marina Winkler?«

Richard Vollmer musste nicht nachdenken, um zu antworten. »Ich habe jemand anderen gesehen. Jemand, der wie ich aussieht, der aber ein anderes Inneres zu haben scheint. Ein Doppelgänger, aber eben auch kein Doppelgänger. Äußerlich wie ich, doch zurückhaltender, unsicherer, fragiler. Ein wenig so, wie ich mich jetzt fühle, aber wie ich zuvor nie gewesen bin. Dieses Foto hat mich erschreckt. Aber nicht nur, weil der Abgebildete tatsächlich so aussieht wie ich, sondern weil man ihm ansehen kann, dass er eine andere Seele hat. Eine Seele, in der manches ist, was ich noch vor kurzem verachtet hätte, was mir aber nun nahe zu sein scheint. Ich kann ihn verstehen.«

»Ist das Foto wie ein Spiegel?«

»Nein. Wenn ich in den Spiegel schaue, sehe ich mich selbst. Mit dem Foto ist es anders. Ich sehe darin, wie ich auch sein könnte. Und im Gegensatz zu früher gelingt es mir, das, was ich darin sehe, nicht zu verurteilen. Ich beginne wohl damit, meine eigene Identität zu hinterfragen. Wir erzählen uns ständig unser eigenes Leben. Wir erzählen uns ständig Geschichten, bis wir die wählen, die zu uns passt. Aber die Geschichte, die ich für mich gewählt habe, passt nicht mehr. Sie geht nicht auf. Vielleicht heißt

Dasein eine Rolle spielen. Doch ich bin dabei, meine Rolle zu verlieren, und ich suche.«

Sonja blickte ihn an. Das lange Haar fiel ihr ins Gesicht, und sie ließ es geschehen. Seine Worte berührten sie, aber sie wollte nun nichts dazu sagen, und der Gedanke an Julia und Nat und Mike, die jetzt unterwegs waren, brachte sie dazu, ihn noch einmal mit etwas zu konfrontieren, was ihr unerklärlich geblieben war.

»Wer ist dieser Peter Baumann?«

Richard Vollmer schaute verwirrt zu ihr und brauchte einen Augenblick, um sich auf ihre Frage einzulassen.

»Ein Genetiker. Früher mal ein sehr bekannter und angesehener Forscher auf dem Gebiet der künstlichen Befruchtung und ganz allgemein in der Reproduktionsmedizin.«

»Könnte er etwas mit all dem zu tun haben, was gerade geschieht?«

»Es ist seit vielen Jahren still um ihn geworden.«

»Warum?«

»Die Entwicklung ging weiter, und andere sind an ihm vorbeigezogen. Sie waren vielleicht einfach mutiger.«

»So wie du?«

Vollmer zögerte. »Ja, vielleicht.«

»Hat er auch an den neuen Menschen geglaubt?«

»Ich kenne Baumann nicht. Natürlich haben schon vor dreißig Jahren viele Biologen ein neues Zeitalter kommen sehen. Und damit lagen sie ja nicht falsch. Aber wie Baumann dazu stand, weiß ich nicht. Mir war auch nicht bekannt, dass er in meiner Nachbarschaft wohnt. Ich würde ihn nicht erkennen.«

Erneut war es für einen Augenblick ganz still in dem kleinen Raum.

»Das ist aber auch ganz unwichtig. Verstehst du? Es ist unwichtig.«

Er nahm ihre Hand, und eher ungläubig ließ sie es zu.

Sie saß da und verstand, aber empfand noch immer eine große Leere. Sie fühlte, dass sie weit voneinander entfernt waren, noch immer sehr weit entfernt von dem waren, worum es überhaupt ging. Sie sah die kleine Briefablage auf dem Tisch, entdeckte die Tarotkarte und betrachtete sie. Das Rad des Lebens, ging es ihr durch den Kopf, es schien sich in diesen Tagen besonders schnell zu drehen.

»Wer immer diese Karte geschickt hat«, sagte sie, »er hat verstanden, dass sich in ganz kurzer Zeit ganz viel wandeln wird. Fast scheint es, als hätte er alles vorhergesehen.«

»Glaubst du an die Macht dieser Karte?«

»Sie lässt mich nicht unberührt«, sagte Sonja leise. »Sie ist längst im Spiel.«

»Es ist langweilig«, stöhnte Mike auf dem Rücksitz. Sie hatten mehr als die Hälfte der Strecke hinter sich und seither kaum ein Wort gesprochen Nat steuerte den Wagen mit Tempo 120 über die Autobahn, und Julia Reisinger versuchte noch immer, einen Sender mit Musik zu finden, die für sie akzeptabel war. Es gelang ihr nicht.

»Hast du dir überlegt, was du sagen wirst?«, wollte Mike wissen.

»Noch nicht«, antwortete Julia. »Ich denke gerade über dieses Foto nach, das Richard Vollmer mit Marina Winkler zeigt. Es ist ganz erstaunlich, was das Internet mit uns macht.«

Sie hörte damit auf, einen Sender zu suchen, schaltete das Radio ab und lehnte sich zurück in den Beifahrersitz.

»Könntest du dich ein wenig klarer fassen?«, gab Mike zurück.

»Nun, wir alle haben eine Persönlichkeit«, stellte Julia fest. »Eine eigene Identität, wenn du so willst. Zumindest bilden wir uns das ein. Wir sehen uns als eine Person, als ein Ich, aber so einfach ist die Sache nicht. Genauso könnte man sagen, wir sind das Ergebnis einer unüberschaubaren Fülle von Ereignissen und Einflüssen.«

»Ich verstehe nicht, worauf du hinaus willst und was das mit dem Internet zu tun hat.«

»Nun wir erzählen uns ständig, wer wir sind. Und bilden uns ein, eigene Entscheidungen zu treffen. Aber wenn wir uns bewusst machen, dass unser Ich das Ergebnis einer Vielzahl von Einflüssen ist, können wir dann eigentlich noch von einer eigenen Persönlichkeit oder Identität sprechen, oder ist das Ich nur eine glänzende europäische Sackgasse?«

»Wow, welch ein Satz«, stellte Nat fest. »Ist der von dir?«

»Zugegeben: von einem deutschen Schriftsteller.«

»Bitte nicht wieder Philosophie«, stöhnte Mike.

»Gut. Buddha wirst du ja nicht in diese Kategorie einordnen. Der sagt: Das Ich ist ein Kreis ohne Mittelpunkt.« Sie drehte sich um und schaute zu Mike auf dem Rücksitz. »Aber ich will eigentlich auf etwas ganz anderes hinaus. Nämlich darauf, was das Internet mit uns macht.«

»Jetzt bin ich gespannt«, spornte Nat sie an.

»Wenn wir Suchmaschinen benutzen, wenn wir online einkaufen, wenn wir Social Media nutzen oder irgendwelche Smartphone-Apps – immer dann werden von den Anbietern Informationen über uns gesammelt. Für was interessiert sich Julia, wenn sie online einkauft? Was will sie wissen, wenn sie die Suchmaschine nutzt? Wie sieht ihr Freundeskreis aus? Mit wem kommuniziert sie? Was schreibt sie? Was fühlt sie? Was denkt sie? Welche Bilder verschickt sie? Wo war sie im Urlaub? Welches Bewegungsprofil hat ihr Smartphone aufgezeichnet?«

»Schon gut«, unterbrach sie Mike. »All diese Daten werden unbemerkt gespeichert und durch Algorithmen in Bezug gesetzt. Das wissen wir.«

»Richtig. Und diese Algorithmen bieten ihren Besitzern ein Profil von mir. Ich habe nun eine Internetidentität. Das alles geschieht im virtuellen Raum. Die echte Julia hat nun einen virtuellen Klon, einen virtuellen Zwilling, der von sich behauptet, Julias Identität zu sein. Diese Identität kann der wirklichen Julia durchaus nahekommen. Sie könnte die wirkliche Julia aber auch total falsch abbilden. Immerhin: Es gibt nun eine virtuelle Julia, ob sie will oder nicht.«

»Du kannst ja, wenn du willst, selbst auf diese virtuelle Realität Einfluss nehmen. Indem du nur Daten freigibst, die du freigeben willst. Oder indem du dein Bild im Internet bewusst gestaltest; mit einer eigenen Homepage oder mit deiner Facebook-Seite. Du kannst deine virtuelle Realität bewusst gestalten. Und wahrscheinlich wird das auch dann nicht die wirkliche Julia werden, sondern eine, die so ist, wie du es gern hättest. Meinst du nicht, dass du die Dinge unnötig dramatisierst?«

»Gar nicht«, entgegnete Julia und lächelte, weil sie ihre Entgegnung bereits wusste. »Nimm den Fall Richard Vollmer. In der Wirklichkeit – und über die Beschaffenheit der Wirklichkeit streiten wir jetzt mal nicht – hat Vollmer das, was man ihm vorwirft, nie gesagt. Im Internet wird inszeniert, er habe etwas Schlimmes gesagt, und ein Shitstorm bricht los, der nicht nur den virtuellen Richard Vollmer, sondern auch den real existierenden empfindlich trifft. Versteht ihr? Der Shitstorm ist eigentlich ein Angriff auf die virtuelle Identität Vollmers; er ist gegen seinen virtuellen Doppelgänger gerichtet. Doch er springt über. Und trifft den realen Vollmer.«

Für einen Augenblick sagte niemand etwas. Der Klang des Motors und das Geräusch der Fahrbahn wirkten monoton.

»Und was willst du jetzt damit sagen?«, fragte Nat.

»Dass man im Netz inzwischen zu viel von uns weiß. Und dass man es gegen uns verwenden kann.«

»Selbstentmündigungsfatalismus«, stellte Nat nüchtern fest.

»Bitte was?«

»Die Menschen behaupten, sie hätten nichts zu verbergen, und deshalb sei es auch nicht so schlimm, was im Netz mit ihren Daten geschieht. Man könne ja eh nichts dagegen tun. Und wer sollte bei so vielen Daten ausgerechnet an ihnen interessiert sein? Es werde schon nichts Schlimmes passieren. Und, und, und. Verstehst du?«

Julia nickte.

»Dabei kann man etwas dagegen tun. Das habe ich ja gerade gezeigt«, stellte Mike fest.

»Stimmt«, bestätigte Nat. »Wir drei tun das. Weil uns das wichtig ist. Und weil wir wissen, was man tun kann, damit die Algorithmen keine Daten von uns bekommen. Oder nur die, von denen wir meinen, dass sie die haben dürfen. Aber die meisten Leute tun nichts. Leider.«

»Wie sind wir eigentlich darauf gekommen?«

»Über die Identität«, stellte Julia fest. »Seit einigen Jahren haben wir neben unserer guten alten Identität, wie immer die auch aussehen mag, noch eine weitere: im Internet. Wir haben einen virtuellen Doppelgänger, ob wir wollen oder nicht.«

Sie hatten die Abfahrt erreicht. Nat ließ den Wagen langsamer werden.

»Bringt uns das in unserem Fall weiter?«, fragte er.

»Na, ja. Wir waren uns vorhin uneinig, wie wir dieses Foto bewerten sollen. Es gehört zu Vollmers virtueller Identität, kann entsprechend manipuliert worden sein, aber wir haben so getan, als wäre es ein Teil der Realität. Versteht ihr, was ich meine? Du sollst dir kein Bildnis machen. Das gilt wohl besonders auch für virtuelle Realitäten. Also: All diese Gedanken bestärken mich in der Meinung, dass wir die Gegner Vollmers aus der Virtualität herauslocken müssen. Die Schlacht muss in der Realität geschlagen werden. Nur da haben wir gegen einen übermächtigen Feind eine Chance. Denkt an James Bond. Skyfall. Bond kämpft gegen einen informationstechnisch übermächtigen Gegner und hat keine Chance. Was tut Bond? Er zwingt den Gegner, in die Realität zurückzukehren. Er lockt ihn nach Skyfall.«

»Nicht schlecht«, stellte Mike beeindruckt fest

Nat nickte stumm. Er musste sich nun auf das Navi konzentrieren. Er steuerte den Wagen durch eine Stadt, die er nicht kannte, und vertraute ihrem virtuellen Abbild auf dem Bildschirm eines kleinen Gerätes, das ihn nach kurzer Zeit tatsächlich in die Winsstraße führte.

Er blickte zu Julia.

»Weißt du nun, was du sie fragen wirst?«

Julia nickte.

Sie stand an der großen Tür einer dieser alten Mietskasernen, wie es sie in Berlin wohl zu Tausenden gab, aber offenbar auch hier in Leipzig. Sie blickte auf die Klingelschilder und fand den Namen, den sie suchte.

Es dauerte gut eine halbe Minute, bis ein Summer erklang und sich die Tür aufdrücken ließ.

Julia ging das Treppenhaus hinauf. Alles war hier noch so, als hätte die Wende nie stattgefunden. Der Wandputz schien ausgeblichen, die Fenster lange nicht geputzt und das Linoleum auf den Treppenstufen ausgetreten. Dennoch hatte das alles einen gewissen Charme und nichts von der formalen Kühle postmoderner Lifestyle-Gebäude von heute. Die Wohnungen in diesem Haus würden hohe Wände haben. Julia mochte das.

Eine Frau stand in der Tür und schien verwundert darüber zu sein, wer da die Treppe heraufkam. Julia erkannte sie sofort.

»Frau Winkler?«, fragte sie und reichte ihr die Hand.

Marina Winkler ging nur zögernd auf diese Geste ein. Aber mit einem festen Händedruck. »Was möchten Sie?«

Julia wusste, dass sie nun jedes Wort richtig setzen musste. »Kennen Sie Peter Baumann?«, fragte sie und meinte zu beobachten, dass Marina Winkler kurz zusammenzuckte und vorsichtig überlegte, wie sie reagieren sollte.

»Kommen Sie herein«, sagte sie nach einem kurzen Augenblick und gab Julia ein Zeichen, ihr zu folgen.

Ein Flur mit hohen weißen Wänden erwartete sie. Gemälde hingen dort. Sie wäre gerne stehen geblieben, um sie zu betrachten, doch es blieb keine Zeit. Sie folgte Marina Winkler ins Wohnzimmer, das eher spärlich, aber sehr stilvoll möbliert war. Auch in diesem Raum hingen zeitgenössische Gemälde an der Wand, und alles wirkte fast so, als befände man sich in einer Galerie. Sie setzte sich in einen großen, weißen Ledersessel, den Marina Winkler ihr zugewiesen hatte.

»Also: noch einmal. Was möchten Sie?«

»Ich möchte mehr wissen über Peter Baumann«, sagte Julia.

»Warum?«

Julia zögerte. »Er hat Dinge getan, die nicht sein dürfen.«

Marina Winkler schlug die Beine übereinander. »Es ist allgemein üblich, dass man sich vorstellt. Meinen Namen wissen Sie ja offenbar. Und ich möchte wissen, warum Sie sich für genetische Experimente interessieren, die lange her sind.«

Julia schluckte innerlich. Von nun an konnte sie kaum mehr bei der Wahrheit bleiben.

»Ich heiße Julia«, sagte sie. »Der Vorname muss genügen. Ich hatte mit Peter Baumann zu tun.«

Marina Winkler nickte. »Und Ihre Zwillingsschwester wahrscheinlich auch.«

Julia verstand nicht, fühlte sich fast ertappt, wusste nicht, was sie auf diese seltsame Feststellung entgegnen sollte.

»Okay, Julia. Hat Ihre Schwester auch blaue Haare?«

»Nein. Sie möchte anders sein.«

Für einen kurzen Moment beherrschte die Stille diesen Raum mit den hohen Wänden. Und fast zweifelte Julia an dem, was sie tat. Zu absurd war dieser Dialog. Doch die Frau ihr gegenüber nickte ein weiteres Mal.

»Gut. Was wollen Sie wissen?«

»Was hat Baumann all die Jahre getan? Was war seine Absicht? Wollte er den neuen Menschen schaffen?«

»Wie kommen Sie darauf, dass Baumann einen neuen Menschen schaffen wollte? Wie meinen Sie das?«

»Transhumanismus«, sagte Julia. »Der Wunsch, den Menschen zu optimieren, zum Beispiel mit Hilfe gezielter Eingriffe in das menschliche Genom oder durch Optimierung der Wahrnehmungs- und Denkfähigkeit.«

Marina Winkler blickte sie an, als hätte sie etwas Falsches gesagt.

»Ich verstehe Sie nicht«, sagte sie. »Peter Baumann hat sich mit künstlicher Befruchtung beschäftigt. Damals tat er Dinge, die andere für unmoralisch hielten. Doch heute ist dieses Verfahren gesellschaftlich anerkannt und wird täglich vielfach praktiziert. Ich verstehe nicht, was das mit einem neuen Menschen zu tun hat.« Sie zögerte. »Aber da

Sie eine Zwillingsschwester haben, wissen Sie, was Baumann wirklich getan hat.«

Nein, Julia wusste es nicht. Sie zwang sich, schneller zu denken. Sie musste etwas sagen, denn Marina Winkler erwartete von ihr eine Antwort, eine, die nur der geben konnte, der mit Peter Baumann zu tun gehabt hatte.

»Meine Schwester wollte nicht hierher mitkommen«, sagte sie, ohne zu ahnen, worum es der Frau, die ihr gegenübersaß, eigentlich ging. Die blickte sie nur an, als habe sie die Tiefen ihrer Seele längst ergründet.

»Was wollen Sie?« wiederholte Marina Winkler eindringlich.

Julia wusste nichts mehr zu sagen. Sie spürte geradezu, wie das Gespräch kippte. Diese Frau war ein Coach. Sie kannte sich mit Menschen aus. Man konnte ihr nichts vormachen. Was also tun? »Ich suche nach der Wahrheit.«

Leise Geräusche aus dem Hof drangen durch das offene Fenster herauf.

»Es ist besser, wenn Sie gehen«, sagte Marina Winkler schließlich. »Ich habe Ihnen nichts zu sagen.«

Und tatsächlich nickte Julia, sie erhob sich, hatte nur noch den Wunsch, so schnell wie möglich bei Nat und Mike zu sein.

Dann fiel ihr Blick auf die Kommode und auf eine Fotografie in einem Bilderrahmen.

»Das ist Richard Vollmer«, stellte sie verwundert fest.

»Das ist ...«, entfuhr es Marina Winkler, doch sie beendete ihren Satz nicht. Stattdessen stand sie ebenfalls auf und fasste Julia am Arm. »Wer sind Sie? Und was wollen Sie wirklich?«

Julia löste sich, lief durch den Flur, riss die Wohnungstür auf und eilte das Treppenhaus hinab, nahm zwei, drei Stufen gleichzeitig, bis sie die große Haustür erreichte, endlich wieder im Freien stand und den Wagen herbeiwinkte. Sie öffnete die Beifahrertür und warf sich in den Sitz.

»Fahr los!«, sagte sie nur. »Wir müssen sofort zurück nach Berlin.«

»Was ist geschehen?«, fragte Nat.

Julia schaute geradeaus auf die Fahrbahn. »Ich weiß nicht mehr, was ich denken soll.«

»Wir sind auf dem Rückweg. Frag bitte nicht nach Details. Nur so viel. Marina Winkler ließ sich nicht in die Karten schauen. Und sie hatte ein Foto von Richard auf der Kommode stehen. Sag ihm, er sollte jetzt endlich mit der Wahrheit rausrücken. Nat und Mike sind stinksauer. Sie haben gerade eine provokante Mail an die IP-Adresse geschickt, die wir in der Marienstraße auslesen konnten. Es ist das letzte Indiz, das wir haben.«

»Ihr habt was getan?«, fragte Sonja ungläubig und klammerte sich an ihr Smartphone.

»Mikes Mail ist eine Art Testballon. Unsere letzte Chance. Der unbekannte Angreifer weiß jetzt, dass wir ihn eingekreist haben. Wir wollen ihn dazu zwingen, aus der virtuellen Welt herauszutreten, sich zu stellen ...«

Die Verbindung brach ab. Sonja starrte ungläubig auf ihr Handy.

»Was hat Julia gesagt?«, fragte Richard Vollmer.

»Marina Winkler hat auf der Kommode in ihrem Wohnzimmer ein Foto von dir stehen.« Sie blickte ihn an. Es war ihr ernst. »Also, möchtest du dazu etwas sagen?«

Vollmer sah sie verzweifelt an. »Ich kann dazu nichts sagen. Ich weiß nicht, wie das möglich ist. Ich kann dir nur wieder und immer wieder sagen, dass ich dieser Marina Winkler noch nie begegnet bin.«

Er stand auf und ging zum Fenster, dann im Raum auf und ab. Dabei schüttelte er den Kopf, als wollte er auf diese Weise etwas von sich schleudern, das er nicht verstand und das ihn quälte wie ein böser Traum. So nahm Sonja es wahr, obwohl ihr Verstand ihr noch immer sagte, dass alles gegen Richard Vollmer sprach. Was sollte sie glauben?

»Setzt dich hin«, fluchte sie. »Dein Hin- und Her-Gerenne macht mich wahnsinnig. Wie soll man dabei denken?«

Vollmer setzte sich tatsächlich. Doch Sonja bemerkte, dass es ihm eigentlich kaum möglich war, still zu sitzen. Am liebsten wäre er aufgesprungen. Aber da war wohl nichts, das er tun konnte.

Sonjas Telefon klingelte. Sie erkannte die Nummer und nahm das Gespräch an.

»Julia? Warum warst du so plötzlich weg?«

»Ein Funkloch. Wir sind wieder auf der Autobahn«, hörte sie ihre Schwester sagen. Im Hintergrund hörte sie die Innengeräusche des Wagens und die aufgeregten Stimmen von Nat und Mike.

»Hör gut zu«, fuhr Julia fort. »Wir haben hier soeben eine Nachricht erhalten. Eine unmittelbare Antwort auf unseren Versuch, den fremden Angreifer zu locken. Stell dein Handy auf laut, damit Richard mithören kann.«

»Ist geschehen. Du kannst sprechen.«

»Folgende Nachricht kam zurück: ›Es bleibt uns keine Zeit mehr. Wir müssen uns treffen. Um 24 Uhr. In den Ruinen der Franziskaner.‹«

Sonja wandte sich um. »Die Ruinen der Franziskaner?«

Richard Vollmer nickte. »Ich weiß, wo das ist.«

XIII

Der Flug hatte eine halbe Stunde Verspätung. Jan setzte sich in ein Café nahe der Ankunftshalle und wartete. Er würde in einigen Minuten etwas tun müssen, das ihn noch vor Tagen fasziniert hätte, ihm nun jedoch sonderbar vorkam: Er musste die Rolle Richard Vollmers einnehmen. Das würde vielleicht nicht ganz gelingen. Aber es sollte ihm möglich sein, grobe Fehler zu vermeiden. Alles, was Tina Taylor an seiner Identität zweifeln lassen konnte, würde er mit der extremen emotionalen Anspannung erklären, der er seit zwei Tagen ausgesetzt war.

Er hatte sie über die E-Mail-Adresse Vollmers um Geld gebeten, das sie selbst mitbringen sollte, denn eine Überweisung wäre nicht verlässlich. Tina hatte sich tatsächlich in den Flieger gesetzt.

Was würde nun geschehen? Er ahnte, dass dieses Treffen vielleicht weniger herzlich ausfallen könnte, als man angesichts der kurzen Affäre zwischen Vollmer und ihr vermuten durfte. Was er in Peter Baumanns Akten gelesen hatte, legte nahe, dass sich Tina längst für die andere Seite entschieden hatte. Die Chancen für Richard Vollmer standen mehr als schlecht, und für Tina Taylor schien die Karriere wichtiger zu sein als alles andere.

Inzwischen zeigte die große Informationstafel an, dass UA 4512 aus San Francisco gelandet war. Tina Taylor würde ohne großes Gepäck reisen. Sie konnte also in wenigen Minuten die Kontrolle passiert haben. Jan sah zum Ausgang der ankommenden Passagiere und ließ ihn nicht mehr aus den Augen.

Es dauerte noch einige Minuten, bis sie dort durch die Glastür ging, gekleidet, wie es im Business üblich war: dunkle Hose, weiße Bluse, darüber einen Blazer, ihr schwarzes Haar zusammengebunden, bei sich einen kleinen Bordkoffer, der im Flugzeug als Handgepäck akzeptiert wurde, aber groß genug war, um auch für eine Konferenz und eine Übernachtung vorbereitet zu sein. Jan erhob sich, winkte ihr, und sie winkte zurück. Augenblicke später umarmte sie ihn und gab ihm einen Kuss. Ein tiefer, schwerer Duft umgab sie.

»Endlich sehe ich dich wieder«, sagte Tina. »Ich frage besser nicht, wie es dir geht. Ich kann es mir vorstellen.« Sie sah sich um. »Lass uns dort einen Kaffee trinken.«

»Wollen wir nicht zu mir?«, fragte Jan und versuchte, enttäuscht zu wirken.

»Ich würde so gerne länger bleiben, doch ich bin in der Firma jetzt unabkömmlich. Alle sind wie unter Strom. Sie machen Überstunden. Jeder versucht mitzuhelfen, um den Schaden, der durch den Shitstorm entstanden ist, in Grenzen zu halten. Ständig gibt es Gespräche mit den Investoren, mit der Presse, mit wem auch immer. Es ist uns schon gelungen, den Aktienkurs zu stabilisieren. Er fällt nicht mehr, geht bereits in einen Turn-around über. Aber wie gesagt: Die brauchen mich da. Sie haben schon wenig Verständnis dafür gezeigt, dass ich nach Berlin fliege, aber ich konnte sie davon überzeugen, wie wichtig es ist, mit dir persönlich zu sprechen.«

»Das ist sehr schade. Es hätte mich unendlich gefreut, den Tag mit dir zu verbringen.«

»Glaube mir, ich fühle genauso«, ergänzte Tina Taylor und lächelte vielsagend. »Ich bin sicher, dass wir nicht lange auf ein Wiedersehen warten müssen. Alles wird gut.«

»Das glaube ich auch«, bestätigte Jan. »Was macht ihr gegen den Shitstorm?«

»Wir sind da dran. Wir haben Charles Degener kommen lassen, einen Internet-Experten aus Frankfurt, der sich auf solche Dinge spezialisiert hat.«

Jan gab sich Mühe, kontrolliert zu bleiben. Er hatte diesen Namen in Peter Baumanns Akten gelesen. Es war ein erschreckender Fund gewesen. Und nun ahnte er, was in Vollmers Firma in diesen Stunden wirklich geschah. Tina Taylor hatte soeben, ohne es zu ahnen, seine schlimmsten Befürchtungen bestätigt.

»Und? Was hat er herausgefunden?«, fragte Jan.

»Gib ihm noch etwas Zeit«, sagte sie, und zugleich blickte sie ihn verunsichert an.

»Du wirkst anders als sonst«, stellte sie fest.

»Die letzten beiden Tage waren fürchterlich. Das hinterlässt Spuren.«

Tina Taylor nahm seine Hand. »Richard, ich würde so gern länger bleiben«, versicherte sie ihm. »Aber es ist nicht möglich. Jetzt nicht möglich. Mein Rückflug geht in einer Stunde. Es tut mir so leid.«

Jan nickte. »Kann ich von hier aus etwas tun, um euch zu unterstützen?«

»Nein«, antwortete sie, »du hast ja auch nicht die technischen Möglichkeiten dazu. Es ist wichtig, dass du dich aus der Schusslinie hältst. Geh nicht in die Öffentlichkeit und warte ab.«

Sie öffnete ihren Koffer, griff in eine Seitentasche und holte einen Umschlag hervor, den sie ihm über den Tisch schob.

»Das sind 50 000 Dollar. Damit kommst du die nächsten Tage gut zurecht.«

»Danke«, sagte Jan und ließ das Geld in seiner Jacke verschwinden. Sein Handy meldete sich kurz. Er nahm es, las die Nachricht und musste sich bemühen, seine Gefühle zu verbergen. Er legte es zur Seite.

»Eine wichtige Nachricht?«, fragte Tina Taylor.
»Die Sicherheitsfirma, die für meine Wohnung zuständig ist«, behauptete Jan. »Sie wollen am Montag die Software neu aufspielen. Aber das ist jetzt nicht so wichtig. Du bist hier. Erzähl mir, was ihr dort im Valley gerade tut.«

Jans Frage schien ihr sehr gelegen zu kommen. So konnte sie über unverfängliche Dinge sprechen. Er gab sich Mühe, nicht unaufmerksam zu wirken. Im Grunde war es ganz unwichtig, was sie ihm nun sagte. Es verschleierte nur das, was in San Francisco tatsächlich geschah. Man würde Richard Vollmer nach und nach ins Abseits manövrieren, würde ihn von allen Entscheidungswegen abkoppeln. Den Rest würden dann Anwälte oder Agenten erledigen. Da Vollmer keinen Zugriff mehr auf Firmendaten hatte, würde er nichts dagegen tun können und binnen weniger Tage kalt gestellt sein. Von einem Mann, den er nicht kannte, von dem er nicht einmal das Geringste ahnte.

Jan wurde sich bewusst, dass er sich jetzt nicht auf Gedankenspiele einlassen konnte. Er wandte sich wieder Tina Taylor zu, um ihr das Gefühl zu geben, er höre zu und sei ahnungslos. An dieser Stelle fiel es ihm leicht, seine Rolle zu spielen, denn er musste nicht sprechen, konnte also auch keine Fehler machen.

Schließlich war es soweit: Tina musste aufbrechen, um noch rechtzeitig das Boarding ihrer Maschine zu erreichen. Sie umarmte Jan zum Abschied und gab ihm einen langen Kuss. Als sie schließlich eine gute Minute später die Sicherheitskontrolle erreicht hatte, winkte sie ihm zum Abschied.

Jan wusste, dass er sie nie wiedersehen würde. Er griff nach seinem Handy und las noch einmal die Nachricht. Seine Mutter war in Baumanns Akten auf seltsame Indizien gestoßen. Jan schrieb ihr zurück. Sie hatten unabhängig voneinander das Gleiche entdeckt. Und weder Tina

Taylor noch Peter Baumann noch jener unbekannte Neue wussten davon, dass er sie enttarnt hatte. Jan lächelte still.

Der ICE aus Leipzig hatte wie so oft Verspätung gehabt, und es war nicht klar, mit welcher S-Bahn Tatjana vom Südkreuz aus weiterfahren würde. Nun stand er schon zehn Minuten am Gleis und wartete ungeduldig.

Als die S 42 einlief, schaute sich Jan aufmerksam um. Dann sah er Tatjana aus dem letzten Waggon steigen. Sie zog einen Rollkoffer hinter sich her. Als sie ihn ebenfalls entdeckt hatte, lächelte sie und lief auf ihn zu. Sie umarmte ihn herzlich, küsste ihn, und einige Augenblicke vergingen, bis sie sich wieder von ihm löste.

»Ist alles gut mit dir«, fragte sie besorgt.

»Soweit ja.«

»Ich habe den Bericht gelesen.« Sie hielt inne. »Und verstehe nun, warum du nichts sagen wolltest, vorgestern im Biergarten. Als ich den Umschlag fand und alles gelesen hatte, war ich lange wie benommen. Und in gewisser Weise bin ich es noch immer. Und nun stehe ich hier und weiß nicht, wie ich mit dir sprechen soll.« Sie schaute ihn an, als könnte sie etwas an ihm entdecken, bemerkte aber nichts.

»Sei so wie immer.«

»Das fällt mir schwer.«

»Aber es ist der einzige Weg. Du kannst nichts ändern. Wir können nichts ändern. Niemand kann das. Es ist zu spät.«

Sie nickte und fand keine Worte mehr, die ihre Hilflosigkeit beschreiben konnten.

Schweigend gingen sie zur Überführung. Dort angekommen griff Jan nach dem Geländer der Treppe und suchte

Halt. Für einen kurzen Augenblick wurde ihm schwarz vor Augen, aber es dauerte nur diesen einen Moment, und so machte er sich keine Gedanken, obwohl es das vierte Mal in zwei Tagen war. Tatjana schien es nicht bemerkt zu haben.

Die wenigen hundert Meter zum Hotel gingen sie den Park entlang in die Lehnbachstraße. Jan wollte ihr mitteilen, welche Entdeckungen er in den Daten Peter Baumanns gemacht hatte, aber Tatjana war schon informiert. Sie hatte ausgiebig mit Jans Mutter telefoniert. So berichtete er ihr von seinem Treffen mit Tina Taylor, und Tatjana verstand, dass all die Indizien, die Jan und seine Mutter in den Akten gefunden hatten, einen Verdacht nahelegten, der nun auf erschreckende Weise bestätigt worden war.

»Wie wirkte sie auf dich?«, wollte Tatjana wissen.

»Sehr charmant. Sie hat ihre Rolle gut gespielt. Vielleicht hätte der echte Richard Vollmer ihr sogar geglaubt. Aber ich bin mir nicht sicher, ob er sie so einfach nach einer Stunde hätte davonfliegen lassen. Immerhin, sie berichtete, was zurzeit in San Francisco vor sich geht. Und das deckt sich mit den Planungen, die wir in Baumanns Akten entdeckt haben.«

»Inwiefern?«

»Es gibt einen dritten Mann.«

Tatjana schaute kurz zu ihm, war erneut verblüfft über das, was sie eigentlich schon wusste, und nickte still.

»Was wirst du nun tun?«, fragte sie, als sie die Boxhagener Straße fast erreicht hatten.

»Darüber muss ich nachdenken. Es gilt jetzt, einen klugen Weg zu finden, einen, mit dem ich am Ende selbst zufrieden sein kann. Aber zugleich muss ich schnell handeln, denn die Zeit läuft gegen mich. Ich bin froh, dass du gekommen bist, und es ist mein größter Wunsch, dass du von nun an bleibst. Endlich ist mir klar, was ich will. Verstehst du, was ich vor zwei Tagen meinte? Dass ich mich verändert habe? Dass alles anders geworden ist? Und dass ich dich nicht in die Sache hineinziehen wollte? Noch nicht. Aber jetzt ist es soweit. Ich möchte dich bis zum Ende bei mir haben. Und ich bin froh, dass du tatsächlich gekommen bist. Nach allem, was geschehen ist.«

Sie waren stehen geblieben. Sahen sich an. Umarmten sich.

»Ich bleibe jetzt hier«, sagte Tatjana. Für einen Moment legte sie ihren Kopf an seine Schulter und schloss die Augen.

Wenig später betraten sie Jans Hotelzimmer. Tatjana sah sich um. Er hatte nicht übertrieben. In diesem Raum fand sich wirklich nur das Allernötigste. Es erinnerte sie sehr an ihre Übernachtungen in Jugendherbergen.

Plötzlich hörte sie hinter sich ein dumpfes Geräusch. Noch während sie sich umdrehte, ahnte sie, dass etwas Schreckliches geschehen sein musste. Dann sah sie Jan in der Tür liegen. Er war mit dem Kopf hart am Boden aufgeschlagen. Blut lief ihm über die Stirn.

Als er wieder zu sich kam, war sie damit beschäftigt, die Blutungen zu stillen. Jan lag noch immer am Boden. Sie hatte ihn auf die Seite gedreht, das Handy neben sich gelegt und war sich noch immer unsicher, ob es nicht besser wäre, einen Arzt zu rufen. Jan schlug die Augen auf und sah sie an.

Tatjana fühlte sich hilflos. Sie verstand nicht, was geschehen war, obwohl sie die Ursachen kannte.

»Was ist mit dir? Hörst du mich?«, fragte sie verzweifelt.

Jan nickte vorsichtig und schien erst jetzt zu begreifen, wo er sich befand.

»Ich rufe den Notarzt.«

»Keinesfalls«, antwortete Jan leise. Vorsichtig begann er, sich aufzurichten. »Die behalten mich da und lassen mich nicht mehr raus.«

Sie tupfte ihm mit dem nassen Waschlappen das Blut von der Stirn.

»Wie geht es dir jetzt?«

»Es ist seltsam.« Er drehte sich über die Seite hoch und saß aufrecht. »Ich bin etwas betäubt. Ich habe keine Schmerzen mehr. Nur eine Benommenheit. Es fühlt sich an, als hätte ich zu wenig geschlafen.«

»Du hast Unmengen an Blut verloren.«

Er sah neben sich auf den Boden.

»Wenn man eine Platzwunde am Kopf hat, fließt immer viel Blut.«

Er versuchte aufzustehen. Als ihm schwindelig wurde, stützte Tatjana ihn und ging mit ihm zum Bad. Dort hielt sich Jan am Waschbecken fest.

»Es ist wieder gut«, sagte er schließlich. »Alles ist wieder so, als wenn nie etwas geschehen wäre. Seltsam.«

»Ist es das erste Mal?«

»Vor zwei Tagen ist mir Ähnliches passiert. Glücklicherweise saß ich auf dem Bett. Als ich aufwachte, war mir so, als hätte ich geschlafen. Es wird jetzt wohl häufiger geschehen.«

Tatjana war nicht mehr in der Lage, etwas zu sagen. Zu tief saß der Schreck. Und die Gewissheit, dass es nicht mehr aufzuhalten war. Jan entschied, sich zu duschen und das Blut abzuwaschen. Sie blieb bei ihm, beobachtete ihn, bereit, ihn aufzufangen, wenn er wieder fallen würde. So blieb sie in ständiger Anspannung, und zugleich spürte sie, wie eine bleierne Schwere sie hinabzuziehen begann, nach und nach von ihr Besitz ergriff, eine tiefe Trauer in ihr auslöste, gegen die sie sich kaum wehren konnte. Sie durfte dem nicht nachgeben, das wusste sie.

Ihre Anspannung löste sich erst, als die beiden das Hotel längst wieder verlassen hatten. Hand in Hand gingen sie durch die Straßen. In der Nähe des Parks kannte Jan eine Pizzeria. Dort fanden sie einen freien Platz, ließen sich die Karte geben und entdeckten darin sehr schnell etwas, das ihnen zusagte. Jan bestellte zwei Aperol Spritz.

»Du bist verrückt«, stellte Tatjana fest und konnte endlich wieder lachen.

»Es ist dein Lieblingsgetränk«, entgegnete er.

»Aber das ist nicht gut für dich. Nach so viel Blutverlust.«

»Ich trinke heute Abend das, was du am liebsten magst. Das macht mir Mut.« Er nahm ihre Hand und küsste sie. »Es ist keine Zeit mehr für Halbherzigkeiten. Ich weiß, was ich will. Zum ersten Mal in meinem seltsamen, verkorksten Leben. Die Zeit verdichtet sich jetzt. Und das, was wesentlich ist, wird offenbar. Die alten Griechen hatten zwei Begriffe für Zeit: Chronos, das ist die mechanische Zeit, das, was unsere Uhren messen können. Wir haben gelernt, uns daran zu orientieren. Und haben Kairos darüber vergessen, die gefühlte, die erlebte Zeit. Du erfährst sie, wenn du ganz im Augenblick lebst. Spielende Kinder kennen das. Sie sind ganz erfüllt von dem, was sie gerade tun. In diesem einen Augenblick. Wir Erwachsenen haben das verlernt. Doch in den letzten Tagen gelang es mir, sie wiederzugewinnen, die Kunst der erfüllten Zeit.«

Tatjana sagte nichts, lächelte ihn an, wünschte sich nur, hier in diesem einen Augenblick zu sein. Lange saßen sie so, fassten sich bei den Händen, sahen sich in die Augen, bis der Kellner die Getränke brachte.

»Auf die erfüllte Zeit.«

»Auf die erfüllte Zeit«, wiederholte Tatjana, und sie ließen ihre Gläser miteinander klingen.

»Hast du einen Wunsch für die erfüllte Zeit?«, fragte sie.

»Wir werden von hier fortfahren. Es gibt einen Ort, den ich vor Jahren kennengelernt habe. Er ist ein Paradies. Dorthin werden wir reisen.«

»Noch heute?«

»Das würde ich gern. Doch zwei Dinge müssen noch getan werden. Ich habe sie gut durchdacht. Alles wird schnell geschehen. Und deshalb werden wir auch in einer Stunde aufbrechen. Wir werden nacheinander zwei Menschen begegnen. Und wir werden bestimmen, wie das Spiel zu Ende gespielt wird. Denn auch das ist wichtig: Man muss das Spiel so beenden, dass man ohne Bedauern davongehen kann.«

Tatjana verstand nicht, was er sagte. »Und wann werden wir davongehen? Ganz weit weg?«

Jan sah sie an und lächelte. »Morgen. Noch bevor die Sonne aufgegangen ist.«

Sie hatten den Smart in der Marienstraße geparkt. Jan startete den Rechner, schaltete den Scanner ein, ließ das Serviceprogramm auf Peter Baumanns Sicherheitssystem zugreifen und bemerkte über die Kameras und Sensoren, dass jemand in der Wohnung war.

Dann hörte er ein Geräusch seines martphones und las die Nachricht.

»Was ist?«, fragte Tatjana.

»Meine Mutter hatte Besuch von Julia Reisinger. Sie sind uns auf der Spur. Wir müssen uns beeilen.«

Er klappte das Notebook zu. »Es geht los«, sagte er.

»Bist du sicher, dass du allein reingehen willst?«

»Ja. Bitte warte hier. Sollte ich in einer Stunde nicht zurück sein, ruf mich auf dem Handy an. Wenn ich nicht drangehe, ruf meine Mutter an.«

Tatjana nickte nur. Er sah ihr an, dass sie sich Sorgen machte, aber er war sich seiner Sache ganz sicher, und bevor er die Wagentür öffnete, blickte er sie zuversichtlich an.

Diesmal verzichtete er auf alle technischen Tricks und klingelte ganz gewöhnlich an der Haustür. Es dauerte einen Moment. Peter Baumann würde ihn über die Außenkamera erkennen und überlegen, ob es gut wäre, ihm zu öffnen. Die Neugier würde ihn aber schließlich dazu bringen, da war sich Jan ganz sicher.

»Wer ist da?«, fragte eine Stimme aus dem Lautsprecher neben der Tür.

»Was soll das?«, entgegnete Jan. »Sie können mich sehen, und Sie wissen, wer ich bin.«

Er wartete, doch es geschah nichts. Sollte sich Peter Baumann tatsächlich stur stellen? Dieser Mann hatte einiges von seinem Elan verloren und auch von jener Ausstrahlung, die Frauen damals überzeugt hatte, ihm zu vertrauen. Jan erinnerte sich an die Beschreibung, die ihm seine Mutter gegeben hatte. Ihn erwartete jemand, den die Jahre gezeichnet hatten, der aber, und das passte gar nicht zu seinem äußeren Erscheinungsbild, soeben das größte Projekt seines Lebens auf den Weg brachte. Dabei konnte er Störungen und Hindernisse nicht gebrauchen. Was, wenn Peter Baumann doch nicht reagierte?

In diesem Augenblick ertönte ein leises Summen, und die Tür öffnete sich. Jan trat ein, ging die Stufen hinauf und sah Peter Baumann vor der Wohnungstür stehen. Der erste Eindruck bestätigte ihm die Schilderung seiner Mutter. Baumann war eher nachlässig gekleidet, und der Dreitagebart ließ ihn etwas ungepflegt aussehen. Doch seine Körperhaltung wirkte keinesfalls wie die eines gebrochenen Mannes, und sein Blick war hellwach, klar und selbstbewusst.

»Kommen Sie herein, wenn es denn sein muss«, sagte er und führte seinen Besucher durch den Flur. Im Wohnzimmer setzte er sich in einen großen, tiefen Sessel, wies Jan einen Platz auf dem Sofa zu und betrachtete ihn mit distanziertem, abschätzendem Blick.

»Ich hätte nicht gedacht, dass Sie zu mir kommen«, sagte er und musterte seinen Gast, als wolle er etwas an ihm entdecken, das er nicht schon kannte.

Jan erwiderte seinen Blick und unterließ es, etwas zu sagen oder ihm eine Frage zu stellen. Das hatte er inzwischen von seiner Mutter gelernt. Wer die Fragen stellte, war rhetorisch im Vorteil, doch wer schweigen und die Stille zwischen den Worten aushalten konnte, brachte seinen Gegenüber dazu, aus einer unangenehmen Situation heraus Dinge zu sagen, die er sonst vielleicht für sich behalten hätte. Die Stille war etwas Ungewöhnliches, wenn Menschen sich gegenübersaßen; sie wollte ausgefüllt werden. Und es war Peter Baumann, der diese Stille nicht länger ertrug.

»Sie sind mutiger geworden, Jan Winkler«, sagte er. »Das hätte ich nicht von Ihnen erwartet. Dem Jan Winkler, den ich kenne, wäre diese Situation unerträglich. Er würde sich nicht so weit vorwagen.«

»Den alten Jan Winkler gibt es nicht mehr.«

»Oh, welch große Worte«, stellte Baumann fest und lächelte ironisch. »Sollte ich mich so getäuscht haben? Oder sitzt vor mir einfach nur ein empörter junger Mann, der es in seinem Leben nie zu etwas gebracht hat und nun die Trotzphase seiner Pubertät nachholt?«

Auch Jan lächelte. Noch vor zwei Wochen hätte ihn eine solche Provokation verunsichert.

»Ihre Geschöpfe geraten Ihnen aus dem Ruder«, stellte er mit ruhigen Worten fest. »Sie tun nicht mehr das, was ihr Schöpfer vermutet. Sie verändern sich unkontrolliert. Ist es das, womit Sie nicht gerechnet haben?«

Baumann schüttelte den Kopf. »Ihr verändert euch nicht. Richard Vollmer wird seine Hochnäsigkeit und Arroganz nicht aufgeben, und Sie werden Ihre Halbherzigkeit nicht verlieren.«

»Vertrauen Sie noch immer den Genen oder haben sie inzwischen akzeptiert, dass die äußeren Einflüsse des Lebens mehr bewirken können als die Kombination von vier Basen? Dass ein Mensch weit mehr durch die Umwelt und seine individuellen Erfahrungen geprägt wird?«

Baumann sah ihn entgeistert an. »Was um Himmels willen wollen Sie hier?«

»Haben Sie Mary Shelleys Frankenstein gelesen? Die Geschöpfe kommen irgendwann zurück und stellen den Schöpfer zur Rede. Das ist so.«

»Faseln Sie nicht herum. Sagen Sie mir, was Sie wollen?«

Jan bemerkte, dass sein Gegenüber ungehalten reagierte, geradezu verärgert über ein Gespräch, das auf eine Ebene geraten war, die ihm nicht lag.

»Ich will wissen, was Sie damals dazu gebracht hat, mich und Richard Vollmer zu erschaffen. Menschen, die für Sie von Anfang an Versuchsobjekte waren?«

»Das habe ich Ihrer Mutter bereits erzählt.«

»Richtig. Die Geschichte von dem einfachen Arbeiterkind, das Großes erreichen wollte, so wie einst Kolumbus, Newton, Kopernikus.«

»Also. Dann kennen Sie die Geschichte. Was soll ich Ihnen noch sagen? Dass man auch als Wissenschaftler Gefühle für seine Kreaturen entwickelt? Dass man sie unauffällig fördert? Dass man sich an den Erfolgen seiner Kinder erfreuen kann? Ebenso, wie man enttäuscht ist, wenn eines am Leben scheitert?«

Jan bemerkte, dass Baumann Sicherheit und Selbstbewusstsein zurückgewann. »Wie schön sich das anhört«, stellte er sarkastisch fest. »Was aber, wenn eines dieser

Geschöpfe entdeckt, dass es nicht einzigartig ist? Schlimmer noch: dass es da einen Gen-Zwilling gibt, der, im Gegensatz zu ihm selbst, alles richtig gemacht hat und auf dem Weg dazu ist, eine großartige Karriere als Wissenschaftler zu erleben? Schauen Sie in einen Spiegel, und Sie werden sehen, dass Ihr Spiegelbild das tut, was Sie tun, nur seitenverkehrt. Ich aber sehe ein Spiegelbild, das alles besser tut als ich. Können Sie sich vorstellen, wie das ist? Was da in einem Menschen vorgeht?«

»Ich habe Ihrer Mutter damals einen Wunsch erfüllt«, entgegnete Baumann. »Sie sehnte sich nach einem Kind, und sie hat es bekommen. Ich habe damals gemacht, was technisch möglich war. Dazu gehörte es auch, genetisch identische Föten zu schaffen ...«

»Noch dazu mit Ihrem eigenen Sperma«, unterbrach ihn Jan.

»Na und? Ist es unverständlich, dass ein Schöpfer dies tut? Was ist daran verwerflich? Dieses Sperma oder jenes Sperma? Ich habe Ihrer Mutter zu einem Kind verholfen.«

»Sie haben meiner Mutter zu Ihrem Kind verholfen. Sie haben sich selbst zu einem eigenen Kind verholfen, einem Versuchsobjekt der Zwillingsforschung, identisch mit einem weiteren, ebensolchen Versuchsobjekt. Es ging nicht um Selbstlosigkeit oder darum, einer Frau aus ihrer Not zu helfen. Diese Kinder waren für Sie von Anfang an ein Mittel, um einem Experiment zu dienen. Diese Kinder waren nie dazu gedacht, sich selbst Zweck oder Ziel zu sein. Sie hatten eine Bestimmung, von der sie nichts wussten. Und Ihnen war es von Anfang an egal, was geschehen würde, wenn diese Gen-Zwillinge einmal aufeinanderträfen. Auch das wäre ja eine interessante und sehr beobachtungswürdige Entwicklung, nicht wahr? Was geht in solchen Menschen vor? Welche Emotionen treten in Erscheinung? Ist das nicht ein großartiges Forschungsprojekt? Was meinen Sie dazu, Professor Baumann?«

Peter Baumann war aus dem Sessel aufgestanden, begab sich zum Glasschrank und goss sich einen Whisky ein.

»Jan Winkler, Sie sind weinerlich. Daran hat sich nichts geändert.«

»Falsch. Sie sind der, der sich nicht geändert hat, nichts dazugelernt hat, trotz aller Befunde«, fuhr Jan fort. »Was ist das für ein neues Experiment? Oder ist es gar nicht so neu? Haben Sie schon immer daran gedacht? Nur nicht die technischen und finanziellen Möglichkeiten dazu gehabt? Aber die haben Sie ja jetzt. Wie wird der neue Mensch aussehen?«

Baumann schaute ihn ungläubig an und setzte sich zurück in seinen Sessel.

»Es ist besser, wenn Sie jetzt gehen«, sagte er. »Ich habe keine Lust, mir Ihren Unfug länger anzuhören.«

»Unfug?«, bohrte Jan weiter. »Ihre Akten und die Daten auf Ihrem Computer sagen da etwas ganz anders.«

Peter Baumann schluckte. Er stellte sein Glas ab und schaute ihn wütend an. »Sie waren das?«

Jan wartete, ließ jene Stille zu, von der er wusste, dass sie wirksamer sein konnte als viele Worte.

»Seien Sie vorsichtig«, drohte Baumann nun. »Ich bringe Sie wegen Einbruch und Diebstahl vor Gericht. Wenn Sie etwas ausplaudern, gehen Sie unter. Ich habe mich längst abgesichert.«

Jan sah, wie Baumann sein Lächeln wiedergefunden hatte, ein ironisches Lächeln, das mit einer Selbstzufriedenheit einherging, wie man sie nur besaß, wenn man sich absolut sicher fühlte.

»Ich habe kein Interesse daran, Sie auffliegen zu lassen.«

Nun schaute Baumann ihn verblüfft an.

»Was verflucht wollen Sie dann überhaupt?«, fragte er mit gedämpfter Stimme.

»Ich wollte meine Vergangenheit erfahren«, antwortete Jan. »Und dabei habe ich auch ein Stück Zukunft gesehen. Eine Zukunft, die mich erschüttert. Verstehen Sie? Ich bin ein Geschöpf und möchte wissen, wie es den Geschöpfen der Zukunft ergehen wird.«

Die Verwunderung in Baumanns Blick war einer vorsichtigen Ungläubigkeit gewichen. Jan spürte, dass sein Gegenüber nicht mehr sicher war, wie er sein Geschöpf einschätzen sollte.

»Wollen Sie nun einen Vortrag über Transhumanismus hören?«, fragte er mit ironischem Unterton. »Da besuchen Sie besser eine Veranstaltung Ihres Zwillingsbruders.«

»Ich möchte Ihre Vision kennenlernen.«

»Transhumanismus«, wiederholte Baumann gedankenversunken. »Das ist ein großes Wort. Ich glaube nicht an solche Dinge wie Mind-uploading, die Verschmelzung von Mensch und Computer. Allenfalls können wir unsere kognitiven Fähigkeiten mit Denkprothesen erweitern. Vielleicht wird es die Hirnschrittmacher einmal geben, von denen jetzt gesprochen wird. Unsere Smartphones sind ja schon jetzt so etwas wie eine Verschmelzung unseres Bewusstseins mit einer Maschine. Setzen Sie sich nur in ein beliebiges Wartezimmer und beobachten Sie die Menschen. Sie sind geradezu süchtig nach diesen Dingern und können nicht von ihnen lassen. Klüger werden sie dadurch sicher nicht. Deshalb glaube ich, dass der wirksamste Weg, um die Menschheit auf eine neue Stufe zu heben, in der Gentechnik zu finden ist. Wenn Sie die Daten auf meinem Computer ausgewertet haben, wissen Sie, was ich vorhabe. Sie wissen auch, dass ich die Mittel habe, Sie zu töten, wenn das sein muss. Es täte mir leid, denn ich müsste dann mein eigenes Geschöpf umbringen. Andererseits: Wenn Sie schweigen können, werden Sie einer der wenigen sein, die wissen, wie die allmähliche Veränderung der Menschheit vonstattengeht. Es ist ein Projekt, das ich seit Jahrzehnten plane und das nun Wirklichkeit wird. Wenn die Öffentlichkeit einmal davon erfährt, werden viele verstehen und einsehen, dass die nächste Phase der Entwicklung der Menschheit längst begonnen hat. Und ich werde derjenige sein, an den man sich noch in Jahrhunderten als Pionier der Wissenschaft erinnert.«

»Sie wollen noch immer in die Geschichte der Wissenschaft eingehen«, stellte Jan nüchtern fest.

Peter Baumann nickte. »Es ist die größte Aufgabe, die sich ein Mensch stellen kann.«

»Und was ist mit Richard Vollmer?«

Baumann zögerte. »Er ist zu eigenwillig. Zu selbstbewusst. Er kann sich nicht unterordnen. Er würde mein Spiel nicht mitspielen.«

Tatjana bog in den Schiffbauerdamm ein, so wie Jan es vorgeschlagen hatte. Rechts von sich sah sie die Spree. Es war längst dunkel geworden, aber noch immer fuhren Boote auf dem Fluß. Ihre Lichter spiegelten sich auf dem Wasser. Sie fand einen Parkplatz und stellte den Wagen ab.

Hand in Hand gingen sie die Straße entlang, folgten dem Fluss und erreichten bald die ersten hell erleuchteten Bars. Die Nacht würde angenehm mild werden. Hier am Wasser wehte ein leichter Wind, den Tatjana nicht als kühl empfand, allenfalls als erfrischend, und das tat ihr gut, nachdem sie so lange in Ungewissheit geblieben war. Jan hatte ihr in wenigen Worten von seinem Gespräch erzählt: Das, was sie bislang nur vermuten konnten, erwies sich als Wirklichkeit. Und sie fragte sich, was Jan nun tun würde.

Sie fanden einen freien Tisch unmittelbar am Spreeufer. »Das ist ein sehr schöner Abend«, sagte sie und schaute auf das Wasser.

Jan folgte ihrem Blick. »Bald werden wir an einem Ort sein, wo die Nächte noch schöner sind«, sagte er. »Du wirst auf einen wunderbaren See schauen und nichts von dem vermissen, was du hinter dir gelassen hast. Wir werden durch die Nacht fahren, durch den Tag, und es wird früher Abend sein, wenn wir unser Ziel erreicht haben.«

»Du willst mir nichts verraten?«

Jan lächelte. »Ich fürchte, wenn ich dir mehr erzähle, wird dir dadurch ein wenig von dem Glück genommen, das dich erwartet.«

»Ich muss noch packen.«

»Musst du nicht. Wir werden dort alles kaufen, was wir brauchen. Es ist wichtiger, dass wir diese Stadt so schnell wie möglich verlassen und unauffindbar werden.«

Sie nickte. »Und nun?«

Jan griff nach seinem Handy, rief noch einmal die Nachricht auf, die er vor zwei Minuten erhalten hatte, und legte es so auf den Tisch, dass Tatjana alles lesen konnte.

»Wir wissen, wer du bist. Melde dich. RV«, las sie und blickte ihn an. »Wie konnte er deine Nummer herausbekommen?«

Jan schaute gedankenverloren zum Fluss. »Vollmer wird clevere Helfer haben. Es war nur eine Frage der Zeit. Als ich vorhin die Nachricht meiner Mutter bekam, wusste ich, dass es bald so weit sein würde. Aber es ist gut. Ich bin soweit. Ich weiß, was ich wissen will, und ich bin mir im Klaren darüber, was nun noch zu tun ist. Was meinst du: Wo wollen wir uns mit ihm treffen?«

»Du meinst mit Richard Vollmer?«

Jan nickte.

»An einem Ort, der zentral ist und doch einsam gelegen«, schlug Tatjana vor.

»Die Ruinen der Franziskaner«, kam es Jan in den Sinn. »Vor ein paar Tagen habe ich sie bei einem Spaziergang entdeckt. Dieser Ort ist mystisch. Man vermutet ihn nicht dort, mitten in der Stadt.«

Er suchte auf seinem Handy ein Foto und reichte es Tatjana herüber.

»Sehr romantisch«, meinte sie. »Heißt dieser Ort wirklich so: die Ruinen der Franziskaner?«

»Ich habe ihn ein klein wenig umbenannt«, stellte Jan fest. »Richard Vollmer und seine Helfer sollen schon ein wenig rätseln. Und nun brauche ich mein Handy zurück. Ich werde ihm eine Nachricht schicken.«

Tatjana wurde blass. Sie spürte Furcht in sich aufsteigen. Wie würde dieser Richard Vollmer reagieren, wenn er seinem Zwilling gegenüberstand? Wie würde er sich vorbereiten? Würde er allein kommen? Würde er bewaffnet sein? Sie war nicht mehr in der Lage, einen klaren Gedanken zu fassen.

»Das wird gefährlich werden«, sagte sie. »Was hast du vor?«

»Ich erzähle es dir, wenn die Getränke gekommen sind.« Er lächelte ihr aufmunternd zu und winkte nach dem Kellner.

XIV

Niemand hatte den Mut, das erste Wort zu sprechen. Nat und Mike saßen am Tisch und warteten auf ein Glas Bier, das Julia ihnen versprochen hatte. Sonja stand an der Spüle und sah gedankenversunken zum Fenster, obwohl es draußen längst dunkel geworden war. Richard Vollmer starrte auf den Bildschirm des Notebooks und las zum zehnten Mal die kurze Nachricht, die Mike erhalten hatte. Julia kam zurück aus dem Keller und hatte dort tatsächlich noch fünf gekühlte Dosen Bier gefunden. Drei verteilte sie am Tisch, eine gab sie ihrer Schwester und die letzte öffnete sie sich selbst, mit einem zischenden Geräusch, das die lähmende Stille im Raum beendete und dafür sorgte, dass alle zu ihr blickten.

»Was machen wir jetzt?«, fragte sie.

Julia musste lange warten, bis sie eine Antwort bekam.

»Lasst uns alles noch einmal durchdenken«, sagte Sonja schließlich. »Alles, was wir wissen. Und sei es noch so widersprüchlich und zweifelhaft. Es muss eine Erklärung für diese unglaublichen Geschehnisse geben. Ich habe lange mit Richard gesprochen und glaube ihm, was er sagt. Ich wünsche mir sehr, dass ihr alle dabeibleibt, aber verstehe auch, dass das nur möglich ist, wenn ihr ihm genauso vertraut wie ich.«

Sie schaute auf und wartete auf eine Reaktion.

Richard Vollmer hatte das Notebook beiseitegelegt und sah zu den anderen, die es bislang vermieden hatten, ihn auch nur anzublicken.

Julia nickte als Erste, dann auch Nat und Mike. Wieder war es ganz still.

»Danke«, sagte Richard schließlich. »Ich weiß nicht, ob ich selbst in einer ähnlichen Situation so entschieden hätte wie ihr. Ohne euch bin ich verloren. Und dabei müsstet ihr mir gar nicht helfen. Warum? Alles spricht gegen mich. Und alles spricht dafür, dass ihr euch wegen mir in Gefahr begebt.« Er zögerte einen Moment, schaute dann zu Nat und Mike, zu Julia und schließlich zu Sonja. »Ich weiß nicht mehr, was ich sagen soll. Ich danke euch. Ich bin sehr gerührt.« Er verstummte, und der Umstand, dass ihm die Worte fehlten, ließ auch die anderen verstummen.

»Was tun wir jetzt?«, wiederholte Julia ihre Frage. »Los, lasst uns nachdenken«, ergänzte sie, als niemand etwas sagen wollte.

»Es ist seltsam«, meinte Mike schließlich, »dass dieser Fremde, der zu so vielen raffinierten digitalen Angriffen in der Lage ist, nun Kontakt mit uns aufnehmen will.«

Nat blickte ihn fragend an.

»Findet ihr das nicht?«, fuhr Mike fort. »Ich habe das Gefühl, dass dies ein Schlüssel zum Verständnis all der Dinge sein könnte, die geschehen sind. Da ist jemand so mächtig, dass er es nicht nötig hat, persönlichen Kontakt mit seinem Opfer aufzunehmen. Im Gegenteil: Das könnte ihm vielleicht sogar schaden. Und dennoch tut er es. Nur, weil wir seine IP nachverfolgen konnten? Das ist kein Grund. Es gibt unendlich viele Möglichkeiten für ihn, weiterhin anonym zu bleiben. Aber er tut es nicht. Es scheint mir fast so, als hätte er auf unsere Nachricht gewartet.«

»Du vergisst, wie rücksichtslos und hinterlistig er vorgegangen ist«, entgegnete Julia. »Der will sich am Ende noch einen Spaß machen. Vielleicht ist das seine Art von Sadismus. Er will sein Opfer leiden sehen. Warum auch immer. Und das bedeutet auch, dass dieser Unbekannte dich sehr gut kennt.«

Die letzten Worte hatte sie an Richard gerichtet. Der nickte. »Es geht um mich. Und ich werde der sein, der hingeht. Niemand von euch. Ihr habt genug für mich getan. Ihr sollt nicht weiter in Gefahr geraten.«

»Es ist auch für Sie zu gefährlich«, sagte Nat. »Wir haben es mit einem skrupellosen Menschen zu tun, der vor nichts zurückschreckt. Auch nicht vor einem Mord. Vielleicht macht er sich nicht einmal die Hände schmutzig und schickt einen Berufskiller. Ich würde da nicht hingehen.«

»Es ist meine einzige, meine letzte Chance«, entgegnete Richard Vollmer. »Entweder ich gehe hin, oder ich lasse es. Doch was dann? Wir haben alles recherchiert, was möglich war. Natürlich können wir damit noch weitermachen. Aber das dauert Tage. Wochen. Und die habe ich nicht.«

»Julia, kommen wir irgendwie an Waffen?«, fragte Nat.

»Du meinst über die Jungs aus dem Black County?«

»Zum Beispiel.«

»Die mögen in deinen Augen so aussehen. Aber die lehnen sowas ab.«

»Irgendwer sonst?«

Julia schüttelte den Kopf. »Keine Chance.«

»Ich halte das auch für keine gute Idee.« Sonja ging langsam durch den Raum und dachte nach. »Nat. Mike. Könnt ihr Richard mit Mikrofonen oder Kameras ausstatten?«

»Kein Problem. Wir können das auch direkt ins Internet einspeisen.«

»Ich weiß nicht. Es ist nicht klug, die ganze Welt zum Zeugen zu machen. Dann dauert es keine fünf Minuten, und in den Ruinen der Franziskaner findet ein Volksfest statt.«

»Stimmt«, sagte Mike. »Also, Richard, wir geben Ihnen Mikrofone und Kameras. Das alles wird von einem Sender mit tausend Metern Reichweite übertragen. Wir sind in der Nähe und nehmen alles auf. Und wenn es brenzlig wird, informieren wir die Polizei.«

»Dann ist es zu spät«, warnte Nat.

»Das ist mit egal«, stellte Richard fest. »Ich bin entschlossen. Wir machen das so.«

Sonja sah ihn an. »Ich gehe mit«, sagte sie.

»Das kommt nicht in Frage«, entgegnete Richard.

Julia sah ihre Schwester entsetzt an. »Es reicht, wenn einer dieses Risiko eingeht.«

»Ihr werdet mich kaum daran hindern können. Lasst uns lieber darüber nachdenken, was uns dort erwartet.«

»Du bist verrückt«, entgegnete Julia.

Sonja blickte sie an. »Sag mir lieber, was uns erwartet. Wie wir reagieren können.«

»Da lässt sich nichts vorhersagen«, entgegnete Julia wütend. »Es lässt sich überhaupt nicht vorhersagen, was da geschehen wird. Das Einzige, was man raten kann, ist: Sei vorsichtig. Und das ist banal. Du hast keine Waffen. Du hast nichts, womit du dich verteidigen kannst. Nie in deinem Leben warst du in einer solchen Situation. Du kannst also nicht auf Erfahrungen zurückgreifen. Wir haben es mit einem skrupellosen Menschen zu tun. Das ist ein Himmelfahrtskommando. Und deshalb wirst du da nicht hingehen.«

»Deine Schwester hat Recht«, stellte Richard fest. »Ich gehe allein.«

Sonja sah auf die Uhr.

»Noch eine Stunde bis Mitternacht. Wo befinden sich diese Ruinen der Franziskaner?«

»Mitten in Berlin«, sagte Richard. »Ich glaube, gemeint ist die Klosterkirche der Franziskaner. Ein gotischer Bau, der im Weltkrieg zerstört wurde. Man hat die übriggebliebenen Gemäuer stehen lassen. Das Gelände wird für Kunstausstellungen genutzt. Nachts ist es verschlossen, aber wohl nicht bewacht.«

»Ich kenne die Ruinen«, sagte Julia. »Sehr romantisch.«

Sonja schüttelte den Kopf. »Warum ausgerechnet dieser Ort?« Sie sah zu Julia. Dann gab sie sich selbst eine Antwort. »Wir werden es nur erfahren, wenn wir hingehen.«

Sie hatten den Wagen in der Nähe abgestellt. Mike und Nat waren dort geblieben und verfolgten das Geschehen nun auf ihren Notebooks. Sonja spürte, wie sich ihr Magen zusammenzog, wie ihr so schummrig wurde, als könne sie jeden Moment zu taumeln beginnen. Etwas, das sie selbst nicht verstand, ließ sie weitergehen. Sie war nicht in der Lage, einen klaren Gedanken zu fassen. Bemerkte nur, dass ihre Zwillingsschwester neben ihr ging. Julia würde ebenso empfinden wie sie, so, als hätte man eine Angst verdoppelt. Sie hatte nicht gewollt, dass Julia mitkam, doch die war stur geblieben. Entweder wir gehen beide, oder du bleibst hier, hatte sie gesagt. Was in Richard vor sich ging, konnte sie nur ahnen. Hoffentlich würde er seine Verzweiflung und seinen Zorn zügeln können, wenn es soweit war.

Dann erblickte sie die Ruinen, noch etwas entfernt, aber doch so nah, dass sie einschätzen konnte, was dort war. Etwa hundert Meter entfernt, inmitten eines Parks ragten hohe gotische Mauern gen Himmel. Sie wurden von Scheinwerfern angeleuchtet, die die Backsteinfassaden in ein goldenes Licht tauchten. Sonja spürte sofort, dass dies ein guter Ort war. Ein Teil ihrer Angst schien augenblicklich verflogen.

Je näher sie kam, desto mehr Details konnte sie erkennen. Von der ursprünglichen Kirche standen nur noch die massive Nordwand des Langhauses und der Chor. Seine hohen, filigranen gotischen Fenster waren erhalten geblieben, aber sie besaßen kein Glas mehr, zeigten hinauf in den Nachthimmel zu den Sternen, die wolkenlos schimmerten, als gehörten sie wie selbstverständlich dazu, als gäbe es eine untrennbare Verbindung zwischen ihnen und den Wänden aus Stein, denen sich Sonja langsam näherte.

Dann stand sie vor der hohen Westfront der Ruine und konnte durch ein großes, gotisches Spitzbogentor in das erleuchtete Innere der Kirche blicken.

»Da liegen Kugeln«, stellte Julia fest.

Sonja nickte nur. Überall auf dem Boden der Kirche waren sie verteilt: Hunderte von Kugeln unterschiedlicher Größe, weiße, hellbraune, dunkelbraune, graue, schwarze, überall verteilt, ohne dass sich eine Ordnung erkennen ließ. Sonja war wie gebannt.

»Wir kommen hier nicht rein«, bemerkte Richard. »Das Gatter ist zu. Und es sieht so aus, als wäre der gesamte Park von Mauern und Zäunen umgeben.«

»Wir müssen klettern«, meinte Julia.

Während die beiden weitergingen und südlich der Kirche eine günstige Möglichkeit für den Einstieg suchten, schaute Sonja ungläubig die Westfassade der Ruine hinauf zu dem riesigen, schlanken gotischen Fenster oberhalb des Tores. Dann folgte sie den beiden, denn sie durften sich nicht verlieren.

Wenig später waren sie über den Zaun geklettert und gingen von Süden auf die Ruine zu.

»Wir sind bei euch«, hörte Sonja die Stimme von Mike in ihrem Ohrhörer, den sie unter den langen Haaren versteckt hatte. »Und wir sehen alles. Sieht recht romantisch aus. Seid bitte vorsichtig.«

»Alles gut«, antwortete Sonja ins Headset. »Aber bleib jetzt ruhig. Es geht los.«

Sie vergewisserte sich, dass Julia neben ihr war. Richard ging hinter ihnen, so hatten sie es abgesprochen.

Sonja betrat die Ruine und stand bald inmitten des Langhauses. Jetzt erst bemerkte sie, dass die zahllosen Kugeln, die sie nun umgaben, eine grobe, pelzige Oberfläche besaßen. Noch immer konnte sie keinerlei Ordnung unter ihnen erkennen. Aber die verschiedenen Größen wiederholten sich, und auch die Farben. Sonja verstand diese Installation nicht. Sie blickte weiter zu den massiven Pfeilern, auf denen die aufstrebenden Wände des Langhauses lasteten. Von ihren Sockeln aus leuchteten Strahler empor und tauchten die Wände in ein warmes Licht. Andere beleuchteten den Boden, ließen die Kugeln Schatten werfen und verstärkten so den mystischen Charakter des Raumes. Sonja war bezaubert, und alles schien ihr gelöst und frei.

Doch dann sah sie Stufen, die durch die hohen Bögen in den Hintergrund zum offenen nördlichen Seitenschiff führten. Dort saß eine junge Frau. Auch sie beobachtete das Licht am Boden. Doch nun blickte sie auf, und es schien, als würde sie Sonja erkennen. Grazil und etwas zerbrechlich saß sie da. Sie hatte schulterlange blonde Haare und trug ein schwarzes Kleid, das sehr eng geschnitten war und ihren schlanken Körper betonte.

Nun hatten auch die anderen sie entdeckt, und gemeinsam gingen sie auf die Frau zu.

»Ihr seid also zu dritt«, stellte sie fest. »Bleibt dort stehen. Das ist besser.«

Sonja gab den anderen ein Zeichen, stehen zu bleiben, und näherte sich bis auf etwa drei Meter, ganz langsam, als würde sie einem wilden Tier begegnen. Absurd empfand sie das, denn diese Frau wirkte auf sie nicht gefährlich.

»Du bist Sonja«, stellte die junge Frau fest. »Du bist noch schöner als auf den Fotos. Und du, mit den blauen Haaren, du musst Julia sein, die Zwillingsschwester.«

Sie blickte an Sonja vorbei.

»Und du, Richard Vollmer, hast du dich nicht allein hierher getraut?«

Richard sagte nichts und blieb im Hintergrund, so wie sie es besprochen hatten.

»Seid ihr bewaffnet?«

Sonja schüttelte den Kopf. »Keine Waffen.«

»Gut. Ihr seid aber verkabelt, nicht wahr?« Sie wartete auf eine Reaktion Sonjas.

»Es ist in Ordnung«, fuhr sie schließlich fort. »Wir haben eure Funksignale bemerkt, aber nichts dagegen unternommen. Ihr solltet allerdings keinen Livestream schalten. Dann wäre es hier schnell mit der Ruhe vorbei.«

»Unsere Freunde beobachten und zeichnen alles auf«, sagte Sonja. »Sind Sie damit einverstanden?«

»Ja, denn so könnt ihr euch später die Einzelheiten unseres Gesprächs anhören. Vielleicht wird das einmal wichtig sein.«

»Das verstehe ich nicht.«

»Du wirst es verstehen. Wichtig ist, dass ihr unbewaffnet seid. Dieses Treffen wird friedlich verlaufen. Niemand muss sich fürchten. Es gibt keine Gefahr.«

»Nach all dem, was Sie mir angetan haben, soll ich Ihnen das glauben?«, warf Richard ein.

»Du wirst es verstehen. Du musst Vertrauen haben.«

»Vertrauen haben?«

»Ja, Richard Vollmer. Das ist ganz wichtig. Bei allem, was du nun hörst, und bei allem, was du nun siehst, musst du Vertrauen haben. Sonst wird es schwierig.«

Sonja sah ihn an und spürte, wie schwer es ihm fiel, die Ruhe zu wahren.

»Nach all dem, was Sie mir angetan haben?«

»Das waren nicht wir.«

Sonja schaute die junge Frau ungläubig an. »Es wird Zeit, dass du sagst, was du uns zu sagen hast.« Julia war einen Schritt vorgetreten. »Und wer du bist.«

»Ich heiße Tatjana. Ihr müsst nicht mehr stehen bleiben. Setzt euch zu mir auf die Stufen.«

Sonja schaute sie verblüfft an, doch dann setzte sie sich tatsächlich einen Meter neben sie. Der Boden war nicht kalt. Den ganzen Tag hatte die Sonne geschienen.

Julia tat es ihr nach. Richard aber blieb stehen.

»Ihr fragt euch vielleicht, warum wir uns hier treffen«, fuhr Tatjana fort. »Nun, es ist ein freundlicher Ort, wir sind hier ungestört. Und ich bin ganz fasziniert von diesem gotischen Raum, besonders wenn er nachts in warmes Licht getaucht ist. Übrigens: Habt ihr euch umgesehen? Ihr befindet euch nicht nur in einer Klosterruine, sondern inmitten einer Ausstellung. Einer Installation.«

»Wollen Sie uns jetzt etwa einen Vortrag über Kunst halten?«, warf Richard ein.

»In gewisser Weise ja«, antwortete sie. »Aber auch über Naturwissenschaft: Diese Objekte, all diese igelartigen Kugeln, große, kleine, weiße, braune, schwarze, sie alle haben einen Sinn. Die beiden Künstlerinnen, die dies alles geschaffen haben, Maria und Natalia Petschatnikov, sind übrigens Zwillingsschwestern, so wie ihr beide. Ihre Installation heißt ›Forschungslabor‹. Diese vielen pelzigen Fellbälle sind Wesen aus einer lang vergessenen Zeit. Oder geklonte Organismen aus einer nahen Zukunft, wie sie in einem Labor hergestellt werden. Das ist doch dein Thema.«

Sie schaute ihn an.

Sonja bemerkte, dass Richard sich tatsächlich umsah, doch ihn interessierten nicht die Kugeln am Boden.

»Was soll das alles?«, fragte er schließlich. »Warum sind wir hier?«

Tatjana nickte. »Gut«, sagte sie. »Lasst uns beginnen.«

Als sei dies ein Codewort, hörte Sonja Schritte. Jemand hatte offenbar hinter einer der großen Säulen gewartet und kam nun näher. Als er in den Lichtschein trat, verschlug es Sonja den Atem. Sie hielt sich die Hand vor den Mund, um einen Schrei zu unterdrücken.

Der Mann kam wie aus dem Nichts auf Richard zu. Er blieb zunächst unsichtbar, doch mit einem weiteren Schritt stand er im Licht.

Richard fuhr zusammen. Für einen Bruchteil der Zeit schien all sein Fühlen, Wollen und Denken still zu stehen. Er sah in einen Spiegel, so schien es ihm, doch der Mann darin bewegte sich eigenständig, tat nicht das, was Richard tat, denn dann würde er sich jetzt gar nicht bewegen. Doch dieser Mann im Spiegel bewegte sich, streckte langsam seine Hand zu ihm aus, so als wolle er ihn mit der Spiegelwelt verbinden. Langsam näherte sich die Hand, so empfand es Richard, und dann hielt sie inne, wartete auf seine Reaktion, vorsichtig, überwand noch nicht die Grenze, die die beiden Männer voneinander trennte.

So standen sie sich einige Sekunden gegenüber. Und mit jedem weiteren Moment wurde es für Richard drängender, etwas zu tun. Und jeder dieser weiteren Momente wurde kürzer, so empfand er es. Zugleich spürte er aber auch, dass er unfähig war, irgendetwas zu tun, und diese Ratlosigkeit, mit der er in diesem einen Augenblick an diesem ungewöhnlichen Ort stand, wandte sich nun gegen ihn. Er müsste handeln, doch er konnte nicht, und etwas stieg in ihm auf. Erst war es Hilflosigkeit, dann Zorn.

Das Spiegelbild ihm gegenüber schien das zu spüren. »Du musst jetzt nicht sprechen«, sagte der Mann. »Sei versichert, dass ich als dein Freund komme. Du wirst alles erfahren, wonach du seit Tagen suchst. Ich bin gekommen, um dir zu helfen.«

Ungläubig hörte Richard die Worte dieses Mannes, der nicht nur so aussah, wie er selbst, sondern auch mit seiner Stimme sprach. Kurz meinte er zu träumen.

»Du musst jetzt ruhig bleiben«, hörte er Julias Stimme neben sich.

Richard versuchte zu nicken, aber es gelang ihm nicht. Da war diese eine Frage, die ihm nun wie von selbst über die Lippen kam, eine Frage, die aus seinem tiefsten Innern erwuchs. Vielleicht die einzig angemessene Frage in diesem Augenblick.

»Wer sind Sie?«

Der fremde Mann zögerte nun ebenfalls.

»Gib mir etwas Zeit«, sagte er.

Richard war nicht mehr in der Lage, etwas zu sagen, und so nahm Julia seine Hand und führte ihn langsam zu einer der Säulen. Ohne Widerstand ließ er das geschehen, und so konnte sie ihn überzeugen, sich auf die Stufen zu setzen, unmittelbar neben Sonja.

»Das ist nicht wahr«, flüsterte Richard. »Sag mir, dass das nicht wahr ist.«

»Hör ihm zu«, antwortete Sonja, die ebenso konsterniert war. »Hör, was er zu sagen hat.«

»Er will meine Identität übernehmen. Ich weiß es. Das ist sein Ziel. Er will so sein wie ich. Er ist gefährlich.«

»Hör ihm erst zu. Wenn er der Angreifer ist, hast du jetzt ohnehin keine Chance mehr. Aber ich glaube, das ist nicht so.«

Es dauerte einen Moment, bis Richard nickte. Doch Sonja spürte, dass sich seine Anspannung nicht gelegt hatte.

Der Fremde kam auf sie zu. Und dann setzte er sich neben Tatjana auf die Stufen und blickte zu ihnen. »Du willst wissen, wie das möglich ist, nicht wahr?«

Richard nickte erneut.

»Dann gib mir etwas Zeit. Für meine Geschichte. Und für deine Geschichte.«

»Mein Name ist Jan Winkler. Ich bin Informatiker. Eigentlich ein sehr guter, einer der besten. Aber ich war in meinem Leben nie erfolgreich. Wohl weil ich die Chancen, die das Leben mir bot, immer wieder vertan habe. Es fällt mir schwer, mit Menschen umzugehen. Ich bin ehrlich und geradlinig. Aber diese Haltung wird in der Welt nicht sehr geschätzt. Du musst dich anpassen, mitschwimmen, darfst nicht anecken. Ich habe immer das gesagt und getan, was ich für richtig hielt, auch wenn es meine Vorgesetzten nicht hören wollten. Auf diese Weise sorgte ich immer wieder für Unverständnis. Du wirst nicht dafür belohnt, wenn du die Wahrheit sagst und zu dem stehst, was du für richtig hältst. Auch wenn oft so getan wird, als würde man kritische Stimmen schätzen. Im Gegenteil. Ich habe mir damit genau das verbaut, was man Karriere nennt. Es sind die Angepassten, oftmals die Mittelmäßigen, die Erfolg haben. Als ich meinen dreißigsten Geburtstag feierte, eigentlich gab es nichts zu feiern, musste ich mir eingestehen, dass ich nichts Rechtes aus meinem Leben gemacht hatte. Ich würde mich nicht ändern und deshalb immer irgendwelche einfachen Jobs erledigen müssen. Denn auch das Glück hatte mir immer gefehlt. Du kannst tun, was du willst, und du kannst es bestmöglich tun, aber wenn du keine Fortüne hast, wirst du immer gewöhnlich und unspektakulär bleiben. Heute weiß ich, dass der unbedingte Wunsch, Außergewöhnliches zu tun, auch Zeichen einer großen Schwäche sein kann, denn meist ist es nur der Wunsch, sich über die anderen zu erheben, etwas Besonderes zu sein. Erst seit einigen Tagen habe ich verstanden, dass es darauf nicht ankommt, dass es nicht weise ist, so zu denken. Diese Einsicht ist auch das Ergebnis jener Geschichte, die ich dir erzählen will.

Alles begann damit, dass Tatjana einen Aufsatz in der Fachzeitschrift CELL entdeckt hatte, mit einem Foto des Autors. Dieser Mann sah genauso aus wie ich. Vielleicht kannst du dir vorstellen, was in mir vorging, als ich im Internet nach Richard Vollmer recherchierte. Das Netz ist voll von Informationen über dich. Schnell verstand ich, dass dein Leben ganz anders verlaufen war als meines. Du hast offenbar immer Fortüne an deiner Seite gehabt. Du bist erfolgreich, in der Wissenschaft angesehen, und bald wirst du mit deinem eigenen Unternehmen ein Projekt ins Leben rufen, das es so noch nicht gegeben hat. Anfangs empfand ich nur Verwirrung, weil ich nicht verstand, wie es möglich ist, dass ein anderer Mensch mir äußerlich völlig gleicht. Als ich dann durch meine Recherchen erfuhr, dass wir beide tatsächlich genetisch gleich sind, entstand eine Art Unverständnis, bald auch ein Gefühl von Ungerechtigkeit. Warum bin ich in meinem Leben immer gescheitert, und jener Mann, der das gleiche Erbgut in sich trägt wie ich, hatte permanent Erfolg? Was ist das für eine Macht, die wir Schicksal nennen? Warum bringt sie die einen nach oben, und die anderen drückt sie zu Boden?

Ich sehe dir an, dass du entsetzt bist, und du möchtest wissen, wie das sein kann, dass wir beide genetisch identisch sind. Als ich eben aus der Dunkelheit hervortrat, hast du das wahrscheinlich schon gespürt. Genauso ging es mir vor einigen Wochen. Was befürchten wir in diesem Augenblick? Ich glaube, es ist die intuitive Angst davor, nicht einzigartig zu sein. Alle Menschen sind einzigartig. Aber wir zwei sind es nicht.

Vor mehr als dreißig Jahren wandte sich meine Mutter an einen Reproduktionsmediziner. Du kennst seinen

Namen: Peter Baumann. Er versprach, ihr zu helfen, durch künstliche Befruchtung und fremden Samen. Der Kinderwunsch meiner Mutter war so groß, dass sie einwilligte und glücklich war, als sie einen Sohn zur Welt brachte. Baumann hat ihr damals verschwiegen, dass sie Teil eines Experiments geworden war. Er hatte durch das damals noch neue Klonverfahren mehrere identische Eizellen erschaffen. Und in diesem Sinne behandelte er auch eine gewisse Diana Vollmer. Deine Mutter.

So wuchsen wir beide getrennt auf, ohne voneinander zu wissen. Peter Baumann beobachtete uns weiterhin, dokumentierte penibel unsere Entwicklung. Zwillingsforschung ist ein reizvoller Ansatz. Wie entwickeln sich genetisch identische Menschen, wenn sie in unterschiedlichen Umfeldern ohne Wissen der Beteiligten aufwachsen? Was prägt einen Menschen mehr: die genetische Disposition oder der Einfluss seiner Umwelt? Mir war es in den letzten Tagen möglich, Baumanns Aufzeichnungen zu sichten. Gemeinsam mit meiner Mutter hatte ich sie an mich gebracht und konnte sie dann ausgiebig studieren. Deine beiden Helfer haben uns wohl dabei erwischt, wie wir uns diese Akten besorgten. Du musst wissen, dass es für mich nicht schwer ist, in ein digital gesichertes Haus einzudringen. Ich wollte wissen, was geschehen war, und das, was ich erfuhr, erschütterte mich. Peter Baumann hatte unsere Entwicklung akribisch dokumentiert. Dabei hat er nie verstanden, dass man die Persönlichkeit eines Menschen, seine Identität, nicht wissenschaftlich erfassen kann. Die schlimmste Entdeckung war jedoch, dass dieses Experiment nur einen Anfang darstellte. Baumann hatte damals nicht die gentechnischen Möglichkeiten, weiterzugehen. Doch seit einigen Jahren ist das, was er vorhat, machbar. Durch Techniken, von denen ich in deinem Vortrag in Dahlem gehört habe. Du hast davon gesprochen, dass es möglich sei, einen neuen Menschen zu schaffen, die Evolution selbst in die Hand zu nehmen. Genau das will Peter Baumann tun.

Dein Vortrag war für mich ein einschneidendes Erlebnis. Mir war, als würde ich mich selbst beobachten, in diesem Saal, auf der Bühne, am Rednerpult. Und deine Vision des neuen Menschen hat mich sofort beeindruckt. Ich war hin und her gerissen: einerseits voller Neid, dass ein Mensch, der mir genetisch gleicht, im Gegensatz zu mir so erfolgreich war; andererseits voller Faszination über die Klugheit und Weitsicht deiner Vision. Deine Grundhaltung, dass man alles machen könne, wenn man es nur wolle, brachte mich auf eine waghalsige Idee. Warum sollte es nicht auch möglich sein, das Schicksal zu besiegen? Für einige Tage spielte ich mit dem Gedanken, alles umzukehren, deine Identität anzunehmen. Diese Idee zog mich so sehr in ihren Bann, dass ich tatsächlich mit den Dingen spielte. Und auch mit dir. Es machte mir Vergnügen, dem großen Richard Vollmer eine CD zu bestellen oder eine Pizza, ihn mit Tarotkarten zu verwirren, nur um mir zu beweisen, dass ich genauso klug und mächtig sein konnte wie er. Heute weiß ich, dass das ein Irrsinn war, eine Art Euphorie, die mir nun geradezu kindisch anmutet. Heute tut mir all das sehr leid, und ich kann dich nur bitten, mir zu verzeihen, wenn du die ganze Geschichte gehört hast.

Manchmal muss etwas Außergewöhnliches geschehen, um einen Verirrten zur Vernunft zu bringen. Wenn man plötzlich erfährt, dass man nur noch kurze Zeit zu leben hat, fallen alle Schleier, und übrig bleibt, was wirklich zählt. So geschah es mir. Schlagartig wurde mir bewusst, welchem Dämon ich gefolgt war und wie schlecht ich Tatjana und meine Mutter all die Jahre behandelt hatte. Aber ich verstand auch, dass noch Zeit war. Nicht viel Zeit, aber Zeit genug, das Wesentliche zu tun. Ich habe mich mit meiner Mutter ausgesprochen. Und mit Tatjana. Man kann nicht alles wieder gutmachen, aber Menschen können verzeihen. Darin besteht ihre Würde. Und mein Glück. Und nun muss ich mit dir sprechen.

Ich habe versucht, einiges wieder gut zu machen: Natürlich konnte ich beobachten, wie man dich auf allen Ebenen ausgeschaltet hat. Denn im Internet kam ich deinen Angreifern zwangsläufig auf die Spur. Es ist ein altes Spiel, das hier gespielt wird. Es ist Peter Baumanns Spiel. Er hat seine Mitstreiter sorgfältig ausgewählt, um dich wegzudrängen. Tina Taylor steht auf seiner Seite. Und ein Mann namens Charles Degener. Er ist nicht irgendjemand. Er ist der dritte Klon. Vor mehr als dreißig Jahren geschaffen wie wir beide. Jahrzehnte lang beobachtet und schließlich für gut befunden. Der Messias einer neuen Zeit, die Peter Baumann als Schöpfer einleiten wird. Mit Hilfe deines Unternehmens. Tina Taylor hat Degener der Belegschaft als deinen Zwillingsbruder vorgestellt, von dir legitimiert, dich kommissarisch zu vertreten, solange du nicht in der Öffentlichkeit erscheinen kannst. Er und Baumann werden dich jagen. Und sie werden dich töten.«

Eine lähmende Stille lastete auf Richard. In den letzten Minuten war er von dem, was er erfahren hatte, mehrfach so aufgewühlt gewesen, dass er aufspringen wollte, doch Sonja hatte ihn zurückgehalten, ihn dazu gebracht, abzuwarten und die Geschichte bis zu ihrem Ende anzuhören.

Nun war er genauso sprachlos wie alle anderen, denn Jan Winkler hatte sein Versprechen gehalten: Nun wusste er alles und verstand, warum es geschehen war. Doch noch immer begriff er nicht, was es bedeutete, zwei genetisch identische Brüder zu haben. Einen, der ihm die Wahrheit sagte, einen anderen, der seinen Untergang eingeleitet hatte. Einen, der sterben würde, und einen anderen, der für seinen skrupellosen Gen-Vater die Zukunft erobern wollte.

»Richard«, hörte er Jan wie aus der Ferne sprechen, »lass uns einen Spaziergang machen. Nur wir zwei.«

Er spürte, wie Sonja seinen Arm fasste, so als wolle sie ihn aus einem Traum wecken.

»Geh. Wir warten«, sagte sie.

Und tatsächlich stand Richard auf, sah kurz zu ihr, dann zu Julia und Tatjana, ging auf Jan zu und streckte ihm die Hand entgegen. Der drückte sie eher vorsichtig und umarmte ihn dann. Richard ließ es geschehen, und zugleich war er noch immer nicht fähig, einen klaren Gedanken zu fassen. Dann gingen die beiden Männer gemeinsam durch den zum Himmel offenen Raum.

»Es ist seltsam«, sagte Jan. »Als ich erfahren habe, dass es einen mir bislang unbekannten Zwillingsbruder gibt, war meine Reaktion distanziert, sogar feindselig. Und da ist Charles Degener, dein und mein Klonbruder, der dich vernichten will. Baumann hat mit seinen Experimenten nur Konkurrenz und Feindschaft erzeugt. So scheint es. Aber wir können uns dieser destruktiven Kraft widersetzen.«

Richard nickte. »Das hast du soeben bewiesen.«

»Nun, es hat etwas gedauert, bis ich meine Haltung änderte. Und ein äußerer Einfluss war nötig. Tatsächlich scheint es unter Brüdern so etwas wie ein Ur-Misstrauen zu geben. Die alten Sagen und Mythen berichten davon. Kain tötet Abel. Romulus tötet Remus. Und Jakob betrügt Esau um sein Erbe. So wie Charles Degener es nun mit dir tut; mit ausdrücklicher Billigung Peter Baumanns, der ja auch nicht wirklich ein Vater ist. Eher der Schöpfer von Kunstwesen, die seinen Willen erfüllen sollen. Kennst du Goethes Gedicht über Prometheus? Ich hatte immer gewisse Vorbehalte gegen diesen freien und ach so aufgeklärten

Schöpfer seiner Welt. Nun verstehe ich, was es wirklich bedeutet, Menschen nach seinem Bilde, nach eigenen Vorstellungen und Absichten zu schaffen. Es sind Geschöpfe, die ihrem Schöpfer folgen sollen. Doch ich glaube, das müssen wir nicht. Wir sind nicht dazu verdammt.«

»Was hast du vor?«, fragte Richard.

Sie blieben stehen. Jan holte einen Datenstick hervor.

»Darauf findest du alle Dokumente, die du benötigst, sämtliche IP-Adressen der feindlichen Rechner in deiner Firma und alles, was ich über Baumann, Degener und Taylor recherchiert habe. Du erfährst alles über ihren Plan, die wahre Situation in Kalifornien, und du erhältst die Werkzeuge, um deine Firma zurückzuerobern. Mit Hilfe guter Informatiker an deiner Seite sollte es mit meinem Plan, den du hier auch findest, möglich sein, die Meuterei in wenigen Tagen zu beenden.«

Richard nahm den Datenträger und schaute ihn verwundert an.

»Dennoch musst du vorsichtig sein«, fuhr Jan fort. »Ich könnte Dinge übersehen haben. Sei also auf der Hut. Du hast es mit einem starken Gegner zu tun.«

»Und was wirst du tun?«

»Ich habe nur noch wenige Tage. Vielleicht Wochen. Man weiß es nicht. Deshalb möchte ich diese letzte Reise nun beginnen, nicht länger warten. Du wirst mich nicht mehr brauchen. Ich glaube, ihr könnt das auch ohne mich.«

»Sag mir: Was ist das für eine Krankheit?«

»Aneurysma. Es ist in meinem Kopf. Ich habe es zu spät bemerkt. Habe die Kopfschmerzen und Schwindelanfälle ignoriert. Das war dumm, aber es lässt sich nicht mehr ändern. Vielleicht hast du mehr Glück damit.«

»Wie meinst du das?«

»Als meine Mutter und ich die Akten verglichen, deine und meine, stellten wir fest, dass du und ich fast zeitgleich von denselben Krankheiten heimgesucht wurden. Es ist sehr wahrscheinlich, dass dies auch weiterhin so ist. Und das gilt auch für Charles Degener.«

Richard nickte still. Sie hatten den Chorraum erreicht und blickten auf die immer ähnlichen, großen und kleinen Kugeln mit den immer gleichen Farben.

»Bist du nach wie vor fasziniert von meiner Zukunftsvision?«, fragte Richard in die Stille.

»Ich war es«, antwortete Jan. »Noch immer glaube ich, dass es wichtig ist, wenn kluge Menschen einem großen Traum folgen. Aber nicht um jeden Preis. Es ist eben nicht alles getan, wenn technisch alles gelungen ist.«

»Du denkst an Prometheus?«

Jan nickte. »Prometheus erzeugt neue Geschöpfe, um den Göttern zu trotzen. Er macht sich selbst zum Gott. Doch über das Glück seiner Geschöpfe denkt er nicht nach.«

»Ja. Er hat sie nicht gefragt, ob sie so sein wollen, wie er es möchte«, stellte Richard fest. »So wie man uns nicht gefragt hat. Also werden die Geschöpfe irgendwann gegenüber ihrem Schöpfer das tun, was ihr Schöpfer gegen die Götter getan hat. Sie werden rebellieren.«

»Vielleicht. Aber zuvor werden sie leiden«, ergänzte Jan. »Sie werden darunter leiden, dass sie Mittel zum Zweck eines anderen sind. Dass sie kein eigenes Ich haben. So wie wir beide. Und auch Charles Degener ist Mittel zum Zweck. Dass er noch nicht leidet, liegt daran, dass er in dem, was er tut, Erfolg hat und bestätigt wird. Aber auch er wird leiden. Es ist nur eine Frage der Zeit. Wenn Baumanns Vision umgesetzt wird, entstehen Menschen, wie es sie zuvor nie gegeben hat. Die werden zunächst gar nicht verstehen, was mit ihnen geschieht. Vielleicht sind es nur wenige, die entdecken, dass mit dem Verschwinden der Einzigartigkeit der Kern der Identität eines jeden Menschen abhandengekommen ist. Stattdessen wird es eine permanente Vorhersehbarkeit und Vergleichbarkeit genetisch identischer Menschen geben, verbunden mit dem Druck auf jeden einzelnen, nicht schlechter zu funktionieren als der andere. Diese Menschen werden berechenbarer und durchschaubarer sein, als wir es durch die Abschöpfung unserer Daten heute schon sind. Von daher kann man diese Geschöpfe leichter manipulieren, von Kindheit an so erziehen, wie man sie gern hätte, oder besser, wofür man sie gern hätte. Und sie werden nie mehr frei sein, weil all ihr Handeln absehbar ist und eine Abweichung davon sofort erkannt und sanktioniert werden kann.«

Für einen Augenblick schweigen die beiden Männer.

»Es ist nicht alles getan, wenn technisch alles gelungen ist«, wiederholte Richard und schaute auf die Kugeln vor sich.

Jan nickte. »Ja. Was wir erschaffen, kann technisch sehr gut sein. Und dennoch ist es von Übel, wenn es etwas mit uns Menschen macht, das uns schadet, uns leiden lässt, uns klein macht, uns verarmen lässt. Wenn Menschen identisch werden, haben sie keine Identität mehr. Und sie haben ihre Würde verloren.«

Einige Augenblicke standen die beiden Männer nebeneinander und schwiegen nur. Richard schaute auf die vielen Kugeln, die ihn umgaben. Auf den ersten Blick schien es sich um zahllose Unikate zu handeln. Doch tatsächlich gab es Dutzende identische schwarze Kugeln, in drei immer gleichen Größen. Ähnlich verhielt es sich mit den hellbraunen, den dunkelbraunen und den weißen. In dieser Installation gab es nichts Einzigartiges, nur immer gleiche, scheinbar vollkommene Objekte. Er blickte wieder zu seinem Zwillingsbruder, seinem Spiegelbild, und plötzlich verstand er diese Installation und alles, worüber sie in den letzten Minuten gesprochen hatten.

»Es ist Zeit«, stellte Jan schließlich fest. »Du weißt, was geschehen wird. Und nun liegt es an dir, zu tun, was getan werden muss.«

Sonja sah, wie sie zurückkamen. Still und ernst wirkten sie, aber auch gelöst und freundlich. Sie hatten eine gute halbe Stunde miteinander gesprochen, und Sonja meinte zu spüren, dass alles gut war.

Jan winkte Tatjana und verabschiedete sich dann von den beiden Zwillingen mit einer herzlichen Umarmung. Schließlich umarmte er Richard.

»Viel Glück«, sagte er.

Augenblicke später sah Sonja, wie Jan und Tatjana im Schatten der Säulen verschwanden.

Epilog

Tatjana saß auf der kleinen Terrasse der Bar del Porto unter schlanken, hohen Palmen, die ein wenig Schatten spendeten. Auf dem Wasser spiegelten sich grelle Lichtstrahlen, aber es war nicht diesig, und so konnte man die Insel in der Ferne deutlich erkennen. Steil ragte sie in die Höhe und verdeckte den Blick auf die Nordseite des Sees.

Morgens waren sie mit der Fähre dorthin aufgebrochen, den Berg hinaufgewandert und hatten auf dem Gipfel im Santuario della Ceriola Rast gemacht. Von der Wallfahrtskirche aus konnte man über den See blicken, nach Iseo im Süden, nach Tavernola Bergamasca und Sulzano zu beiden Seiten und nach Norden bis Riva. Nur Pisogne war hinter den hohen Gebirgen verborgen. Morgen würden sie noch einmal dorthin fahren und die Isola ganz umwandern.

Auf der kleinen Terrasse der Bar war es noch angenehm ruhig. Nur eine Familie hatte etwas entfernt Platz genommen und Getränke bestellt. Die beiden Kinder liefen zu einem kleinen Steg, setzen sich an den Rand der Planken und ließen die Füße baumeln. Sie nahmen die Blumenkästen nicht wahr, in denen weiße und rote Begonien wie kräftige Farbtupfer das triste Grau des Geländers unmittelbar am Wasser überspielten.

Tatjana blickte über sie hinweg auf den See, zu den hohen Gebirgen im Westen und im Osten und dann wieder zur Isola, die sie am Vormittag so sehr fasziniert hatte. Es gab dort einige Restaurants und Geschäfte unmittelbar in Peschiera, wo die Fähre anlegte. Wenn man die Küste entlang ging oder den Berg hinaufstieg, offenbarte sich eine grüne Oase, die bei Sonnenschein besonders freundlich wirkte. Jan hatte von einem Paradies gesprochen, und vielleicht war es das tatsächlich: der ruhige See, diese grüne Insel, ihre Unterkunft in einem kleinen Ort unmittelbar am Wasser, eine Bar, in der man am Nachmittag Stille finden konnte und am Abend so viele Menschen, dass man sich nicht einsam fühlen musste.

Nachdem die Fähre sie zurückgebracht hatte, war Jan in ihre Unterkunft gegangen, um ein wenig zu schlafen. An diesem Tag waren seine Schwindelgefühle ausgeblieben, und auch die Kopfschmerzen hatten ihn verschont. Doch der Aufstieg zum Santuario war für ihn anstrengender gewesen als für Tatjana. Und so würde sie hier eine Weile allein sein. Vielleicht ist das gut, dachte sie und blickte noch immer hinaus auf den See, wo sich ihre Gedanken zu verlieren schienen.

Bald würde sie für immer allein sein. Darüber konnte auch ein Paradies nicht hinwegtrösten. Jan hatte richtig entschieden. Diese Zeit war nun ganz für sie beide bestimmt. Fernab von allem, was ihren Rückzug stören konnte. Doch es blieb ein Schatten über all dem Schönen.

Tatjana beobachtete einen Seevogel, der sich neben den Begonien auf das Geländer gesetzt hatte und ebenfalls auf das Wasser blickte. Doch er tat das nicht so wie sie. Vielleicht sah dieser Vogel, was sie sah, aber er war nicht fähig, in die Zukunft zu blicken. Diese Gabe war den Menschen vorbehalten, und es gab Momente, in denen sie zu einem Fluch wurde.

Jan würde bald sterben. Es konnte jeden Augenblick soweit sein. Er hatte ihr erzählt, dass der Tod ihm keine Angst bereite. Das, was ihn erwarten würde, wäre gut. Sie hatte ihn nicht verstanden. Aber sie wusste, dass es das eine war, zu sterben, etwas anderes jedoch, nach dem Tod des Geliebten zurückzubleiben. Gab es einen Trost? Etwas würde zu Ende sein, unwiederbringlich. Und so fiel es ihr schwer, heiter zu sein, auch wenn das Paradies, das sie umgab, eine einzige Aufforderung war, das Leben zu lieben und sich mit dem Tod zu versöhnen.

Die junge Frau kam aus der Bar und brachte ihr einen Aperol Spritz. Tatjana bedankte sich und musste innerlich lachen. Schon wieder war sie auf dieses Modegetränk hereingefallen. Aber hier in der Bar del Porto bereiteten sie es so gut wie nirgendwo sonst.

Eher intuitiv blickte Tatjana auf das Display ihres Handys. Seit der Begegnung in den Ruinen der Franziskaner hatte sie nur eine Nachricht bekommen: eine kurze Anfrage von Marina, ob es ihnen gut ginge. Jan hatte sein Smartphone seither nicht mehr eingeschaltet. Als er es an diesem Morgen doch getan hatte, war da eine kurze Nachricht von Sonja und Richard. Sie hatten den Kampf aufgenommen und waren bislang sehr erfolgreich gewesen. Jan hatte gelächelt, als er die Nachricht las, so als wüsste er, was geschehen war, hatte dann das Gerät ausgeschaltet und schien von der Sache nicht weiter berührt zu sein. Es war nicht mehr sein Kampf. Und überhaupt gab es nichts mehr zu kämpfen. Man muss unterscheiden können zwischen dem, was in unserer Macht liegt, und dem, was nicht in unserer Macht liegt, hatte er gesagt. Darin läge eine große Weisheit. Und er hatte für sich erkannt, dass nun alles gut sei.

Warum war er sich so sicher, dass Richard alles im richtigen Sinne tun würde? Tatjana hatte ihm diese Frage gestellt, und er hatte vieldeutig gelächelt. Vielleicht, so hatte er gesagt, kann man als Zwilling die Gedanken des anderen erahnen.

Ja, vielleicht war das so. Zwischen Sonja und Julia meinte sie diese gemeinsame Schwingung gespürt zu haben. Galt das auch für Klonzwillinge? Und warum dachte Charles Degener nicht so? Weil er noch nicht soweit sei, hatte Jan geantwortet. Wir haben die gleichen Anlagen, aber die müssen sich entwickeln, auswickeln geradezu. Dazu braucht es einen Anstoß, eine Erfahrung, die eine solche Anlage einschaltet. Vielleicht ist es ein wenig so wie bei Genen, die eingeschaltet oder ausgeschaltet sein können und demnach wirksam werden oder nicht. Irgendwann würde das auch bei Charles Degener geschehen. So wie bei ihm.

Tatjana hörte diese Worte in ihrem Gedächtnis, so als würde Jan neben ihr sitzen. Aber er war nicht da, lag oben auf dem Bett und schlief. Manchmal verstand sie nicht diese große Ausgeglichenheit, die er angesichts des nahen Todes gefunden hatte. Da war ein Buch, in dem er nun häufig las. Das Buch eines antiken Philosophen, Marc Aurel, der viele Jahre Kaiser des Römischen Reiches gewesen war und seine Gedanken in den Nächten im Feldlager niedergeschrieben hatte, ähnlich einer Selbstvergewisserung.

Sie hatte es aus der Unterkunft mitgenommen, und nun lag es auf dem runden Tisch neben dem Glas Aperol, und sie konnte nicht umhin, es aufzuschlagen und die letzten Zeilen zu lesen:

»Wir alle unterliegen den gleichen, ewigen Gesetzen. Was ist schlimm daran, wenn es nicht ein Tyrann oder ein ungerechter Richter ist, der dich aus dieser Welt verweist, sondern die Mutter Natur, die dich einst in sie hineingeführt hat? Alles Sein wird bestimmt von dem, der einst den Anstoß zu deiner Entstehung gegeben hat und jetzt den zu deiner Auflösung gibt. Keines von beidem steht in deiner Macht. So gehe denn guten Sinnes davon. Auch er, der dich erlösen wird, ist gut.«

Tatjana legte das Buch zur Seite und blickte auf den See. Da war die Fähre aus Peschiera. Sie würde kurz anlegen und dann weiterfahren.

Danksagung

Wenn man einen Roman zu schreiben beginnt, erscheint alles abenteuerlich, unwägbar und wundersam. Ich hatte das große Glück, Menschen bei mir zu wissen, die mich auf diesen unsicheren Pfaden begleitet haben. Sabine Brokate, Ann-Katrin Bulmahn, Dr. Daniel F. Heuermann, Anja Marx, Magdalene Marx, Elke Thiergen und Marie Vogt danke ich für stilsicheren Rat, fachliche Hinweise, eine Fülle von Anregungen und nicht zuletzt dafür, dass sie mich darin bestärkten, den Weg fortzusetzen. Gerhard Lunde danke ich für viele anregende Gespräche über die Vergangenheit und die Zukunft des Menschen, Julia Pirschl vom Verlag Karl Alber für ein exzellentes Lektorat. Und mein Dank gilt Lukas Trabert, Leiter des Verlags Karl Alber, der wichtige Impulse gab und den Neuen Menschen in die literarische Welt brachte.